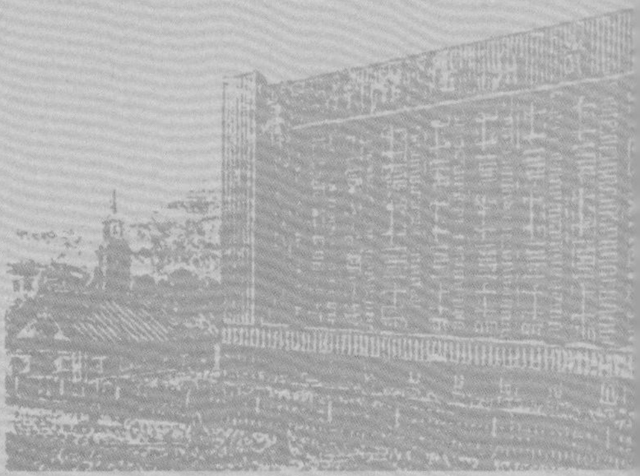

赖永初史料集

冯筱才 郭子健 / 编

社会科学文献出版社
SOCIAL SCIENCES ACADEMIC PRESS (CHINA)

编辑体例

一、本书正文分为甲、乙、丙、丁四编，每编按资料种类细分为"报刊史料""档案史料""个人回忆""史志记录"四部分，其中甲编以报刊史料为主，个人回忆、档案史料及史志记录合并为一类。报刊及档案史料原则上按发表或成文时间排序，个人回忆、史志记录原则上按相关性排序。

二、本书对所选报刊史料原则上予以全文照录，档案史料和个人回忆、史志记录仅摘抄部分与赖永初直接相关的内容，所略部分不再单独注明。由于"文史资料"形成年代的特点，本书在选取文史资料时对与史实有出入之处及无关内容做了标注和适当删节。

三、为尊重史料原貌，本书对史料原文词句中存在的别字一般不作更改，确有明显错误之处，以〔　〕注明。有漏字情况，以〔　〕标注可能缺漏之字。对报刊史料、档案史料中的数字形式以原文为准照录，对个人回忆、史志记录中的数字统一成阿拉伯数字。对史料原文残缺或无法辨识的字词，以"□"代替。此外，对未加标点的报刊及档案史料原文予以标点。

四、为便于读者查找、对照原始史料，本书对每条史料的文献来源均在条目结尾处标注，读者可根据所引文献原文版本对照参考。

赖永初：从理财能手到商界巨擘
（代导言）

1950年9月，由贵州、云南两省工商界主要代表组成昆筑参观团，应邀前往北京、上海、武汉等地参观考察，并参加中华人民共和国成立一周年国庆观礼。参观团成员都是两省工商界重要代表，在北京获得最高领导人的接见。代表团中有一位特别代表就是"赖茅"酒的创制人赖永初，他在行前送给贵阳市人民政府50瓶"赖茅"酒，市政府以飞机托运到北京。赖永初在怀仁堂礼堂看到两个用"赖茅"酒编成的五星，朱德用"赖茅"酒来款待昆筑代表团，还询问赖永初为什么要取这个名称。

赖永初的大名，其实早在1930年代就已经开始为贵州各界所熟知。当时赖担任赖兴隆钱庄经理，由于经营得法，广受民间信任。到1940年代，赖永初成为贵阳市商界中坚人物。战时黔省商会之所以能够合力举办许多事业，赖永初等人起着重要作用。同时，赖永初之理财能力亦得到省政府的认可，其被视为财政上的重要协助者。赖曾担任贵阳市银行及贵州省银行总经理。当然，今天讲到赖永初，人们首先想到的就是他命名的"赖茅"。茅台酒，在战时能从地方土烧发展成为重要的名牌产品，在品牌经营上赖氏有创发之功。以上这些重要史实，都可以从本书所收集的一手史料中看出。为了帮助读者更好地了解历史背景，我先在书前将赖永初一生的重要经历稍作介绍。

一 理财能手：赖永初与贵州近代金融业

赖永初（1902～1981），贵州省黄平县浪洞人。祖父赖宗贵，以经商为业，1899年前后到贵阳，以2000元资本开设赖兴隆钱铺，办理银钱钞的兑换、存放、汇兑等业务，是贵阳开设最早的钱铺。赖兴隆后来也发展成经营土产的商号字牌，生意甚佳。1904年赖宗贵逝世，赖兴隆由其次子赖嘉荣接手，业务发展更盛，钱铺改组为钱庄。赖嘉荣逝世后，赖兴隆由其长子赖永初担任经理。①

赖永初担任赖兴隆经理时期，正值贵州军政当局大力保护本省鸦片外销。赖永初以灵活的经营手法，以及对本省土产的了解，使赖兴隆商号与钱庄都获利丰厚。赖兴隆同时也为本省商人开展鸦片贸易提供金融担保与融资，不但在省内安顺、遵义等地添设了分号，而且业务扩展到了梧州、南京、衡阳、重庆、汉口、广州以及上海、香港等地，从中获得巨利。赖兴隆钱庄资本也增至50万元，成为较有影响力的金融机构之一。该庄曾在贵阳发行面额100元、500元的定额庄票，可兑可存，不定期限，凭票即付现金，信用坚挺，流通甚广。根据中央银行贵阳分行的调查，到1935年6月，贵阳有9家钱庄，赖兴隆钱庄被列于首位，因其资本及声望均较其他几家要大。②

1937年全面抗战爆发后，贵州因地理位置重要，商业突然兴盛。黔省与多省接壤，贵阳因独特的交通优势成为西南交通要冲，因此由沦陷区内撤之人员、资本乃至工商企业、事业机关等，大量进入贵州，一时造成前所未有之市面繁荣。工商业行号迅速增加，大量资本流入，金融顿趋活跃，金融机构也相继增加。国内许多银行都在贵州添设分行，钱庄银号也新增不少。据原来金融业从业者回忆，最盛时贵阳拥有商业银行多达18家。1939年，贵阳实行禁烟，许多烟商开始将资本投入金融及其他紧俏物资进出口贸易等方面。如1940年戴蕴珊即开办怡兴昌银号，该银号成为贵阳有名的金融机

---

① 有关赖永初家族史的相关年份，地方志书与个人回忆的说法目前存在出入。
② 《贵阳金融市况（六月份）》，《中央银行月报》第4卷第7期，1935年，第1566～1567页。

构。戴蕴珊本来就是贵州巨商，1931年担任贵阳县商会主席。怡兴昌银号一开始由戴蕴珊独资开设。戴氏由于在商界的地位甚高，一度深受贵州省政府重视，1940年他曾领衔发起筹备官商合办贵州银行，但后来戴与贵州省主席吴鼎昌之间产生矛盾，1941年10月，被吴以"囤积粮食"为名判刑入狱。戴蕴珊的亲家赖永初为营救其出狱，请多人从中斡旋。据本书所收录的赖永初本人回忆文章，他曾送给省政府秘书长郑道儒100瓶茅台酒作为酬谢。同时赖氏也以实力支持怡兴昌银号的经营。

怡兴昌银号于1943年按《银行法》规定改组为股份有限公司，资本200万元，办理商业银行一般业务，以存、放款为主。1944年9月增资为1000万元。赖氏家族成员大量注资认股，戴蕴珊仍任董事长，董事会选赖永初为董事兼经理。1946年，怡兴昌再次增资改组，赖永初及其家族成员股本占到四成，成为掌握控制权的最大股东。怡兴昌银号在贵阳本来就有一定地位，也拥有财政部颁发的银行经营执照。赖永初在经理怡兴昌时推行改革，拓展外埠汇兑业务，与上海、云南、广东等地金融机构订立通汇合约。同时赖也全力培养人才，将怡兴昌打造成为他后来在贵州省金融界势力发展的基地。财政部曾对怡兴昌经营进行审查，认为该号基础稳固，营业正常，在当时贵阳的钱庄中属于非常稳健的一类。1947年，怡兴昌在长沙、汉口两地设置分号，资本增至5000万元，业务范围在赖永初的经营下有了较大扩展。赖永初亦成为贵州金融界有名之理财能手。正是有赖兴隆与怡兴昌的经营成绩，所以从1945年担任贵州省主席兼贵阳市市长的杨森，到1948年接任贵州省主席的谷正伦，都极为看重赖永初的金融理财能力，一定要他出任贵阳市银行、贵州省银行总经理。

赖永初与贵州省银行、贵阳市银行很早就有关系。1941年贵州银行成立，赖氏家族就已经以商股入股该行。1943年贵州银行增资，又将资本额由600万元增为1000万元。赖永初为了缓解与政府关系，与其家族以大量资金入股贵州银行，以示支持省政府。赖永初的投资占比接近9%，被选为贵州银行监察人。1947年，贵州银行正式改组为贵州省银行。

贵阳市银行的创办，更是直接来自赖永初等商界名流的提议。1944年，贵阳商会有意发起创设"贵州工商银行"，商会理事赖永初也是筹备委员之一，但未获中央支持。1945年杨森担任贵州省主席，并兼任贵阳市市长。市参议会参议员赖永初与张慕良、蔡森久等联名提出建议，请贵阳市政府根据国民政府所颁布的《县（市）银行法》规定，批准设立"贵阳市银行"，以调剂金融，活跃市场，支持中小工商企业发展。

  创设贵阳市银行之议提出之际，正值抗战胜利前后。当时贵阳商业环境大变，外地银行所设支行纷纷撤离，杨森也希望拥有自己能支配的新设金融机构，故对赖永初等人的建议表示支持，杨还委请赖永初参与贵阳市银行之筹备。贵阳市银行于1947年3月开始筹备，政府以公款与民间商人合资设立，资金总额为法币6000万元，其中商股3000万元。赖为了表示以实际力量支持，投入大量资金认购商股，成为最大的商股股东，出任董事。由于货币贬值，后来该行又增资为25900万元。1947年7月该行正式宣告开业，聘请赖永初为总经理。赖永初在开幕典礼上以名酒"赖茅"设宴招待。贵阳市银行的开办得到了赖永初掌控的怡兴昌的支持，不但该行的开办费是由怡兴昌借垫，而且在银行开幕之日赖永初亦命怡兴昌拨存巨款以示支持。

  在赖永初的主持下，贵阳市银行正式营业，业务发展不俗。在当时激烈的金融竞争中，该行不但存续下来而且有所发展。贵阳市银行的存款主要来自市财库，即贵阳市各种课税收入。同时，该行在第一年就吸收社会存款活期约20亿元、定期四五亿元。除了短期放款，该行还采取了许多吸收存款的办法，如对本存款、小本低利贷款、办理"纪念存款"、发行礼券等。该行除经营一般银行业务外，市政府将原由贵州省银行代理的市金库业务拨归该行接办，提高了该行的信誉，营业额逐渐增加。贵阳市银行通过发放贷款，缓解了贵阳市部分进出口商和小型工商企业的资金困难。[①] 贵阳市银行营业获得成功，对市财政贡献较大。1948年5月，杨森调任重庆市市长，还特别挽请赖永初到重庆，聘赖为重庆市银行总经理，可见其对赖之认可与倚重，想继续借赖的专业能力辅助渝市财政。而接任贵州省主席之谷正伦氏，本即黔人，对赖永初之理财能力知之甚稔，故强烈要求赖永初返回贵

[①] 傅斯甫：《贵阳市银行创建记略》，政协贵阳市委员会文史资料研究委员会编印《贵阳文史资料选辑》第37辑，1993，第192~195页。

iv

阳，担任贵州省银行总经理。

1948年8月，赖永初担任贵州省银行总经理，此时正值多事之秋，他肩负着维持贵州金融秩序的重任。当时全国金融市场动荡不安，货币每日都在迅速贬值，国民政府推出的金圆券改革也以失败告终。作为西南偏省的贵州，金融基础本较他省薄弱，在不良环境中更容易受到外界影响。而赖永初在接任贵州省银行总经理之后的时期，正是货币体系脆弱、地方财政捉襟见肘的时期。赖永初依靠灵活的经营理念及丰富的行业经验，不但维持住了省银行的信誉，而且还在艰难环境中不断开拓新的业务。他在国民党统治贵州的最后阶段，扮演了重要的地方经济秩序维持者的角色。经过赖的打理，到1949年4月，贵州省银行不但能"自给"，而且还能扶持本省农工矿等行业。由于当时贵州缺乏有信用的货币，赖永初在1949年致力于发行贵州省银行银元辅币兑换券。他是兑换券印制、发行、兑现等环节的监督人，有其信誉担保，贵州省银行银元辅币兑换券发行相对成功。除此之外，赖永初还在省银行内部大力栽培新人，通过举办培训班等方式，为贵州金融界培养了不少金融专业人才。1949年5月，赖永初更是接任贵阳市银行业公会理事长。

本书所收录的资料，包含了赖永初从事金融业的大量史实。如怡兴昌银号开业的消息，以及赖永初担任贵阳市银行、重庆市银行、贵州省银行总经理的报道。赖永初在任期间接受采访、发表讲话的情况本书亦有收录。另外，本书还收录了台北中研院近代史研究所档案馆藏赖永初参与创设怡兴昌银号、大兴实业公司的珍贵史料，包括这两家公司提交给经济部的章程、出资人名册、股东会记录等登记文书。贵州省档案馆藏赖永初赴贵州省银行任职及报告文书也弥足珍贵。另外本书还收录了亲历者关于在怡兴昌银号、贵阳市银行、贵州省银行工作的回忆记录的节选文字。

二 商界干城：赖永初与黔省商会

赖永初在商界的影响力亦体现在其在贵州省及贵阳市商会中扮演关键角色。赖永初于1939年当选贵阳县商会执行委员，1941年当选贵阳市商会常务理事，并兼任商会第一科主任。此后，赖永初一直在市商会担任重要职务，直至1949年。在商会任职期间，赖永初推动创办了《贵州商报》、"商友俱乐部"、市商会补习夜校，并担任贵州商报社社长、筹设贵州工商银行等。贵阳市商会之团结力，不但超出本省，也能傲视全国。

贵阳市商会之前身为成立于清末的贵阳商务总会。1916年，贵阳商务总会改组为贵阳省城总商会，会员多来自本市各行帮。1930年，贵阳省城总商会奉国民政府命令改组为贵阳县商会，各行各帮亦按界别组成各业同业公会。赖永初此时就已经是县商会活跃成员，他与其他九人在商会中结成"十人团"（包括陈职民、张荣熙、赖永初、伍效高、张慕良、曾竹溪、吴鲁钦、夏少锡、文范久、冯程南），齐心协力，推动会务改革。1935年，"十人团"首领陈职民当选为贵阳县商会第二届主席。

1939年，贵阳县商会召开第三次会员代表大会，依照政府新颁《商会法》修订县商会章程，重新举行选举，陈职民仍被选为主席，张荣熙、张慕良、赖永初等6人为常务委员。从是年起，赖永初成为贵阳商会的灵魂人物之一。依靠良好的人脉关系及家族商业实力，赖成为贵阳工商界头面人物。由陈职民等人领导的"十人团"，其成员在商业上互相支持，成为贵阳县商会及贵州省商会联合会的主要领导者。1941年7月，贵阳撤县设市，贵阳县商会改名为贵阳市商会。[①] 1942年，贵阳市商会改采理事制，赖永初仍被选为常务理事，他一直担任这一职务直到1949年市商会停止活动。赖永初进入商会之后，显然不是一个挂名理事。他在商会中极为积极主动，不仅代表商会担任《贵州商报》发行人，也是商会倡议的工商银行的主要推动者。在商会与政府就税收问题讨价还价时，赖永初也是参与谈判的主要商会代表。本书收录了许多赖永初代表商会与政府折冲谈判的史料。

贵阳商会组织在战前就已建立，但其大发展却是在战时。战前，贵阳无论从人口数量还是商业活动的繁盛程度，都无法与东南沿海及长江沿岸的通商大埠相比较。但是随着国民政府西迁重庆，政府机构、企业、大学等也大量内迁，西南地区遂渐成为中国抗战的大本营。贵州省也因为地理上相对安

---

① 贵阳市工商业联合会编著《贵阳市工商联（商会）志》，贵州人民出版社，2012，第13页。

全，吸引了大量资金、技术与人才，抗战时期区域性替代工业的兴起，使贵州工商业有了长足的进步，尤其省城贵阳在战时更迅速成为一个经济繁荣的都市。当时贵阳不但涌现出一批新创工厂，商业行号也迅速增加，各种金融机构迅速扩增。在这种特殊情形下，商会在贵州的重要性也陡然提高，贵阳市商会不仅成为贵阳全市工商业之总汇，也成为全省工商活动之监管者。

贵州省政府在1941年就倡议设立贵州省商会联合会，以期加强政治对商界之统一管理。政府要求各地各业同业公会尽量成立，并加入县、镇商会，然后县镇商会均须加入省商会联合会，以该会为总指导机关，以使工商界更好地支持抗战建国工作。1942年10月，贵州省商会联合会在筹备一年之后成立。贵州省商会联合会与贵阳市商会在人事方面高度重合，赖永初亦担任贵州省商会联合会理事之职。省商会联合会成立后，设立四个委员会，即评议委员会、设计委员会、经济委员会、宣传委员会，赖永初担任经济委员会主任委员。他曾在省商会联合会会议上提出组织商联企业公司的提案。商会联合会的工作之一是成立统一捐募委员会，协助政府救济时艰，赖永初即是该委员会常务委员之一。政府开始征收保证金之后，要求贵阳住商进行登记，此项工作也由商会负责，赖亦参与其事。

赖永初社交广泛，曾长期负责监督商会机关报的编辑发行工作。1940年12月，贵阳县商会创办《贵州商报》，陈职民任发行人兼社长，赖永初为副社长，这意味着赖在商会中的地位较高。1946年，贵阳市商会决定《贵州商报》复刊，仍以商会理事长张荣熙为社长，赖永初则担任发行人。这家报纸一直出版至1949年10月才停刊。商会的权限与主办事务在战时也有很大的扩展，除办报外，其他如开办商会补习夜校、商友俱乐部、工商服务社等，具有很浓厚的商界利益共同体的色彩。也可以看出贵阳工商界在战时，一方面获利较丰厚，规模扩大；另一方面对政府更多经济索取，工商界亦需要更团结，以整体力量与政府讨价还价，因此团体力量便甚为重要。这是贵阳市商会在战时获得大发展的背景。本书所收集的许多一手史料，都可以反映这一历史过程。

有关民国时期赖永初在贵阳市商会的工作活动情况，都可以从本书所收录的相关史料中获知。我们从多种报纸上遴选出涉及赖永初活动的报道百余篇，另外还摘录了贵阳市档案馆藏商会档案中赖永初往来文书函件，当事人对贵阳市商会、《贵州商报》办报活动的回忆记录也适当选录于本书之中。这些资料对研究战时及战后商会历史非常有价值。如战时重庆国民政府为加强对商界资源的汲取，利用成立省商会联合会、强制入会办法，以及赋予省商会税务催征等方面的权力，本书所收贵州省商会及赖永初的相关史料都很清楚地将其展现了出来。贵阳作为新兴的大后方重要城市，其工商活动之活跃，商界力量之壮大，从赖永初参与的商界事务中也可见一斑。

三 名酒之源：赖永初与"赖茅"品牌之创设

"赖永初"这三个字，今天为人所熟知，是与茅台无法分离的。虽然赖永初曾在贵州省金融界名声赫赫，也曾经是贵州商会组织的重要人物之一，但这些经历，其实与许多地方商界闻人类似。不同的是，赖永初在1940年代通过创造名酒品牌，将自己的名字深深嵌入中国知名的白酒历史。

赖永初与茅台开始发生联系，与其合伙投资有关。作为1930年代就已经从商界崛起的著名人物，他与贵州省的许多土产行业都有密切关系。1938年，赖永初与原天福公号经理周秉衡、贾文钦等人合资开办大兴实业公司，周秉衡以所办茅台镇衡昌酒坊和三合黔昌锑厂等折股2万元，赖永初则投资了6万元。这家公司主要业务就是做土产与重要工业制品的销售贸易。周秉衡本身也是贵州商界名人，曾经担任安顺商会会长。1941年，因经营不善，周秉衡对大兴实业公司的合江分号亏损负责，将其入股的衡昌酒坊转让给赖永初，以抵其所欠部分债务。赖永初接手后将衡昌酒坊更名为恒兴酒厂。

当时周秉衡所办衡昌酒坊在茅台镇上产量有限，不及历史悠久的成义酒坊及荣和酒坊。赖永初接手之后，聘请酒师，改良配方，使用精美印刷包装，利用其本有的商业网络推动营销，使其产量与销量均后来居上。战时西南许多城市经济出现一定的繁荣，大量军公人员的迁入，也使城市消费力增强，这就带动了酒类消费。赖永初借战时经济繁荣的机会，也在西南城市报纸上大做广告，并推出自己的茅台酒品牌——"赖茅"。这一品牌的经营与其商界服务工作相辅相成，互相促进。得益于赖永初在工商界的地位，以及广泛的社交圈,其商业版图与"赖茅"品牌拓展在战时同步发展。

赖永初的创新经营能力,从其创造的"赖茅"商标也可以看出。其经营恒兴酒厂、发展"赖茅"营销网络的做法,都与旧式商人有很大不同。在其努力下,恒兴酒厂后来居上,产量迅速增加,最高时据称达到十万斤。其自创品牌的知名度在西南乃至全国迅速扩展。战后恒兴酒厂在上海开辟了市场,在上海设立永兴公司,同时利用在汉口、长沙、广州的企业扩大销售,先后销售"赖茅"酒两万多斤,这与广告策略、销售网络的铺展等都有密切关系。本书所收录的"赖茅"酒广告,设计用语及图案都相当精美,令人印象深刻。

有关赖茅酒与恒兴酒厂经营相关的史料,目前较为人所熟知的是赖永初发表在《文史资料选辑》的回忆文章,该文章披露了赖永初独资收购恒兴酒厂、创办"赖茅"品牌及销售"赖茅"酒的过程,其内容亦为研究者所采纳。在此基础上,本书编者联络赖永初后人,录得其回忆文章的未刊手稿,同时收录恒兴酒厂原经理韦岭、仁怀县士绅周梦生在地方文史资料上发表的回忆文章,对这段历史的回忆史料进行了补充。此外,本书编者通过查阅民国报刊及档案文献,收录了民国时期有关"赖茅"酒与恒兴酒厂的广告、时闻报道等内容,并摘录赖永初与时任贵阳市市长何辑五关于禁酒时期验封茅台酒的往来函件。上述史料对于考察民国时期"赖茅"酒的生产、经营与销售皆颇有价值。

正因为赖永初经营"赖茅"有成,贵阳政商两界都认为赖永初"有生意头脑"。甚至社会大众对赖永初颇为信任。贵州省银行后来发行银元辅币券非常顺利,在市场上反响良好,很大程度上与钞票上有总经理赖永初之签名有关。贵州省银行秘书处文书课长袁树三就在回忆中称,赖永初"对经营商业很有办法"。是故,当1947年贵州省最有势力的军政商各界帮会人士筹划成立新黔公司时,因赖永初"会做生意",懂生意经,特请赖永初任新黔公司总经理,希望借助他的商业声望,来推动贵州土产之外销。①

---

① 傅应钦:《贵阳的新社会事业建设协会》,政协贵阳市委员会文史资料研究委员会编印《贵阳文史资料选辑》第7辑,1983,第169~171页。

赖永初曾提到一件事，贵州省主席杨森曾把自己的大笔私人款项存入赖所办的恒兴酒厂生息，可见杨对该厂营业颇有信心。此款数额相当巨大，尽管受通货膨胀影响，但还是能折算成黄金 300 两。赖也坦陈杨森之所以请自己到重庆继续办银行，也是希望能帮他继续赚钱盈利。除赖兴隆、怡兴昌、恒兴酒厂之外，赖永初先后担任贵阳大兴实业公司、宏大公司、贵阳同济盐号、贵阳裕生土产公司、上海永兴公司、福利运输商行等公司总经理或董事长，曾参与经营三合黔昌锑矿、三江铁厂等，其生意涉及面甚广，涵盖盐业、特货、百货、交通、矿业等许多领域。本书所收录的大兴实业公司股东名册，可见参股者多为当时贵州工商界头面人物，大家此种支持表明赖永初在贵州商场之信誉颇高。

四　社会贡献：教育与公益

战时贵阳商界力量之勃兴，也辐射到社会与教育等领域。从赖永初的相关史料中，我们可以清楚地看到，像他这样的商界代表性人物在财富与声望上升的同时，也愿意将部分个人财富拿出来回报社会。这也符合政府与社会大众对富商的期待。抗战爆发后，赖永初热心参加各项抗战捐献运动，包括贵阳商界献机、捐资为前线士兵置办寒衣、慰劳驻军等。贵州省政当局在战后因赖永初战时捐赠贡献特别颁发胜利纪念勋章。社会公益事业方面，最重要者莫过于他独资创办永初教养院与永初中学。

赖永初热心社会教育公益事业。1941 年，为了救济战争孤儿难童，他特别在贵阳独力捐资创办一所儿童教养院——永初教养院。该院主要收容阵亡将士遗孤、出征军人之子弟、地方贫苦孤儿等。赖永初曾对外表示其理想是招收儿童 300 名，教养十年。其想法是"设工厂以资实习，授学科以长识见，有卫生设备以增进健康，有体育训练以锻炼体格"，"教养兼施，侧重生产事业，造就时代技术人材"，计划不可谓不宏伟。

本书收录了各报刊中关于教养院开办的报道，贵阳市档案馆藏赖永初呈请设立教养院的相关案卷对读者了解这一史实也弥足珍贵。1946 年，为扩展教养院，他购买 1200 亩地创办教养院附属永初农场，想通过自己的力量研究农业改良，建成示范农场。教养院的院址与永初农场合二为一。从本书史料中可知，后来他将这个农场捐给了政府，可见其主要用意仍在公益，可谓"得诸社会，还诸社会"。大力投资社会教育，不但推动了贵州地方慈善事业，对赖永初个人社会贤达身份的建构也颇有裨益。

在教养院的建设过程中，为尽快发挥社会效益，1943年8月，赖氏决定独资创设一所中学——贵阳私立永初中学，自任董事长。该校由于资金充实，校舍等硬件设施均属上乘，师资力量雄厚，创办后迅速成为当地首屈一指的私立学校，被外界称为贵阳"唯一不以学生学费而维持之学校"。这从本书永初中学建设过程的史料中足可看出，其他如永初中学开办计划书、永初中学校董会章程及黄平中正中学校董会会议记录等文书，都可以了解赖永初有关教育公益方面的想法。

值得一提的还有永初中学与地下党的关系。赖永初女婿戴绍民在上海大夏大学读书时就参加地下党的活动，被学校开除回到贵阳后，曾以自宅及永初中学为基地进行活动，印刷中共地下文件，保护了不少中共地下干部，并且将贵阳地下党负责人宋至平介绍到永初中学教书，所以永初中学后来就成为地下党的重要活动据点，这从本书收录的当事人回忆可以清楚说明。1949年8月，戴绍民不幸被国民党逮捕，11月被杀害，赖永初悲痛不已。

另外，为回报桑梓，赖永初还在家乡黄平大力捐资兴学。1940年，赖永初在贵阳与黄平布业巨商卢晴川，国民党贵州省党部委员、社会处处长周达时等人聚议创办私立中正中学，赖永初不但带头发起募捐，还捐建学校大礼堂，学校董事会以赖永初为董事长。该校办学质量优良，培养人才无数。从这所学校的建设过程中，我们仍可以发现赖氏对社会教育事业之热心。

赖永初善于交际，对媒体与民意代表都相当重视，他也试图通过办报及担任参议员等方式来发出自己的声音，表达自己的理念。赖永初很早就对舆论极为重视。所以他1943年就积极推动创办《贵州商报》作为工商界的喉舌。由于赖的经营，《贵州商报》办得非常成功，销量稳定在5000余份。该报广告称"特别注重扶持工商业"，赖永初也经常在报端撰文，表达对政经形势的看法。从赖永初署名发表的社论及文章来看，他对工商业发展及民生问题都相当重视。《贵州商报》是当时全国比较罕见的直接由工商界创办并由商人实质性经营的报纸。借助这份报纸，赖永初在贵州工商界享有极高的威望。除主持《贵州商报》之外，战后赖氏还曾出资支持《大路报》的创办。本书所收录的赖永初参与《贵州商报》创办与经营的史料，既可以见证近代商人办报的历史，在一定程度上又可以反映1940年代贵阳商界的诉求与声音。1944年赖永初被选为贵州省参议会参议员，如本书收录的史料中就有他1949年以省银行总经理身份出席参议会之后招待全体参议员晚宴的新闻。

赖永初的一些投资，后来对贵州省经济发展影响颇大。例如赖永初对贵州交通事业一向较为关心，曾创办福利运输行。也曾支持毛铁桥开办汽车运输行，1947年为其提供贷款。① 毛后来成为贵州汽车运输业的元老，曾担任公私合营贵阳汽车运输公司经理、省运输局副局长、省工商联副主委、政协副主席等职。1951年，贵阳市市长秦天真鼓励工商界与政府合作筹建一个投资公司，以便将私人资金投入经济恢复建设。赖永初是7位筹备委员之一，他个人也投资5亿元人民币（旧币）到该公司。该公司后来为贵阳的城市建设贡献甚大。

结　语

赖永初在战争环境下崛起，在整个1940年代，他都是贵阳商界的风云人物。赖之所以成为近代贵州重要的金融家、工商界领袖，乃至地方政府在财政方面需依靠之重要人物。一方面，赖永初个人能力卓著，无论在经商理财还是社会交际方面，都有独到之处。另一方面，"时势造英雄"，其个人经历也与近代历史变迁紧密相连，贵州的政治经济环境对其影响尤大。

本人曾经专门研究过一些著名的江浙商人。如果将赖永初与虞洽卿作一比较，异同甚为明显。作为时代人物，虞与赖都有一些相似的特征，如商业眼光准、社会介入度高、政商关系处理得较好。但虞以"长袖善舞"的航

---

① 毛铁桥：《在旧中国经营汽车运输的回忆》，政协贵州省委员会文史资料研究委员会编《贵州文史资料选辑》第6辑，贵州人民出版社，1980，第48页。

业大王闻名于全国，赖则以善于理财的金融家誉满西南；政治上虞有"通天之术"，活跃于全国政治舞台，而赖主要还是为本省在任军政首长协理财政，双方关系并不恒定；虞氏主要依靠其与政界的特殊关系，获得许多商业上的特殊权力，赖的生意则带有互惠性，其个人企业也是政府重要税收来源。

作为金融界重要人物，赖永初大概与陈光甫、张嘉璈等人有更多共同特点，只是后者是国民政府之重要金融高管，赖则是贵州省政府不可或缺的财政助手。赖在贵州省所办事业，如《贵州商报》、永初教养院、永初中学等，都带有鲜明的地方性。可以说赖永初是民国时期贵州历史乃至西南地区历史的重要见证人与当事者，从这么重要的人物入手来研究区域史，相信会有非常多新的发现。

中华人民共和国成立后，赖永初先后担任贵阳市财政经济委员会委员、贵阳市工商联筹备委员会委员、贵州省政协委员等职务，仍是当地政府比较倚重的工商界元老。本书所收录的史料基本上可以反映赖永初一生的事业轨迹。从类型上来讲，本书史料包括地方史志资料、地方报刊及地方档案三种。

文史资料是中华人民共和国成立后形成的一种特殊史料。1979年，赖永初受全国政协文史委邀请，撰写创办赖茅酒的回忆文章，之后又受贵州省政协文史委邀请，撰写关于贵州省银行的回忆文章。此后，与赖永初工作和生活轨迹有交集的地方人士亦陆续撰写相关回忆文章，这些回忆文章被收入各地文史资料，文史资料遂成为赖永初史料的重要组成部分。本书选取了全国及贵州省内各层级文史资料中与赖永初直接相关的回忆文章。文史资料披露的诸多有价值的细节是档案、报刊等历史文献的重要补充。

地方报刊是反映一地时局、社会面貌的重要载体。本书重点搜集了贵阳《中央日报》、《贵州日报》、《贵州商报》三种报纸，其发行时期恰好贯穿赖永初商业活动的关键阶段，多篇"赖茅"广告、永初中学开办及招生情况、赖永初就任各银行职务的报道均刊载于上述报刊中。此外，《贵州商报》更由赖永初参与创办并亲任社长，其史料价值尤为突出。

地方档案主要由政府相关往来文书构成，是研究政治、经济及政策的重要"过程性"史料。由于赖永初在民国时期曾任多项职务并开办公司，与之密切相关的包括台北中研院近代史研究所档案馆藏国民政府经济部有关企业登记的文书，贵州省及贵阳市档案馆藏商会档案、银行档案、教育局档案等，更是反映了赖永初的投资结构、商业关系网络、经营理念及其在贵州省财政金融运行中的作用。

总之，通过本书收录的史料，我们可以了解赖永初这位近代贵州著名商人的大部分经历，同时，本书也揭示了1930年代至1940年代贵州省经济、金融的诸多历史实态。希望本书的出版能帮助读者更深入地了解赖永初这位茅酒先贤。

目　　录

甲编　"赖茅"之创制与恒兴酒厂

一　报刊史料 ……………………………………………… / 1
1. 广告类 ………………………………………………… / 1
真正茅酒运到 ……………………………………………… / 1
赖茅酒大减价三天 ………………………………………… / 2
真正赖茅启事 ……………………………………………… / 3
赖茅酒廉价 ………………………………………………… / 3
赖茅 ………………………………………………………… / 4
贵阳恒兴酒厂真正赖茅启事 ……………………………… / 4
赖茅为更换商标印纸敬告各界 …………………………… / 4
赖茅名酒 …………………………………………………… / 5
马培中律师代表茅台村恒兴酒厂为出品赖茅紧要启事 … / 6
恒兴酒厂出品赖茅 ………………………………………… / 6
恒兴酒厂出品之赖茅 ……………………………………… / 6
恒兴酒厂赖茅为响应 ……………………………………… / 6
仁声月刊启事 ……………………………………………… / 7
贵州茅台酒之王——真正赖茅到沪 ……………………… / 7
贵州茅台酒之王——真正赖茅 …………………………… / 7
贵州茅台酒之王——真正赖茅 …………………………… / 8

1

贵州茅台酒之王——真正赖茅 ……………………………………… / 8
贵州茅台酒之王——真正赖茅 ……………………………………… / 8
永安公司大减价 ………………………………………………………… / 8
2. 时闻类
茅台酒业产销概况（节选） …………………………………………… / 9
到茅台村（节选） ……………………………………………………… / 11
茅台村被焚记 …………………………………………………………… / 11
茅台酒 …………………………………………………………………… / 12
赖茅酒即将抵沪 ………………………………………………………… / 12
茅台酒销区达广州京沪 ………………………………………………… / 12
茅台酒将到 ……………………………………………………………… / 13
茅台今昔（节选） ……………………………………………………… / 13
物产展览会中之赖茅 …………………………………………………… / 13
茅台酒闻名全国 酱园业开设渐多 …………………………………… / 14
诗录：谢春煦丈自黔寄惠茅酒 ………………………………………… / 15
风土小记：忆贵州 ……………………………………………………… / 15
茅酒故事 ………………………………………………………………… / 17
黔行短记之七：茅酒掌故 ……………………………………………… / 18
谈茅台酒 ………………………………………………………………… / 19
本报紧要启事 …………………………………………………………… / 20

二 个人回忆、档案史料及史志记录 …………………………… / 21
我创制"赖茅"茅台酒的经过（节选） ……………………………… / 21
恒兴酒厂前经理韦岭关于恒兴酒厂与"赖茅"的回忆（节选） …… / 27
仁怀县士绅周梦生关于恒兴酒厂的回忆（节选） …………………… / 31
贵阳市政府关于验封衡昌酒厂存酒情形由（节选） ………………… / 35
贵州省工商业联合会《贵州茅台酒史》关于恒兴酒厂的
　　记载（节选） ……………………………………………………… / 36
《中国贵州茅台酒厂有限责任公司志》关于恒兴酒厂的记述 ……… / 39

目 录

乙编　赖永初与民国贵阳市商会

一　报刊史料 ……………………………………………… / 41

贵阳县商会改组　陈职民等当选执监委 …………………… / 41

为组织商友俱乐部敬告全市商界同志书 …………………… / 42

商人的进修与商友俱乐部（二）……………………………… / 43

长期抗战与商人组织 ………………………………………… / 44

商友俱乐部先行完成内部组织 ……………………………… / 45

贵州省政府令派贵阳商会负责筹备商会联合会 …………… / 46

省商联合会开始筹备　贵阳商会分函各县商会 …………… / 46

贵阳市政府今日隆重成立　贵阳市商会发动热烈庆祝 …… / 47

贵阳商会奉令策动组织纱布公会 …………………………… / 47

贵阳市商会昨开代表大会（节选）…………………………… / 47

筑市商会大会开幕　陈职民蝉联主席 ……………………… / 48

贵阳市商会内部职员聘定 …………………………………… / 48

赖永初启事 …………………………………………………… / 48

贵州全省商联会今日举行成立会 …………………………… / 49

市商会第一、二两科工作极形紧张 ………………………… / 49

贵州全省商会联合会成立大会宣言 ………………………… / 49

市商会调整内部工作人员 …………………………………… / 51

意志集中力量集中　省商联会圆满闭幕 …………………… / 51

市商会主席推蔡森久代理　陈职民仍继任常委 …………… / 54

陈职民辞本报职　赖永初任社长　内部组织人事调整就绪 …… / 54

市商会各执监委员举行联席会议　蔡主席召集职员训话 …… / 54

商会职员旅行花溪　赖永初氏特备车招待 ………………… / 55

中委刘炳藜视察筑市商会 …………………………………… / 55

3

商公会职员办理目的事业　经济部规定奖惩办法 …………… / 55
市商会招待王晓籁、虞洽卿　两氏日前赴渝公干 …………… / 56
贵阳市商会开四四次常会 ……………………………………… / 57
各县商会应加入商联会　省商联会常会议决 ………………… / 57
贵阳市商会举办端节劳军 ……………………………………… / 57
市商会造报会员名册 …………………………………………… / 58
市商会即日公演《蓝蝴蝶》 …………………………………… / 58
商联会四、五月份工作概况 …………………………………… / 59
　广告 ……………………………………………………………… / 61
四次工商会报定今晨举行 ……………………………………… / 62
筑市市商会公演圆满结束 ……………………………………… / 62
中政校筹建中正堂　市商会捐四千元　日前举行四九次常会通过 …… / 62
社会部卞视［氏］宗孟视察市商会等　对各该会训话勖勉有加 …… / 63
回顾与前瞻　为庆祝本校二周年纪念纪 ……………………… / 63
各业将献机二架　募集四十万元由各业分摊　市统一募捐委员会常会
　决议 …………………………………………………………… / 64
贵阳市商会将改建会门　俱乐部内部整顿就绪 ……………… / 65
商界统一募捐委员会举行第三次会议　市商会召开五次工商会报 …… / 66
贵阳市商会开五三次常会 ……………………………………… / 66
贵阳市商会所属各商业同业公会统一募捐委员会紧要启事 … / 66
商会加强工作　推吴禹丞为督导员　日前召集职员谈话 …… / 68
贵阳市商会开五五次常会　并招考志愿警察 ………………… / 68
市商会举行首次工作会报　检讨内部工作极详尽 …………… / 69
贵阳市商会举行常委会议　并举行工商会报及月会 ………… / 69
贵州全省商会联合会一年来工作报告（一） ………………… / 70
贵州全省商会联合会一年来工作报告（二） ………………… / 71
商业补习夜校暂行迁址上课　市商会鸠工改建会所 ………… / 73

目 录

市商会向各方陈述税收意见　列举理由三点说明事实 …………… / 73
贵州全省商会联合会一年来工作报告（三） …………………… / 74
市商会执监委会分别举行会议 …………………………………… / 75
贵州全省商会联合会一年来工作报告（四） …………………… / 76
贵阳市商会举行执委会议 ………………………………………… / 77
本省冬令救济捐款　商界募六十五万　统一捐委会决定各业配额 … / 78
贵阳市商会举行第六二次常会　新建会所近即落成 …………… / 78
商联会将策动各县依法组织县商会　将讨论工商界复员问题 … / 78
贵阳市商会奉令筹备改组　蔡主席召集所属训话 ……………… / 79
筑市临参会成立　举行第一次大会　市商会致电祝贺 ………… / 80
市商会推定负责人　积极筹备改组 ……………………………… / 80
市商会召开三次各业联会　并举行常会二次 …………………… / 81
市商会筹备改组　推定负责人员　并举行第三次工作检讨会 … / 81
监院第一巡察团设团址于市商会办公 …………………………… / 82
市商会改组大会六月十五日举行　筹备会通过重要议案多项 … / 82
市商会改组筹备会　续举行两次会议 …………………………… / 83
市商会改选大会定今晨八时开幕 ………………………………… / 84
金玉之声 …………………………………………………………… / 85
祝市商会第一届理监事 …………………………………………… / 89
市商会二次代表会业经圆满闭幕 ………………………………… / 90
为志士壮行色 ……………………………………………………… / 93
贵阳市商会理监事委员就职 ……………………………………… / 94
市商会特种委员会选出各正副主委 ……………………………… / 95
市商会特委会之使命 ……………………………………………… / 96
市商会将拟具金银内运办法 ……………………………………… / 97
仓库绸缎等业请缓办布业登记 …………………………………… / 98
贵阳市商会召开各业联席会 ……………………………………… / 98

5

市商会举行首次工作检讨会　张荣熙冯程南指示工作 …………… / 99

市商会理事会通过重要议案　消防委会开第三次会 ………………… / 99

筑市商会举行六次常务会议　财委会积极展开工作 ………………… / 100

筑市商会召开各业联席会议 ……………………………………………… / 101

贵阳市商会举行第八次常会 ……………………………………………… / 101

响应吴主席节约手令 ……………………………………………………… / 101

贵阳市商会举行六次理监事会　并举行国民月会 …………………… / 102

市商会国庆日 ……………………………………………………………… / 103

贵阳市商会成立筹募消防基金会 ………………………………………… / 104

市商会理事实行轮值办公　第五次理事会决议 ……………………… / 104

消防基金余款市商会决定催收 …………………………………………… / 105

贵阳市商会举行联席会议　讨论募集志愿兵安家费等案 …………… / 105

志愿兵安家费市商会正现正积极催收中 ………………………………… / 105

筑市商会欢迎国商联会黔代表 …………………………………………… / 106

市商会昨理监会议 ………………………………………………………… / 106

协助政府征税　避免苛扰弊病 …………………………………………… / 106

贵阳市商会理监事联席会议 ……………………………………………… / 106

市商会与财税两局商洽 …………………………………………………… / 107

市商会改选　昨开四次筹会　决议要案两件 ………………………… / 107

市商会昨各业联席会讨论营业税问题 …………………………………… / 108

缴纳营税问题　筑商会将向财局洽商 …………………………………… / 108

查税应避苛扰　市商会昨开会讨论对策 ………………………………… / 108

力避印花税苛征 …………………………………………………………… / 109

筑印花税稽征问题　税局允予力求简化 ………………………………… / 109

贵阳市商会改选筹备会通告 ……………………………………………… / 110

市商会改选期近 …………………………………………………………… / 110

筑商会改选理监事 ………………………………………………………… / 112

6

市商会理监事选出……………………………………………… / 113
筑市商会二届理事长选出………………………………………… / 114
筑市商会首次理监联席会（节选）……………………………… / 114
整顿出口贸易　谷主席勉省市商会理监事……………………… / 115
本报昨开股东大会依法选出董事及监察赖永初张荣熙等多人… / 115
本报社长易人…………………………………………………… / 115
研讨管制物价问题……………………………………………… / 116
启事……………………………………………………………… / 116
交涉核减电话电报费已获得圆满答复………………………… / 116
电话收费超过战前　筑市商会要求减低……………………… / 117
市商会昨开座谈会主张起用铜币镍币………………………… / 118
上期所利得税过重　筑市商场不堪负荷……………………… / 118
筑课征六月份营业税　市商会昨曾开会讨论………………… / 119
筑市商会昨九次理事会………………………………………… / 119

二　档案史料 …………………………………………………… / 120
赖永初呈贵阳市商会建议书（节选）………………………… / 120
贵州商报社招股公函（节选）………………………………… / 121
贵州全省商会联合会工作报告（1945年1月至8月）（节选）… / 123
贵阳市商会呈请捐助商人节经费事由（节选）……………… / 124
赖永初申请即日解除社长职务的报告（节选）……………… / 124
赖永初关于商报停刊请另选贤能接替的函（节选）………… / 125
贵阳市商会关于慰留赖永初的公函（节选）………………… / 125

三　个人回忆 …………………………………………………… / 126
赖永初关于贵阳市商会"速富团"和"十人团"的回忆（节选）…… / 126
《贵州商报》原责任编辑陈培元的回忆（节选）……………… / 127
《贵州商报》前记者傅斯甫的回忆（节选）…………………… / 128
《贵州商报》前主编黄炜的回忆（节选）……………………… / 133

7

贵阳商人冯程南关于贵州省商会的回忆（节选）……………… / 134
贵阳商人冯程南关于贵阳市商会的回忆（节选）……………… / 137

丙编　赖永初与民国贵州金融、贸易业

一　报刊史料……………… / 142

贵阳怡兴昌银号开业启事……………… / 142
怡兴昌银号开业　由赖永初任经理……………… / 143
怡兴昌银号正式开业盛况……………… / 143
贵阳市银行杨主席兼董事长　赖永初膺选经理……………… / 144
新黔建业公司昨召开董监事联席会……………… / 144
市银行总经理易人　工务局长人选未定……………… / 144
市银行经理赖永初昨欢宴张市长……………… / 145
南明路一盛会……………… / 145
市财地两局长易人……………… / 146
市行总经理赖永初继任　将由筑来渝就任……………… / 146
杨森就职以后与各方人士接触频繁　昨会见各国驻渝领事……………… / 146
发展黔省经济　谷主席征询意见……………… / 147
市参会欢迎杨市长（节选）……………… / 147
市民政局准备交代　赖永初后日就市行总理职……………… / 148
市银行总经理赖永初昨视事……………… / 148
市银行经理赖永初接任……………… / 148
重庆市银行总经理赖永初启事……………… / 148
筑市银行经理　当局尚未考虑……………… / 149
市行经理赖永初定二十一日返黔……………… / 149
赖永初昨日抵筑……………… / 149
市银行董监会议推张市长为董事长……………… / 149
黔省银行总经理因配纱舞弊辞职……………… / 150

8

赖永初业已返筑　渝市行总经理张慕良升任 …………… / 150

贵州省银行改组 ………………………………………… / 150

黔省行昨董事会 ………………………………………… / 151

新任省行总经理赖永初今视事 ………………………… / 152

新任银行总经理赖永初昨接收视事 …………………… / 152

赖永初启事 ……………………………………………… / 152

调剂黔省金融　扶助经济建设 ………………………… / 153

贵州省银行启事 ………………………………………… / 154

黔省银行总经理刘熙乙四日突被捕 …………………… / 154

黔省银行总经理刘熙乙被捕 …………………………… / 154

省参会花絮 ……………………………………………… / 155

省训团财务组学员昨参观省银行 ……………………… / 157

赖永初谈发行本省银元辅币券 ………………………… / 157

商讨发行本省银圆辅币券事宜 ………………………… / 159

赖永初在扶轮社谈开办银元业务情形 ………………… / 161

银行业理事长姚吟舫辞职　赖永初继任 ……………… / 161

黔省银元辅币重庆市场发现 …………………………… / 161

赖永初即将飞渝 ………………………………………… / 162

贼走才关门 ……………………………………………… / 162

省行新制银元券业已在渝印就 ………………………… / 163

赖永初已返筑 …………………………………………… / 164

黔省参会昨六次会　聆财政保安报告（节选） ……… / 164

筑银元券即可应市 ……………………………………… / 165

二　**档案史料** ………………………………………… / 165

怡兴昌股份有限公司章程 ……………………………… / 165

怡兴昌银号股份有限公司出资人姓名籍贯住址已交数目清册 ……… / 171

怡兴昌银号股份有限公司改选董监名单及职员名册 ………… / 172

永兴联合实业股份有限公司章程⋯⋯⋯⋯⋯⋯⋯⋯⋯⋯⋯⋯⋯⋯⋯ / 173
大兴实业股份有限公司股东会决议录⋯⋯⋯⋯⋯⋯⋯⋯⋯⋯⋯⋯ / 177
大兴实业股份有限公司股东名簿⋯⋯⋯⋯⋯⋯⋯⋯⋯⋯⋯⋯⋯⋯ / 178
大兴实业股份有限公司选任董监名单⋯⋯⋯⋯⋯⋯⋯⋯⋯⋯⋯⋯ / 180
贵州省银行关于总经理交接的通知（节选）⋯⋯⋯⋯⋯⋯⋯⋯⋯ / 180
贵州省银行关于赖永初接任总经理的通知（节选）⋯⋯⋯⋯⋯⋯ / 181
贵州省政府关于贵州省银行改组的训令（节选）⋯⋯⋯⋯⋯⋯⋯ / 181
贵州省银行章程（节选）⋯⋯⋯⋯⋯⋯⋯⋯⋯⋯⋯⋯⋯⋯⋯⋯⋯ / 182
贵州省银行现况报告（节选）⋯⋯⋯⋯⋯⋯⋯⋯⋯⋯⋯⋯⋯⋯⋯ / 184

三 个人回忆 / 186

贵州省银行与贵阳市银行前职员张文骏记述的怡兴昌
　银号（节选）⋯⋯⋯⋯⋯⋯⋯⋯⋯⋯⋯⋯⋯⋯⋯⋯⋯⋯⋯⋯ / 186
赖永初关于任职贵阳市银行与重庆市银行的回忆（节选）⋯⋯⋯ / 192
贵阳市银行前职员张文骏的记述（节选）⋯⋯⋯⋯⋯⋯⋯⋯⋯⋯ / 194
赖永初关于贵州省银行的回忆（节选）⋯⋯⋯⋯⋯⋯⋯⋯⋯⋯⋯ / 200
贵州省银行与贵阳市银行前职员张文骏关于贵州省银行的
　回忆（节选）⋯⋯⋯⋯⋯⋯⋯⋯⋯⋯⋯⋯⋯⋯⋯⋯⋯⋯⋯⋯ / 207
贵州省银行前职员袁树三的回忆（节选）⋯⋯⋯⋯⋯⋯⋯⋯⋯⋯ / 209
贵州省参议会前议员蒋相浦回忆辅币券发行情况（节选）⋯⋯⋯ / 211
民国贵州财政厅长潘锡元关于贵州省银行发行辅币券的
　回忆（节选）⋯⋯⋯⋯⋯⋯⋯⋯⋯⋯⋯⋯⋯⋯⋯⋯⋯⋯⋯⋯ / 212

丁编　赖永初与民国贵州教育、社会事业

一 报刊史料 / 214

赖永初紧要启事⋯⋯⋯⋯⋯⋯⋯⋯⋯⋯⋯⋯⋯⋯⋯⋯⋯⋯⋯⋯⋯ / 214
赖永初君创办贵州私立永初教养院⋯⋯⋯⋯⋯⋯⋯⋯⋯⋯⋯⋯⋯ / 215
赖永初创办儿童教养院⋯⋯⋯⋯⋯⋯⋯⋯⋯⋯⋯⋯⋯⋯⋯⋯⋯⋯ / 215

目　录

儿童教养院创办人赖永初访问记……………………………………/ 216

赖永初捐资五十万元办儿童教养院…………………………………/ 217

教养儿童与抗战建国……………………………………………………/ 217

赖永初招待新闻记者……………………………………………………/ 219

黔省党部嘉勉赖永初……………………………………………………/ 219

黔商赖永初创办永初教养院……………………………………………/ 219

黔商赖永初创办教养院…………………………………………………/ 220

省商联合会代表参观永初教养院………………………………………/ 220

永初教养院院址已落成　建筑用去百六十万…………………………/ 220

永初教养院建筑完成……………………………………………………/ 220

贵阳赖永初捐巨资创设教养院…………………………………………/ 220

赖永初氏捐资兴学………………………………………………………/ 221

幼有所养　永初教养院四月间招生……………………………………/ 221

永初中学定期招生………………………………………………………/ 221

永初中学介绍……………………………………………………………/ 221

永初中学招生……………………………………………………………/ 223

永初中学开始招生………………………………………………………/ 223

永初中学投考者踊跃……………………………………………………/ 223

贵阳一周…………………………………………………………………/ 224

永初中学招男女生………………………………………………………/ 224

永初中学招生……………………………………………………………/ 224

永初中学校董会商今后拓展计划………………………………………/ 224

永初中学上演《秋子》　请看日本风之大歌剧………………………/ 225

贵阳私立永初中学添招初一上新生……………………………………/ 225

永初中学添招新生一班…………………………………………………/ 225

文化动态…………………………………………………………………/ 225

永初中学学生投笔从戎…………………………………………………/ 225

11

傅厅长巡视永初中学……………………………………………… / 226

永初中学旅行六冲关……………………………………………… / 226

永初农场植果树万余株　两年后可应市………………………… / 226

永初中学明晨举行第一届毕业典礼……………………………… / 226

私立永初中学今举行毕业礼……………………………………… / 227

私立永初中学昨举行毕业典礼…………………………………… / 227

永初中学昨祝校庆………………………………………………… / 227

私立永初中学特筹组校友会……………………………………… / 228

贵阳永初中学校友会筹备会通告………………………………… / 228

私立永初中学校友会昨成立……………………………………… / 228

过户启事…………………………………………………………… / 228

永初中学校庆昨举行纪念会（节选）…………………………… / 229

社会救济事业协会昨日午正式成立……………………………… / 229

永初中学嘉惠学子………………………………………………… / 230

响应自经捐献　赖永初慨捐巨产………………………………… / 230

私立达德中学建永初篮球场……………………………………… / 231

二　档案史料 / 232

赖永初关于报送教养院院址计划书（节选）…………………… / 232

赖永初为拟缓办教养院先行创设私立中学给贵阳市政府的
　呈文（节选）…………………………………………………… / 233

贵州省政府关于永初教养院呈报拟将该院改办私立中学的
　训令（节选）…………………………………………………… / 234

贵阳市政府关于私立永初教养院改办私立中学的指令（节选）…… / 235

赖永初关于前拟创办教养院曾经呈报备案的复函（节选）…… / 235

贵州省政府关于永初教养院拟请改办为私立中学的指令……… / 236

永初中学校董会呈报组织成立校董会（节选）………………… / 237

贵阳私立永初中学校董会章程（节选）………………………… / 237

目 录

中正中学校董会座谈会记录（节选）……………………/ 238
永初中学校友会章程（节选）……………………………/ 239

三 个人回忆与史志记录 ……………………………/ 241

永初中学前教员李宗泽的回忆（节选）…………………/ 241
民国时期贵阳市私立中学概况（节选）…………………/ 245
有关赖永初长女婿戴绍民烈士的记述……………………/ 246
有关永初中学教员宋至平烈士的记述（节选）…………/ 247
《新黔日报》载永初中学教员宋至平烈士传略…………/ 250
《黄平文史资料选辑》关于永初中学的记述……………/ 251
黄平乡绅任道安关于旧州中学的回忆……………………/ 251
旧州中学创校纪念碑碑文…………………………………/ 254

附录一 赖永初《贵州商报》所刊社论选辑

拟创设儿童教养院粗见……………………………………/ 256
献给商联会………………………………………………/ 257
振作精神力求创造…………………………………………/ 258
赖永初题词………………………………………………/ 259
纪念国父诞辰应发展实业…………………………………/ 259
本报三周年………………………………………………/ 260
从回味到反省………………………………………………/ 262
战局与经济………………………………………………/ 264
发展新经济事业……………………………………………/ 265
今年国庆日的认识…………………………………………/ 267
本报复刊辞………………………………………………/ 268
如何奉行新兵役法…………………………………………/ 269
庆祝首届商人节……………………………………………/ 271
纪念记者节志感（节选）…………………………………/ 273

13

怎样纪念商人节 ……………………………………………………… / 274

附录二　赖永初后人追忆纪念文章

回忆父亲赖永初 ……………………………………… 赖世强 / 276
我们该如何纪念 ……………………………………… 赖丹丹 / 282

甲编
"赖茅"之创制与恒兴酒厂

编者按 本部分辑录了赖永初早期商业活动与创制"赖茅"酒有关史料。赖永初家族早年依靠杂货贸易起家,经营"赖兴隆"商号。1920年,赖永初子承父业,将商号扩展为贸易运销商行,分号遍布西南各地,并转营金融业务。1936年,赖永初与商人周秉衡合资创办"大兴实业公司",周氏后来将其所持大兴股份与设在茅台镇的衡昌酒厂转给赖永初,1941年赖将"衡昌"改为"恒兴",创制"赖茅"品牌。

本部分选取的史料中,报刊史料主要包括《申报》、《大公报》、贵阳《中央日报》、《贵州商报》等刊登的"赖茅"酒广告及对"赖茅"酒的时闻报道;个人回忆、档案史料及史志记录主要包括赖永初个人回忆其早年商业活动和创制"赖茅"酒过程的文章、恒兴酒厂前经理韦岭和仁怀县士绅周梦生关于恒兴酒厂的回忆文章、赖永初关于贵阳"禁酒"期间验封"赖茅"酒给贵阳市政府的呈文、《中国贵州茅台酒厂有限责任公司志》和贵州省工商业联合会关于赖永初及恒兴酒厂的记述等。

一 报刊史料

1. 广告类

真正茅酒运到

敝厂于仁怀茅台村设厂,自酿真正茅酒,历有年所,素得天然泉水,陈

1

年土窖，其气味香醇，久已驰名中外，颇得社会人士所赞许。尤以此次将商标改良，再加精功研究，极合卫生，饮之头不晕口不渴，确有祛瘴避疫之益。曩者行销西南各省，并有"赖茅"之称，决勿虚传，诚属本省名贵特产，宴宾馈赠最为相宜。惜所到无多，希各界诸君购者从速，以免向隅也。

贵州茅台村恒兴酒厂启

贵阳总经销处（暂设中华路南段四十四号院内）

《贵州商报》1943年2月12日，第1版

赖茅酒大减价三天

酒

赖茅

大鹏商标

贵州茅台村恒兴酒厂出品

廉价每瓶一零零元，定价每瓶一六零元

大廉价三天

真正茅酒，真正减价

顶好机会，请勿错过

地址：中华南路二一○号

日期：六月五日起至七日止

本厂于仁怀茅台村，自酿真正茅酒，早已驰名中外。不待宣传，早载口碑。过去因出品无多，供不应求，有负惠顾。兹为便于慕名购饮者之向隅起见，现已大量生产。特赶工新建大厦一所，门市零售，以供应社会人士之需要。值此大厦落成之日，又届端节将近之期，特举行大廉价三天（自六月五日起至七日止），不顾血本，巨大牺牲，借以酬答盛意，每瓶减为法币一百元，过期每瓶即照定价一百六十元，决不减让。本厂并为预防假冒起见，乃是独家经销，并无其他代售。请认明大鹏赖茅商标，庶不致误。

贵州茅台村恒兴酒厂谨启

贵阳经销处设于中华南路二一○号

《贵州日报》1943年6月6日，第1版

真正赖茅启事

查茅酒向为吾黔特产，本厂不惜巨资聘请专门技师悉心研究，垂数十年，不顾任何困难，不变初衷，在在以维护茅酒夙誉为务，故所出赖茅气味香醇，有益卫生，已臻仙品，中外驰名。战前各省人士欲一尝试，苦不可得。年来本省五方荟萃，诸君来此不易，购得赝品实为不值。赖茅酿销例系自仁怀县茅台村原厂装运来省，瓶口黏有当地税局纳税标识，封贴坚牢。经销处在筑仅有一家，从未委托任何商店代售，乃查近来多有无耻之徒竟将赖茅空瓶装入劣酒或以他酒渗杂冒充，质既低下，气味甚恶，似此以伪乱真，不特影响本厂信誉，尤且诈取顾客金钱，殊属不法。除由本厂常川派员密查送究外，兹为免惠顾诸君再蒙无谓损失计，嗣后如购真正赖茅务请移玉中华路二一零号本厂经销处，庶不致误。此启。

贵州茅台村恒兴酒厂经销处启

贵阳《中央日报》1945年7月21日，第1版

赖茅酒廉价

本厂赖茅名酒在抗战期中同受物价影响，维持困难，本大利微，不惜牺牲，在在以维护国货为务。此酒特点，一杯在手，清香扑鼻，入口味醇，饮后舒畅，既无头昏目眩之虞，又无口干舌燥之弊，具杀菌之功能，有强身之奇效。遇霍乱流行，日饮三杯，保险健康，屡试不爽。至其原料，系以茅台硬壳高粱为主，此物除酿酒外不作食用，与一般酿造方法迥然不同。竟有无耻之辈，旧瓶新酒，以假混真，唯利是图，恬不知耻。故本厂从不委托代售而独家经销者以此。当此举世庆祝胜利之时，各回老家之际，为便诸君乐于尝试起见，除于将来分在京津沪汉遍设分销外，兹特廉价三天以表优待，过期仍照原价发售，惠顾诸君幸注意及之。

时间：九月三日至五日

地点：中华南路二一〇号

贵阳《中央日报》1945年9月5日，第1版

赖茅

盛宴款嘉宾，酣饮赖茅，主乐客开心。
佳肴无名酒，枉自辜负，一席数万金。
贵州既来到，赖茅未尝，徒为人所轻。
衣锦荣归时，随带赖茅，保险可骄矜。
赖茅酿造厂，地当黔北，仁怀茅台村。
窖藏历年久，气味香醇，有益于卫生。
真正赖茅酒，独家经销，惟有我恒兴。
真伪容易识，请君购买，特别要认清。

《贵州日报》1946年2月20日，第1版

贵阳恒兴酒厂真正赖茅启事

本厂所产茅酒，商标"大鹏赖茅"为记，气味香醇，人皆称道。厂设贵州仁怀茅台村，在筑独家经理，并无分销处在柳或托人在外推销情事，且每瓶筑定价三千六百元，货真价实，商标明晰，并不模糊。近查有冒牌货发现，希图鱼目，妨碍商誉，诚恐外界不明，反为伪造冒牌所蒙蔽，以致有失顾客爱护真正赖茅之本意。特此声明，幸垂察焉。

柳州《广西日报》1946年4月26日，第1版

赖茅为更换商标印纸敬告各界

赖茅名酒，品质优美，气味香醇，久为各界所推重。本厂独家经销，亦早为社会所深知。竟有无聊之徒公然仿印商标冒牌出售，或以旧瓶劣酒伪装应市，致使顾客遭无谓之损失，又于本厂信誉影响殊大。兹为防杜假冒起见，特自三十五年六月一日起所有前印商标印纸一律作废，瓶面改用铜版纸印之金红蓝绿白五色商标，瓶背改用金蓝白三色中西文说明，文上加具大鹏图案，以后纳税标识之底并黏贴银光纸印之封签，另盖铜印"赖茅"字样。除分登各报反复申明"独家经销"，使假冒者无法再展狡计外，谨此敬告，请各界惠顾诸君特别注意及之。此启。

独家经销恒兴酒厂

甲编　"赖茅"之创制与恒兴酒厂

地址：贵阳中华南路二一〇号

电话：八六三号

贵阳《中央日报》1946年6月2日，第1版

图1　"赖茅"广告

资料来源：贵阳《中央日报》1946年6月2日，第1版。

赖茅名酒

贵州特产，赖茅名酒，行将抵此。

贵州仁怀茅台村向为产酒之区，所出"赖茅"一种中外驰名。是酒特点：色泽清绿，气味香醇，饮时无舌燥之弊，饮后有舒筋活血之功。窖藏愈久，□其裨益身心之效尤为神奇，销遍西南无人不晓。战时因交通关系无法外运，现当胜利之后，交通渐次复员，本厂为应省外各界人士之需要

5

起见，特将陈年窖藏"赖茅"名酒装箱正启运中，不久当可与各界人士见面，惠顾诸君希注意及之。

独家经销：恒兴酒厂

地址：贵阳市中华南路二一〇号

电报挂号〇三三七，电话八六三

贵阳《中央日报》1946年7月21日，第7版

马培中律师代表茅台村恒兴酒厂为出品赖茅紧要启事

兹据茅台村恒兴酒厂负责人委托"查本厂出品赖茅名酒系独家经理，并无分店，亦未委托推销，近有无耻之徒收买旧瓶，装入劣酒，其有假印商标冒滥发售，侵害本厂权益。特请大律师代表警告，嗣后如再发现上项情事，本厂决依法起诉。惠顾诸君请径向本市中华南路二一〇号（怡兴昌银号隔壁）本厂经销处为荷"等语，合代启事如上。

事务所市府路四十九号

《贵州日报》1946年9月5日，第1版

恒兴酒厂出品赖茅

恒兴酒厂出品赖茅，酒中之王。

地址：中华路二一〇

《贵州商报》1947年4月29日，第3版

恒兴酒厂出品之赖茅

恒兴酒厂出品之赖茅是筑市酒中之王。

地址：中华南路二一〇号

《贵州商报》1947年6月9日，第1版

恒兴酒厂赖茅为响应

贵州省三十六年度物产展览特备陈年茅酒一万瓶，不惜牺牲，廉价供应（门市每瓶定价一万二千元，展览品特售每瓶八千元，每人只售四瓶，

仍不批发，售完为止）。爰借观摩之机会敬聆各界之教益。诸君赐顾，无任欢迎，如承指导，尤所感祷。在本厂茅酒完全由中华南路二一零号本厂经销处独家经销，别无分销或代售处所，如有第二家经销，决系假冒。诸君赐顾，径按址径向本经销处采购以免受骗。合并声明。

贵州全省物产展览会农林部、恒兴酒厂销售处启

贵阳《中央日报》1947年7月1日，第1版

仁声月刊启事

查本刊五、六期封底广告为恒兴酒厂、荣和酒厂、成义酒厂、德昌祥药号，定登均被遗漏，除下期补登外并向上列各厂号表示歉意。

贵阳《中央日报》1947年11月16日，第4版

贵州茅台酒之王——真正赖茅到沪

初次到沪，廉价推销，每瓶国币十万元，欢迎经销。

贵州仁怀县茅台村所产茅台酒早经世界驰名，本厂出品"赖茅"乃本主人赖永初先生不惜巨资，以陈年土窖依照回沙古法，忝以科学改进，香味特别醇正，饮者咸推"赖茅"为茅台酒之王。兹由本厂自运大批来沪以飨国人，惟运输不易，购请从速，凡愿经销，尤所欢迎。

贵州茅台村恒兴酒厂谨启

上海办事处：天津路浙江路口荣大祥绸缎庄二楼，电话九三六四五

经销处：先施公司、川江土产公司

总店：宁海西路八八号，电话九五三一七转

分店：云南中路一六二号

上海《新闻报》1947年12月11日，第6版

贵州茅台酒之王——真正赖茅

各大公司商店均有出售

恒兴酒厂上海办事处

浙江路天津路四七六号二楼，电话九三六四五

经销处：先施公司，利川东号（广西路二二二号），川江土产商店（宁海西路八八号，云南路一六二号）

今天冬至，优待顾客。

上海《新闻报》1947年12月23日，第12版

贵州茅台酒之王——真正赖茅

各大公司商店均有出售

恒兴酒厂上海办事处

浙江路天津路四七六号二楼，电话九三六四五

经销处：先施公司，利川东号（广西路二二二号），川江土产商店（宁海西路八八号，云南路一六二号）。

《时事新报晚刊》1947年12月28日，第1版

贵州茅台酒之王——真正赖茅

佳节馈赠，情义弥深

恒兴酒厂上海办事处

浙江路天津路四七六号二楼

电话：九三六四五

上海《飞报》1948年1月6日，第1版

贵州茅台酒之王——真正赖茅

佳节馈赠，情义弥深

恒兴酒厂上海办事处：天津路浙江路口荣大祥绸缎号二楼

电话：九三六四五

上海《铁报》1948年1月9日，第1版

永安公司大减价

明天星期，下午一时，照常营业

梅椿盆景·美丽花灯·名人书画·像生缎花

应时货品　特别廉价

三用床椅特价一天　照码八折　售完为止

美国箭牌府绸制衬衫　每件特价八十一万元

本牌纯毛厚呢大衣（尺寸齐备）　每件特价三百十五万元

英国玻璃裤带　每条特价九万元

三妹牌香皂　特价每半打三万元

芝兰香皂　特价每半打四万元

永安老鹰牌香皂　原价每块二万五千元　特价每块一万五千元

大批花色绸缎　每尺六万元起　买一送一

黄牛皮男鞋　每双特价廿九万五千元

美国黄皮女跑鞋　每双特价十五万五千元

横机长统女丝袜　每双特价十四万元

长统线跟女丝袜　每双特价九万元

美国原装白兰地　原价每瓶一百万元　特价每瓶七十五万元

美国胜利威士格　原价每瓶八十五万元　特价每瓶七十万元

贵州赖茅台酒　原价每瓶十五万元　特价每瓶十二万元

猪油年糕·桂花年糕·广东年糕　特价发售

《申报》1948年2月7日，第5版

2. 时闻类

茅台酒业产销概况（节选）
记者湘江在茅台调查

贵州省仁怀县属茅台村所产之高粱酒，气香味醇，早已驰名国内。巴拿马赛会时，该地厂主曾捡数十瓶参加，经外人品评，亦得嘉奖，从此在海外亦稍知名。酒厂限于资本，而商业经营又墨守陈法，殊少改进，近数十年来，迄未能扩充产量，推广市场。惟酒之为物，虽非生活必需品，然茅酒为黔中固有生产事业之一，允宜改良，以期发展。记者道经该地，特将茅酒业经营之现状，及酿制方法，作一简单调查，兹分述于次，谅亦关心实业者所乐闻也。

茅酒之起源

茅台村酿酒，已盛于百年前，彼时不惟酿制者多，且皆用普通玉蜀黍烧酒制法，嗣有陕西商人经其地，见溪水清淳，知为造酒佳泉，乃倡用汾酒制法，提精吸髓，较前次酿制者更佳，仿效者风起云涌。此后百余年来，皆袭用其法，因掘窖设灶等事，渐加改良，渐需多量资本，规模较小者，遂不能竞争，而趋于合并，现所存者仅成义、荣和及恒昌三家。

经营酒业者

现时以较大规模经营茅酒业者，为成义号、荣和号及恒昌号。成义资本最大，约在五万元以上；荣和稍次，约二万余元；恒昌约一万元。成义号每年可出酒二万余斤，荣和年可出酒一万余斤，合共年出酒三万余斤至四万斤。恒昌号因开设未久，资本尚缺，又因其酒窖尚幼稚，产酒尚未能比肩成义、荣和两厂家，现每年出酒甚少，拟最近重集资本于再事扩张。

价值与销路

茅酒固为佳酿，惜其价值太昂，非中产以上人，莫能举杯也。现刻两家产酒在茅台村及仁怀城内，售价亦不低廉，两厂出产者，每瓶装酒一斤，亦售至一元二角之多。叩其原因，则以成本甚高，及酒税颇重之故。据厂中人云，每斗粮食（原料）须烤七八次，至多不过出酒四斤。

烤酒之方法

先以已干之高粱碾细成沙，以适当之成份和以麦砖，揉拌均匀后置窖中，经相当时日，取出上甑蒸之，初蒸不易出酒，因粮沙尚干燥，未能蒸馏而出汁，此第一次蒸烤，仅能出极少量之酒汁。乃再回置窖中，经廿日再蒸，出酒较丰，再回置窖中，再取出蒸之，出酒更丰。如此往返七八次，所出之酒，量渐少而味渐劣矣。第一烤出之酒谓之生沙，第二次烤出之汁谓之小回，三次曰大回，四次以下曰枯糟。烤出之酒，以大小回为最佳，装瓶出售者，乃各次烤出之汁混合渗拌而成。又以本年烤出之酒，火气太甚，其性燥烈，不可即饮，须以大缸盛藏，窖置地中，至明年火气稍退，然后取出，装瓶发售，其味更觉醇美。因原料乃碾沙而蒸，又须数次回窖回沙，茅酒之名，即以此而得也。再窖中发酵，必用老糟为引，糟愈老愈好，年代愈陈愈佳。成义、荣和两家之老糟，毗沿袭百十年云。酒窖之关系亦然，亦以陈老见称，至若新窖，必须以每年烤出之酒，留一部份，倾注窖中，使其浸润，谓之养窖。非然者，以后所出之酒，其味必差。大概窖愈陈者产出之酒愈醇厚，而消耗亦愈少云。成义、荣和两厂所设之酒窖甚大，入地深有丈余，长阔约二三丈不等，四围嵌以大石，上覆大盖，人行近即饱闻臭味，不敢逼视。窖中多分隔，以便置沙糟之取。至所用锅甑及灶，皆与普通酿酒者略异，而形特大，闻每烤酒一次，辄用粮数十石至一二百石云。

南宁《民国日报》1936年6月1日，第5版

到茅台村（节选）

"衡昌酒厂"：经营的人是赖永初（大兴公司）和周炳［秉］衡二人，历史最浅，民十六七年创始，其间停顿七年，至二十八年由赖投资急遽的开展，现在规模宏大，有驾成义而上之势，年产二万五千斤以上，多销湘桂，同时由湘桂办购洋纱匹条等回头货，利上加利。

《贵州日报》1941年6月1日，第3版

茅台村被焚记

燃烧八时毁屋百五十家，荣和酒行生财器具被毁

（茅台通讯）茅台位于黔省之北一角落，辖仁怀县为一乡镇，副产品以茅酒驰名全国，每年出产收入达数千万元之巨。此间茅台酒行有三：一为成义，一为荣和，一为恒昌之赖茅。盟军好饮之，所以销路渐广。成义牌子老，有历史上之盛名，系谓"以香来李白，扫榻待刘伶"，可见一斑。此次遭遇火焚，以荣和酒行损失最大，房屋生财以及酿酒原料焚毁已尽，恒昌酒行虽未罹劫，为当时火势凶焰，亦损失几百万元灌救费。成义酒行房屋建筑坚固，富丽堂皇，其地势亦占优越，幸告无恙。

茅台此次火灾，居民所受损失至为惨痛。当日之火势，于午前□时起燃烧，竟达八小时之久。民间房屋烧毁一百五十户左右，大体穷苦背盐力者占多数，而茅村为本县比较良好之一乡镇。以面积言之，并不十分辽阔，但为盐运之集散据点，所以经济流通，养活生灵，确为不少。此次罹

灾，蔓延甚广，灌救不及，且乡镇素无消防设备，并加天气亢阳，风势猛烈，乃至镇市二分之一，均成瓦砾废圩，仅余颓墙破壁数仞而已，居民啼饥载道，日晒露宿，其惨痛可知云。（李典）

《贵州日报》1945年7月10日，第4版

茅台酒

在话剧《蔡松坡》里，有一个军官喝茅台酒的穿插。前些时，重庆朋友来，想不到竟带了好几瓶茅台酒送给我。贵州仁怀县茅台村，向来是产酒的名区。茅台村映带名山，泉清水洌，酿起酒来，再加上陈年土窖，依照回沙古法，一经出窖，确切是芬芳浓郁，是不同凡俗。朋友送我的茅台酒，酒名"赖茅"，用一种筒状细颈瓶装着，约摸一斤，每瓶听说在重庆也得卖五千法币，合起伪币来就是百万元，不能不算名贵了。

《铁报》1946年1月15日，第3版

赖茅酒即将抵沪

（本社讯）销遍西南之贵州特产茅台酒，战时阻于交通无法外运，长江一带人士大有欲尝不得之慨，现闻该地酿商恒兴酒厂，已将出品之"赖茅"酒装箱启运来沪。按，是酒色碧绿，有异香，窖藏益久则质益醇。此酒到后，本市酒类市场，势将增一劲敌，闻接洽处在牯岭路一三二号。

《前线日报》1946年6月30日，第10版

茅台酒销区达广州京沪

（联合征信所贵阳专讯）贵州仁怀属茅台村所出产之茅台酒，其酒味之醇香，名闻遐迩，抗战前曾销全国各地，嗣因战事关系，销区渐渐缩小，仅以大后方为销区。刻间以交通便利，销区逐渐恢复，茅台酒最老之成义、恒兴、荣和三家，年产数十万斤，刻正向广州京沪一带推销，因成绩甚为良好，茅酒业前途殊属可观云。

《征信新闻》第519期，1946年，第2页

茅台酒将到

（贵阳讯）贵州仁怀属茅台村所出产之茅台酒，其酒味之醇香，名闻遐迩，其中牌号最老是成义、恒兴、荣和三家，年产数十万斤，刻正向广州京沪一带推销。

《申报》1946年11月28日，第7版

茅台今昔（节选）

借问酒家何处有，牧童遥指茅台村。

（中央社贵阳二十二日电）黔省著名特产茅台酒，产于黔西北仁怀县茅台村。现市面所售者种类虽达二十余种，实则真正"茅台"甚少，盖制造之酿酒房，仅成义、恒兴、荣和三家，制酒原料以高粱渗和麦子作天然发酵之用。其制法与其他酒类略有区别，即以高粱酿成酒，再以成酒渗和高粱，重复达五六次，其味即清醇无比，此种手续名曰"回沙"。

茅酒远在百年前，即已驰名黔省，抗战后因外省人士来黔者夥，其名著。惟因气候及原料关系，每年仅能发酵二次，且酒窖量有限，故产量不能增加，已有百年历史之成义酒房（即著名之华茅）每年仅产三万斤，恒兴及荣和产量略少。全部产品除半数销本省外，其余还销川湘粤京沪一带，每瓶量一斤，成义出品本省价格为六千元，广州价格一万元，上海价格一万四千元，其余二家所制者略贱。

按茅酒之特点，在于香醇无暴烈性，茅台之名，迄今遍传世界矣，黔省清公郑子尹，曾有"酒冠八国"之句，以咏华茅之名贵。

《西北文化日报》1947年3月23日，第1版

物产展览会中之赖茅

建设新贵州，是杨主席一贯的施政方针。建设的步骤，当以经济建设为当前急务，而经济建设，又莫过于增加生产、改良产品，以及推广外销为首要。明乎此，始言建设新贵州，亦始言建设贵州经济。

此次本省物产展览举办之目的，无不在促使增加生产，激励产品之改良，以收相互观摩之实效，在本省经济建设史上，可谓空前盛举。

参加的各项展品，巨至工程浩大之飞机，细至用手捏制的陶器和小刀雕刻的箫枚等，几被网罗无遗。当然，这些产品，多数皆出自本省各种生产部门，而某些产品的原料还需抑求于外省非舶来，故道地的土产，仍以蜕变中的土制产品为重要。说到道地土产，限于篇幅有限，不能一一介绍，但目前销路既广，其制作原料皆取之于本省所当推驰名遐迩的茅酒了。一提到它，似乎有一股浓郁芬芳的气味刺进鼻孔。它既可以佐以宴饮，复能为人消愁解闷，杜康癖者，无不嗜之若宝。但因酒名繁多，品质不一，孰优孰劣，往往龙凤难辨。在这里，我要为尚未参观展览的人士，介绍一种价既低廉、品质又高的名酒，它的产地，仍在仁怀之茅台，而其创办人就是本省经济界巨子赖永初先生，因主持人及产地的原故，是以"赖茅"名之。赖先生不仅注意工商经济建设，且百忙中，对于文化事业，尤关切备至，所以只要提到他的名字，可以说没有人将会感陌生的，因而"赖茅"也就为之享有盛名了。

展览会揭幕至今，各馆观众，络绎不绝，而农林馆拥挤之象，未常逊于别地，从那里出来的观众，大多"赖茅"一瓶在手，由此更可看出他对一般酷嗜者的信誉，是如何地昭著。其实他也有其值得骄傲的地方，首先是价值的便宜，使饮者减低负担，因此，既合乎推广的意义，又可促进生产的增加，对于活泼农村经济，亦不无旁助之功。复因其品质高尚，气味芳醇，嗜者乐于沽领，故名酒行中，位列前茅，实当之无愧。

它不仅畅销本省，风行全国，且在欧美各国，亦享有盛誉，这原因不用说是抗战时间盟邦友人代为宣传的。"赖茅"之所以能凌乎侪辈之上者，实在不是单纯的原因吧！

经济建设，一如其他建设一样，应从大处着眼，小处着手，只要实事求是的做，就是一件平凡的生产事业，也能使之发皇光大，收丰硕之成果。
（本报记者傅斯甫）

《贵州商报》1947年7月9日，第3版

茅台酒闻名全国　酱园业开设渐多

一、酒，仁怀县茅台村之茅酒，驰名全国，最著者如"华茅"与

"赖茅"。二、酱醋，黔省酱醋昔不甚佳，战时江浙人士疏散来黔，开设酱园者甚多，贵阳、遵义、安顺、毕节等县均设有厂，总计此类小厂有二三十家之多。

《新闻报》1947年12月2日，第10版

诗录：谢春煦丈自黔寄惠茅酒

万里关心重赖茅，入山泉水见醇醪。但留齿颊芬芳在，一别何曾志宝刀。

《海滨》复刊第1期，1948年，第2页

风土小记：忆贵州

辛子

"天无三日晴，地无三尺平，人无三分银"的贵州，那古代被称为"鬼方"的地方，诗人李白险些儿在那儿死掉的地方，使人不时的想起它，原因无他，因为它太穷了！中国南部、东南、西南各个省份，没有一个省份比它更穷的，每想起这个省份的山民们的生活，我就觉得穿漂亮衣服，过舒服生活，简直是件可耻的事。

"天无三日晴……"那几句地理课本里纪载着的口谚，形容贵州并无过当。贵州，尤其是它的南部，长年累月地下雨，最高纪录，一年下雨竟达二百四十五天。贵州又是个名符其实的"山国"，从南到北，坐汽车穿过全境，难得见到一片广阔的平原，四处都是山、山、山！整个省份都在山的"势力范围"下，人们只在一片片小山谷里讨生活，小山谷长出一个小村庄，较大的山谷就形成一个镇或者一个县城。贵州四处的村落，真像是地球排泄出来的动物似的，而一般老百姓，贫穷的程度简直不是江南人和闽粤人所能想象，普通老百姓的衣服真真正正是"百衲衣"，东补西补，有的人的衣服甚至像一条条布条挂在赤裸的身体上，随风飘舞，偏僻的黔西黔北县份，有的人甚至穷得没有裤子穿。有一个专员出巡黔北各地之后，就曾经赋诗道："若问此行何所见，满山屁股满山猪。"人民穷得连裤子也没有穿，当以贵州和绥远等地最为著名了。

而贵阳，就是建立在这样一个山国中心的省会，贵州难得有这么一块好平原，于是自自然然发展为贵州的政治、经济、文化中心，各县的地主老爷，聚敛了钱拿来贵阳做生意，吃喝玩儿，南北旅客阔绰的挥霍，都刺激了贵阳的繁荣，这是贵州唯一带点洋化的城市了！另一个人口在贵州各县中占首位的遵义，全城都是黑漆的平房，竟没有一座楼房，真是贫困到令人太吃惊了。

贵阳宽阔平坦得很，建筑物如车站、银行、艺术馆等，都十分威风，但街上，披着烂布条当衣服的穷人极多，未免太煞风景，一踏入市区，就觉得这城市的情调和两广迥不相同，平肉馆子把一只只宰洗干净的把羊挂在门前，小型马车得得答答来来去去，都洋溢着一种强烈的地方情调。贵阳特有的小马车，十分笨拙，三面不通风，但因为油得好看，并且走起来铃声叮当，所以倒也别有风趣。当从前那位以儿女众多闻名的省主席推行新政——劝人早起，强迫人早操，禁止人早婚，不准年青人穿长衣服之类的时候，这些小马车的背后写满了标语，倒是贵州政治的特色之一。

贵阳城里有两个马路交汇的中心，一个是"大十字"，一个是"铜像台"。"大十字"是最繁荣的中心区，站在这儿一望，这穷省份的省会似乎也有点广州、汉口的派头。所谓"铜像台"，就是在一个广场中心有一个大脑袋穿西装的人的铜像。这个被纪念的人叫做"周西成"，是十几年前贵州一个风云人物，他当年雄踞贵州，俨然一方之主，虽然是□军阀似的人，却很做了些有益民众的事，当战死的消息传来时，不少老百姓都痛哭失声。这铜像是当年的学生们捐集无数铜元铸成的，直到今天，"周西成"三字还留在不少人的记忆里。可见在中国，要做一个老百姓满意的官，原是一件容易的事。

贵州专门出产风雅食品，如湄潭茶、茅台酒、银耳等。在贵州，四处城市里都见到商店在卖茅台酒，茅台酒有所谓"华茅""金茅""赖茅"等之分，"茅"上面那个字，表示着仁怀县茅台村酒家主人的姓氏。银耳有青红木上天然成长的，也有用饭汤淋上去人工生长的，一样的种类繁多。在贵阳，随便可以在甜食店里吃到银耳，更可以随便在市场里买到雉鸡、锦鸡，使人体会到，这个十里洋场，原是建在群山之间。

贵州最雄伟的景象是那些跋涉在高原上，绵亘不绝的运货的马队，最秀丽的是离贵阳几十里的"花溪"，那地方，明媚如画，古桥老树，鸡声茅店，倒的确有南江风味。

香港《大公报》1948年9月7日，第8版

茅酒故事

金尼

最先茅台村酿酒的不是贵州人，也不是四川人，而是秦、晋商人。他们由山西拖了不少的酿酒技工，仿照汾酒的酿造方法，设立了相当有规模的酒厂，开始制酒。起初出产的酒不大量外售，开始批发是咸丰年间的事。当时因秦、晋商人赚了大钱，相率还乡，就将他们设的厂一律卖给贵州的乡贤华柽坞，他把酒厂买到手以后，改酒号叫"成义酒坊"，现在的贵阳市仍有该号的设立。华姓得有酒业至今已有百年光景，产量越来越大，结果成了名。在贵州一般人都叫它"华茅"，华茅味儿相当温和。

可是到了清光绪年间，又有荣和烧坊在茅台设厂出酒，销路不恶。到民国初年又有恒昌酒厂的成立（近又改名恒兴酒厂），也出了不少的酒，在质上讲，与早已成名的华茅不相上下。该厂的出产简称"赖茅"。过了不久，又有贵州茅台酒厂的设立，在酒的装璜和味道方面讲，和华茅、赖茅相近，这种酒俗叫金茅。最近又有人在贵阳设富源酒厂制酒，在品质上尽量仿华茅，一般称之谓醇茅，又叫仿茅。在华茅以后，又有四五种茅酒的出产，茅酒是在走着上坡路。

茅酒又叫回沙茅台，茅酒的制法，纯用高粱作沙，经煮熟以后，即和小麦面三分纳酿地窖中，经数月以后，再取出蒸熘一次，熘后再酿一次，经过繁琐的过程后，茅台酒才出世。初出的酒叫"生沙"，三四轮后叫"燧沙"，六七轮后叫"大回沙"，其次均叫"小回沙"。它的特点是酒内的那一股醇厚的香气，这种气味的来历不是曲子和香料的力量。所以茅台村的制酒方法一直保守秘密。据统计，全县有酒坊一百二十二家，锅甑一百三十座，单是茅酒的年产总量为一二〇三〇〇〇市斤，其中以大桥区年产最多。

如果你是个初到贵州的人，你处处看到有茅酒出售，但又处处买不到

真资格的茅酒。有说：茅酒根本就没有真的出售，在市上出售的都是仿茅。那么真茅卖到哪里去呢？据说只有熟人才能买到。记得三十三年茅酒一度为苏联政府采用，大宴外宾，并称赞"有嘉［加］"，认为是东方唯一好酒。后来美军来华，也爱上了茅酒，当时和外国的白兰地、威斯忌齐名。中国士兵去印度时，所带茅酒成为珍品。因此，"茅酒"的声名越来越大，可是它第一次被国外知道是民初参加巴拿马博览会的时候，当时曾获得优异的奖品，因此出了大名。

贵州酒的年销（茅酒在内）二一三〇三六〇〇斤，酒业的发达几乎是茅酒的提倡。茅酒内销百分之六十，外销百分之四十。

香港《大公报》1949年2月20日，第3版

黔行短记之七：茅酒掌故

金尼

要问贵州的天字第一号的特产是什么？不可否认的它应该是茅酒。茅酒之成名不自今天始，它成名的过程也相当久了。它的产地在仁怀县茅台村内，因此就获得了"茅酒"头衔，它是怎么来的？怎么成名的呢？

最初的酒

最先在茅台村酿酒的不是贵州人，也不是四川人，而是秦、晋商人。他们由山西拖了不少的酿酒技工，仿照原汾酒的酿造方法，设立了相当有规模的酒厂，开始制酒。起初出产的酒不大量外售，开始批发是咸丰年间的事。当时因秦、晋商人赚了大钱，相率还乡，就将他们设的厂一律卖给贵州的乡贤华桎坞老先生，这位老先生人老心不老，他把酒厂买到手以后，很有一番事业心和计划。他改酒号叫"成义酒坊"，现在的贵阳市仍有该号的设立，华姓得有酒业至今已有百年光景，产量越来越大，结果成了名。在贵州一般人都叫它为"华茅"，华茅味儿相当温和。

华茅以后

可是到了清光绪年间，又有荣和烧坊在茅台设厂出酒，销路不广，到民国初年又有恒昌酒厂的设立（近又改名恒兴酒厂），也出了不少的酒，在质上讲，和早已成名的华茅不相上下。该厂的出产简称"赖茅"。过了不

久，又有贵州茅台酒厂的设立，在酒的装璜和味道方面，和华茅、赖茅相近，这种酒俗叫金茅。最近又有人在贵阳富源酒厂制酒，在质量上尽量仿效华茅，一般人称之谓醇茅，又叫仿茅。在华茅以后，又有四五种茅酒的出产，茅酒是在走着上坡路。

酒的制作

茅酒又叫回沙茅台，茅酒的制法，纯用高粱作沙，经煮熟以后，即和小麦面三分纳酿地窖中，经数月以后，再取出蒸熵一次，熵后再酿一次，经过繁琐的过程后，茅台酒才出世。初出的酒叫"生沙"，三四轮后叫"燧沙"，六七轮后叫"大回沙"，其次均叫"小回沙"。它的特点是酒内的那一股醇厚的香气，这种气味的来历不是曲子和香料的力量。所以茅台村的制酒方法一直保守秘密。据统计，全县有酒坊一百二十二家，锅甑一百三十座，单是茅酒的年产总量为一二〇三〇〇〇市斤，其中以大桥区年产最多。

光荣历史

如果你是个初到贵州的人，你处处看到有茅酒出售，但又处处买不到真资格的茅酒。有说：茅酒根本就没有真的出售，在市上出售的都是仿茅。那么真茅卖到那里去呢？据说：只有熟人才能买到。记得三十三年茅酒一度为苏联政府采用，大宴外宾，并称赞"有嘉［加］"，认为是东方唯一好酒。后来美军来华，也爱上了茅酒，当时和外国的白兰地、威斯忌齐名。中国士兵去印度时，所带茅酒成为珍品。因此，"茅酒"的声名越来越大。可是它第一次被国外知道是民初参加巴拿马博览会的时候，当时曾获得优异的奖品，因此出了大名！

光明前途

贵州酒的年销（茅酒在内）共二一三〇三六〇〇斤，酒业的发达几乎是茅酒的提倡。茅酒内销百分之六十，外销百分之四十，以后如能推陈出新，多求改进，那么它的前途不但远大而且是无限光明的！（二·十二夜）

《大公晚报》1949年2月13日，第1版

谈茅台酒

贵州的茅台酒的大名，大概是外省人也没有不知道的了。诚然，如茅

台酒那样清香扑鼻、醇烈陶人的酒,在外地确是不太容易得到的。但不为外省人所知,而为贵州所产的酒,实不限于茅台一种,据我所知,在贵阳能喝到的酒,除茅台酒外还有苞谷酒、茨梨酒和米酒诸类,不过茅台酒既然为人所道,我就单来谈谈茅台酒吧!

茅台酒,谁都知道是出于怀仁〔仁怀〕县所属的茅台村的。而制出的酒品花样可多了!有历史悠久自称"回沙茅酒"的燕家洽的燕茅,有酒味相当强烈的赖茅,有冒牌的"赖茅"。赖茅是恒兴酒厂制作的,而"茅赖"则是恒舆酒厂仿制的。在商标上都画着一个飞鹰,可是赖茅自右而左书,茅赖自左而右书,所以我们自右读,只好称他"茅赖",虽然是二字。恒兴、恒舆又极易混,不留神他便会被骗!至于新出的什么金茅、杨茅,牌子丛出,但越新出的越强烈,而越失去茅酒清香的好处。华茅之窖藏极久者,喝后只觉满口清香,绝没有白干那种辣口苦头。但新牌者确也不辣口,总太强烈,当你喝入食管会觉他有一股火直燃至丹田,如果吃不到真的华茅,那么你干脆不要羡慕这个"茅"那个"茅"的名声了,索性去买点贵阳本地制的高粱酒所谓仿茅酒者喝喝吧。反正所有的茅酒顶多仍不过是高粱酒,只不过茅台村的水好,酿曲又极陈老的,所以特别出名而已。

《大公晚报》1949年4月16日,第2版

本报紧要启事

本报收款员詹润生不慎遗失报费收据一本(号数及户名见后),无论何人拾得均作无效,并请各该订户,惠予协助,若收款人未配带本报证章及其他证件者,请即止付为感。

兹将遗失户名号数暨路段列后:

收据号	姓名	地址
〇〇六二〇五	荣大布店	中华北路
六二〇六	恒釜	中华北路
六二〇七	荣复兴	中华北路

续表

收据号	姓名	地址
六二〇九	泰兴	中华北路
六二一一	和成	中华北路
六二一二	源泰	中华北路
六二一三	怡祥	中华北路
六二一四	裕兴	中华北路
六二一六	文兴昌	中华北路
六二一九	大森行	中华北路
六二二三	源通	中华北路
六二二五	和诚	中华北路
六二二八	同裕	中华北路
六二三二	湘大	中华北路
六二三五	同裕兴	中华北路
六二三六	恒兴酒厂	中华北路
六二三七	隆盛	中华北路
六二三九	永盛新	中华北路
六二四一	张传	中华北路
六二四四	华昌面粉厂	中华北路
六二四九	中央合作金库	富水中路
六二五〇	永一盐号	富水中路
六二五一	尤灵鹏	富水中路
六二五二	王慕尧	富水中路
六二五三	湘华玻璃号	富水中路
六二五四	华发烟行	富水中路

《贵州商报》1949年7月2日，第3版

二　个人回忆、档案史料及史志记录

我创制"赖茅"茅台酒的经过（节选）

赖永初

我自幼经商，祖籍福建，后经四川迁至贵州黄平县。父亲名赖嘉荣，他在我1900年①出生前五六年就迁来贵阳，在贵阳大南门开设一个杂货店，招牌名"赖兴隆"，并兼营零星鸦片和银钱生意。1915年我在该店随父学徒，1920年父亲去世②，我继承"赖兴隆"产业，改专营银钱业务。当时我并无大量资金，不过是信用昭著，随时得人帮助，业务才逐渐扩大。……随后我又在梧州、柳州、南宁、衡阳、安顺、遵义、重庆等地设分庄，一帆风顺，因此我在商业方面发展较快。

1930年，开设在贵阳盐行街（现中华南路）"天福公"大盐号的总经理周秉衡，因和贾文钦等经营鸦片生意，由安顺运至重庆之烟土几百担，值军阀杨森在沙市、宜昌阻关，须另外上税，又不得不设法在渝借款上税后，搭湘溪轮船运往武汉。不料运至宜昌地段，轮船打烂，该船主要是运载桐油的，其油已泼在烟土上，一点也捡不起，烟土也受了损失。到此，"天福公"资本耗尽，宣布倒闭、摊账。周秉衡在"天福公"未倒闭前，就在仁怀县茅台村找当地人买有一个破烂酒厂，取名"衡昌"，时间大约是1920年前。

1930年"天福公"倒闭后，他立即增资修建厂房，大约花了二三千元把原来旧的三间房子修好，酿造茅酒，这段时期，他经营烤出之酒数量不大，年产约一二万斤，质量也很差，与当地和贵阳一般酒比较质量高不了多少，因而推销不开。

后来，周又得友人援助，组织一个"义合"车运公司，不几年，车子损坏，股东意见很大，故此散伙。他东奔西驰，在三合县遇朋友邓泽光扶持，合资成立"黔昌"锑厂，初步开出大量毛锑，经过半年，才请得一位湖南工人，用土法打了一个冶炼炉，炼纯锑。不料中日战争爆发，香港被封锁，锑不能出口，只好停产，全体员工解散回家。

这时周在贵阳赋闲，乃托王珍荣介绍，后又亲自来和我商量接洽，拟将茅台村"衡昌"酒厂，及三合县"黔昌"锑厂与我投资合营。我想：茅台酒是贵州特产，历史悠久，中外驰名，可惜由于各种原因生产不多，本

---

① 赖永初出生年份应为1902年。——编者注
② 赖嘉荣去世年份应为1924年。——编者注

人早就有干一番实业的雄心,这恰好是一机会,但又顾虑周资金不足,我要吃亏。考虑再三,我同意出资 6 万元大洋入股,周秉衡、贾文钦两家因无现金,将"衡昌"酒厂作价 15000 元,又将三合"黔昌"锑厂作价 5000 元入股,共集资 8 万元,于 1936 年正式成立贵阳大兴实业公司。我任经理负责内部,周秉衡任副经理负责外庄,决定以生产茅酒为主,商业为辅。周秉衡派他的儿子周扶常任衡昌酒厂的经理。我亲派葛志澄去锑厂负责。周秉衡去广州、南宁、柳州、衡阳各地采购洋纱、布匹及其他百货运来贵阳,再发去合江、泸州等地推销。我坐镇贵阳,凡遇有利可图的货物,立即发往茅台、合江、泸州销售,所获利润大部分拨入酒厂,扩大生产、购买粮食、保证酿酒之原材料,当时茅酒年产量达到 5 万斤左右。

关于锑厂,既然锑运不出去,本不想再开采,因该地锑矿尚觉丰富,易于开出,则由葛志澄负责慢慢开采。一年间已开出 200 多吨毛锑,准备炼成纯锑,等到香港开放时再运出去,不料国民党资源委员会趁禁运出口之机会,由它低价收购,大约给了 3000 多元法币,实无利可图,只得停开,暂告一段落。

时值周秉衡来信,言及在合江、泸州经营纱布,顺便推销茅酒有办法,锑厂既无利可图,建议开设泸州庄口。我同意后,就派周扶常去泸州负责,"衡昌"酒厂派葛志澄去接办任经理,这样我对酒厂就掌握得比较牢靠。

葛到酒厂后,经过整顿,虽然年产量达到 10 万斤左右,但酒的质量仍然提不高,还是推销不开,年终盘点,总得积压半数之多,资金积压无法周转。周秉衡找我商量是否将酒厂放弃,我认为这是一项实业,决不能放弃。

这时因我在重庆办"鼎兴"字号的业务关系,我便动身前往重庆料理。半年后收到周秉衡来电说:"大兴实业公司在合江的仓库起火,损失很大。"为了调查了解仓库失火的原因,我即赴合江、泸州,经我多方调查,发现周家父子账目不清,亏空两万多元,经仓库职员告诉我,合江仓库失火的原因,是周扶常日嫖夜赌,输光了钱把货物搬空后,自己放的火,经查明损失达两万多元。我见此情况,十分气愤,便约周秉衡回贵阳开会研究,我说这样搞下去怎么得了,我看"大兴"不能办下去了。合江仓库已全部烧光，同时把仓库职工也全部调回贵阳整顿，经查明周亏空加上被烧，共损失约四万多元，资本已蚀去大半，实难于开办下去。我说："你看怎么办好？目前你亏空的款怎样解决？大兴现在资金不足，再继续办下去，只有倒闭。"周感到无法，只得说："我把茅酒厂折价卖给你。"我感到酒厂连年蚀本，无利可图，便说："你是否另找人买。"

周秉衡去找贵州企业公司交涉，想把酒厂转卖给他们。但是贵州企业公司只同意将酒厂折价1万元，而所存的茅酒只照成本折算。我表示不同意，周更不同意，就没有办成。周又单独去找我二弟赖贵山、三弟赖雨生收买，因他们从未办过酒厂，均无把握，不敢收买。

这样等了半年，也未卖掉。周秉衡只得请了帅灿章来同我商量，表示他们父子亏空的2万元不计算外，另补他7000元，将酒厂、锑厂转让给我。我看他拖了半年，也没有办成，现在工厂停产，工人也没有办法，这不是长久之计，又考虑到他本人也遭到无谓的损失，也就顺水推舟。我说："可是可以，但希望你和贾文钦两位重立一张契约。"正在办理这事过程中，周秉衡的长子周封岐出来节外生枝，硬要我再加3000元。我本不答应，后又经帅灿章、张慕良来劝我，经过调解，我才同意增加3000元，共计补给他们一万元，由高昌兴作证人，重立契约，从此酒厂、锑厂产权归我。锑厂既无法生产，我暂派了两个工人看管。

茅酒厂产权转入我手后，我就改名"恒兴"酒厂，继续派葛志澄任经理，并增加资金，扩大酒窖，逐步由6个增加到23个，又增加了几个技术熟练的工人，年产茅酒七八万斤。但是这段时间茅酒仍然过剩，资金继续大量积压。在这种情况下，我在贵阳搞了一次大减价，八角一斤，那时"成义"酒厂是售一元一斤。

我独资经营初期虽然努力干，酒的质量仍无多大提高，和"成义"酒厂的茅酒相比要差些；和"荣和"酒厂的茅酒比，要高一点。这时来贵阳购买茅酒的客商很多，但仿造假茅酒的也不少。外来客商不识真假，把假茅酒买去，非常气愤。

当时贵阳伪造茅酒高手有两人，一位叫金惠〔慧〕章，一位叫王少〔绍〕珊，伪造比较巧妙，他们用高粱酒掺和在茅酒里，统称贵州茅酒，价格较低点，因此我和"成义"两家酒厂受到很大影响，而"荣和"主要是销遵义、重庆等地，受损较小。

在旧社会，各人只管赚钱，根本谈不上什么信誉，以假冒真无法制止。不但在贵阳盛行卖假茅酒，以至由贵阳到临近几省的途中，酒店都卖假茅酒，有的印商标冒充，有的干脆回收吃光酒的空茅酒瓶，一角一个，然后装上高粱酒冒充茅酒，获利很厚。当时高粱酒一斤价一角二三，包谷酒一斤价才八分，而茅酒一斤价是一元。他们赚钱不少，害苦了我们两家，酒更加销不出去。真是和尚的脑袋——无发（法）。

一天，我去馆子吃饭，忽然别桌打起架来，把桌子都推翻了。我去察看，双方都是为了猜拳，一个说他输了拳不吃酒耍"赖毛"，还把酒淋在他的头上；另一个说他输了拳不吃酒还骂他"赖毛"……

回来后我想，吃酒、打架、赔钱为的是"赖毛"，"赖毛"二字使我联想到姓赖的茅台酒，不也是"赖茅"二字。将"赖茅"做商标正好合用，又特别引人注目。想好之后，就计划做商标，经过研究，酒厂名仍叫"恒兴"，酒名就叫"赖茅"，以示区别其他茅酒，再印上"大鹏"商标，以示远大，并加上科学研究等字。为了慎重，当时我在香港有庄，把样品寄去，交他们在香港印20万套运来贵阳。把原来的茅酒重新换商标。我仍不放心，怕又有人伪造，我就找当时贵阳有名的律师马培忠当法律顾问（马又是省参议会秘书），每年付给500元的保险费，并由他登报申明：如查觉伪造"赖茅"，律师出面，追究法律责任。

另一方面，我又积极研究提高茅酒的质量，当时贵州土匪甚多，路途不便，我就通知葛志澄、郑酒师把我厂出的新酒、老酒、爆酒三种各运十斤来贵阳，我亲自研究。经过两三个月的研究，兑尝，又请很多吃酒的友人试尝品评之后，决定叫葛志澄和郑酒师照我的办法去做，并要他们照此法先运1000瓶来贵阳试销，果然不错，以后他们都是照我的办法兑酒。

这儿，我把茅台酒的来源及酿造方法介绍如下：

一、"茅台酒"之来源："茅台酒"确实是从山西雇了酿制杏花村汾酒的工人来茅台村和本地酿酒工人研究、酿制而成的。但因为水土关系，经过多次试验，又经后人的发展，很多方面就不同于汾酒。

二、"茅台酒"之酿造：首先要选择好地势，在指定地点挖好窖，检查不浸、不漏达到合格后，才将高粱蒸好，下到窖中。小麦造曲，由酒师对放药料，酒师各有祖传秘方，我们的药料内要放肉桂、巴岩香等药料。

烤一斤茅酒，需要高粱二斤，造曲需小麦三斤以上，发酵时间需要一月，自下沙起至丢糟止，要九个月方能完成，由于它发酵长，用曲多，加上其他原因等，因此烤出之酒其味香醇无比。

三、储存时间和渗兑方法：烤酒时，仍泼进窖去，名叫回沙，经过回沙后所获之酒，要用大土坛装好，必须将老酒渗兑，要不暴不辣，必须用嘴尝试，以口舌品达，若能达上二十几下都还有味，方为合格。合格后，用油皮（猪尿包）盖上坛口，又将黄泥封固，坛口外吊上标签，写上年月日所生产出之酒，以备查考，存的时间越久越好，越陈越香。

四、包装：出厂必须用土瓶包装，虽不美观，但是久不变质，可保酒味香醇，若改为玻璃瓶包装虽然美观，缺点是遇阳光晒后，蒸发变味。这是我们多年未能改装之故。

1941年至1942年，我开始为"赖茅"打开销路，经我运往的有重庆、汉口、南京、上海、广州等地，并运了1000瓶去香港销售，陆续共运去三万瓶，初告成功。再继续运三万瓶去上海，交几个大公司试销，销路较好。

这段时间除我换新商标，请客送礼之外，运输过程中打坏损漏约三万多元，新建厂房、加窖共去二万多元，积压的资金付息三万多元，酒厂的流动资金是采取借贷的形式。每年送礼约一万元，因此在1942年前都是亏损的。1942年后，销路打开，才有盈余。"赖茅"为了和其他茅酒竞争，我在贵阳经销处办过一次大廉价，销售三万多瓶，使人印象很深；同时我在其他城市推销，也采取登广告、放电影等宣传方式，各地纷纷派人来贵阳订购"赖茅"，过路客商也要争购"赖茅"，因为对"赖茅"的质量信任，携去送人觉得名贵，大方、美观。甚至友人向我开玩笑，也要引用"赖茅"二字。

我厂生产高峰是1945年，年产量达到13万斤左右，"成义"酒厂年产大约一万斤左右，"荣和"酒厂大约五六千斤左右。当时我在贵阳小井坎"怡兴昌"银号隔壁设有"赖茅"经销处，各地办分销处。1946年后，由

甲编 "赖茅"之创制与恒兴酒厂

于法币贬值，我便稳住茅酒生产，另一方面，因我业务繁多，对茅台酒厂的工作未能进一步推进，到1949年"赖茅"年产量仍是十二三万斤。

1950年国庆前，我送给贵阳市人民政府50瓶"赖茅"，市人民政府用飞机运到北京，我赴京参加国庆观光，在怀仁堂礼堂见到用"赖茅"编成两个五星摆在那里。这次毛主席、朱总司令、周总理接见了我们西南代表团。朱总司令亲自招拂我们西南代表团喝酒，他说："我知道你们西南来的喜欢喝茅酒，我这里有。"立即叫服务员拿来茅酒招待。在座的向朱总司令介绍我，这就是赖永初先生，他就是"赖茅"老板。朱总司令亲切地问："为什么叫'赖茅'？"我说："因为原来贵州办茅酒的多，有真有假，因此我就把我办的茅酒改名'赖茅'，防止冒充。"朱总司令笑了一笑说"你叫'赖茅'，人家还称我叫'朱毛'！"

我听后觉得有点拘束，一时不知怎么说。

朱总司令说："没关系，没关系！全国谁不知道'朱''毛'，就是我朱德和毛泽东主席！"

大家听了都笑起来。他又招呼我们喝酒，然后才离开。

摘自赖永初《我创制"赖茅"茅台酒的经过》，赖永初1980年手稿，贵州赖永初酒业公司藏。后经修订发表于全国政协文史资料委员会《文史资料选辑》编辑部编《文史资料选辑》第119辑，中国文史出版社，1989年，第89~95页

恒兴酒厂前经理韦岭关于恒兴酒厂与"赖茅"的回忆（节选）

恒兴酒厂的前身是衡昌酒厂，由周秉衡、贾伯昭、赖永初三家合资经营。在30至40年代，一遇农业歉收，政府便要禁止烤酒，茅酒既用粮食作主料，当然也不例外。因禁令频繁，酒业不易发展，所以周、贾两家都无意经营。经过协商，由赖永初独资接办，遂于1937年改名为"恒兴酒厂"。韦岭是该厂学徒出身的第三任经理，傅斯甫当年对赖茅情况作过采访。现将有关情况作一简要介绍。

（一）

恒兴酒厂由赖永初接办后，厂址仍设于仁怀茅台镇，与荣和酒厂（生

产王茅）隔街相望。厂房为砖木结构，两楼一底，宽敞亮堂，操作方便。

厂房内有大小酒窖17口。其中，大窖6口，能容料（高粱）30石（每石600斤），小窖11口，能容料20石。两条火（烤酒灶）分别置于两个烤酒车间内。厂房内还有宽大的晾堂，作晾糟子之用；有石磨2副，马8匹，用以挽磨推料。

当年恒兴茅酒的产量，最高年份17个酒窖全部下满原料，可产酒9万多市斤；平常年份下11或12窖原料，可产酒4万多斤。老恒兴酒厂从建厂到关闭，17口窖全部下满原料仅有1年，其余年份都在10口上下。

制作茅酒的原料主要是高粱和小麦。高粱做砂（糟），小麦做曲，两者均以本地所产为佳。高粱经过8次蒸馏，酒才被全部烤尽。因此，当把高粱磨碎时，如果过细，就经不起8次蒸烤；过粗，则曲不易浸透，出酒率就会受到影响。高粱与曲的比例为1∶1，但有时曲的分量还会多些。

麦子做曲，是用老曲（先发酵好的曲子）作母曲，把母曲搅拌入新磨好的小麦面中，加水揉成长方形的块状物，然后以稻草间隔，堆放在曲仓中发酵。10多天后，便曲香四溢。经过几次翻仓，检查全部干透合格，即可使用。故在搅拌时，加水比例十分重要。茅酒制作不加药材，能酿出酱香突出的美酒，制曲是个关键。

酿成之酒，存放于库房中，时间越久，越芳醇味绵，即便多喝两杯，醉了也不觉口干头痛。被誉为"酒神"的我国轻工业部高级专家秦含章认为："好酒提神开胃，有一种诱人的香气，多喝一些也不上头，中国的茅台酒、西凤酒都是这样。"

赖茅的酿制过程是：第一次把高粱全部蒸好后，取出摊在晾堂中，晾到一定温度，然后将磨好的曲粉倒入拌匀，将酒窖加温，淋以往次烤的尾酒，才把拌匀曲子的酒糟下入窖内，用黄泥封窖面，直到这黄泥上面布满一层白霜，至1月左右，便揭去黄泥，取出酒糟上甑蒸馏。这次烤出来的酒，只有一些酒味，并略有苦味。酒蒸烤完毕，取出糟子加曲拌匀再入窖1月。如此反复至第3次，就出酒了。第3、4、5次酿出的酒是最好的产品，第6、7、8次出的酒，不仅产量递减，味且不如上几次之佳。所以，必须把每次酿出的酒，分别依次装入大酒坛内贮存起来，待到出厂前才由酒师将各次酿成的产品,按传统工艺勾兑。经检验合格,然后装瓶(分白、赭色的瓷瓶)贴统税票,方能发货启运。这一系列的操作过程,既有酒师严格把关,又有后勤人员紧密配合,井然有序,保证了名酒的质量。

每年3、4月份收购小麦,5月端午制曲。小麦必须风干扬净,陆续收进,陆续上磨,并在5月开始踩曲(以上均按农历)。制曲完毕便入仓贮藏,作为次年所需的原料。本年烤酒,用的是上年制就的曲子。结束制曲工作后,开始收购高粱,每年9月下窖。所谓"端午制曲,重阳下沙",指的就是这种按季节进行的工艺程序。

(二)

由于酒厂不直接销售产品,除零星应付一些当地关系方面之外,都经由遵义运往贵阳,再由贵阳转运到赖家在国内各地的大兴公司分号销售。大兴公司分号计有重庆、衡阳、柳州、广州、玉林、上海和香港等。

当年的产品由产地运到贵阳,全靠人力背运,直到抗战胜利前夕,遵义至鸭溪公路通车,一部分茅酒背到鸭溪装车,再运贵阳。到鸭溪的汽车都是车等货,决不中途滞留。货到装车运筑,汽车又系本号自备,调度极为方便,不受中转环节影响。

除了汽车运输之外,大部分还靠人背运。每次发酒都在50人左右,每人约背60瓶左右,由一名夫头带领,这名夫头背得少,约20至30瓶,他走在众人之前,为后来人安排食宿。因此,所有背酒之人,每人都得给夫头相当于一瓶酒的运价(约1.20银元),作为对夫头的报酬。每次由茅台背到贵阳,需时13天。

恒兴酒厂系赖永初独资经营,主持全盘。厂内设经理1人、会计1人、工人20多个、后勤10余人。第一任经理是葛志澄,第二任是杨瑞[端]五,第三任(解放后)是韦岭。酒师叫郑兴义,他技术全面,从制曲、烤酒到勾兑,全由他一人指挥和掌握。厂里的生产,实际是这位师傅贡献最大。

(三)

在30年代末、40年代初期,茅酒赝品充斥市场。华家的成义茅酒(华茅),赖家的恒兴茅台亦深受影响。赖永初对此深为关注,有意更换商标,另立酒名，杜绝假冒，以资重振企业，但久思不来灵感。事也凑巧，一次，他前往设在遵义的办事处视察业务，并深入市场进行了解时，偶见车站附近一家餐馆门前挤满了人。好奇之心驱使他靠近人群，一看，原来里面是两个"醉鬼"正在动武，把一桌酒菜打翻在地。只听得其中一人骂道："儿啰，输不起，变狗爬，你还划啥拳？"另一个涨红了脸，口沫四溅，拍桌大嚷："老子赢你的'快发百万'，硬要赖毛，是哪个龟儿输不起？"赖永初一听"赖毛"，灵感喷涌。他想：我姓赖，在茅台开厂烤茅酒，若将恒兴茅酒改叫"赖茅"，岂不是一语双关，雅俗共赏，既明白易懂，宣传起来，又容易上口。

赖永初回到贵阳后，把这个想法告诉负责贵阳经理处（总号）的汪大年等人，征求他们的意见。大家一听，都拍掌大笑，认为既觉有趣，又切中酒名，真是难得的巧遇。自此，"赖茅"之名出现，并一炮打响。

"赖茅"商标精致美观，封口是银灰底红字，瓶口以下贴统税票，商标正面上方是拉丁文"赖茅"两字的拼音，中间是一金色大鹏展翅于地球之上，下面是"赖茅"两字，背面是蓝底烫金说明。

（四）

1953年7月，国营贵州茅台酒厂厂长张兴中带领数名工作人员，来到恒兴酒厂，召开职工大会，宣布接收恒兴酒厂。在此之前，华家成义茅酒厂已由政府购买。当时韦岭是普选的茅台镇副镇长，也是恒兴酒厂的经理，遵照政府指示，办理移交后离厂。自此，一代名酒"赖茅"遂结束其历史。

1985年后，赖永初先生之子赖世强为遵父训，在"赖茅"故乡茅台镇重建老字号恒兴酒厂，延聘当年该厂主要酿酒师的传人主持酿造工程。他们恪遵传统工艺，严格选料，精心制作，成功地酿出新一代佳酿——"赖永初酒"。新秀一技，堪与先辈"赖茅"媲美，若称"嫡嗣"亦不为夸。目前，"赖永初酒"销势甚好，供不应求，颇受工商界及社会人士推重，并已打开海外销路，为出口创汇之优势商品。

摘录自韦岭、傅斯甫《恒兴酒厂与赖茅》，政协贵阳市委员会文史资料委员会编《贵阳文史资料选辑》第36辑，内部出版，1992年，第62~66页

仁怀县士绅周梦生关于恒兴酒厂的回忆（节选）

1988年9月18日，贵州省茅台酒厂聘请我担任厂的地方工作顾问。邹开良厂长和编茅台酒志的同志们认为我年事高，而社会经历丰富，熟悉地方掌故，与华茅、王茅、赖茅的老板和主持厂务的经理们都有过交往，一再请我把知道的情况写出来，供他们编写厂志参考。因此，我只好勉为其难，将亲见、亲闻、亲身经历的一些情况分别记述如下。

……

"衡昌"私营茅台酒厂，初系贾、周、赖三家聚资于民国18年（1929）开办。到了公元1941年，贾、周两股东把股权转让与赖永初独家经营，乃改为"恒兴酒厂"。到公元1952年，仁怀县人民政府接管，只有23年。

……

"恒兴酒厂"是后起之秀，经营方式与华、王两家迥然不同，商标采用套色，在报上登广告作宣传，还以样品馈赠请品尝，有一斤装和半斤装两种。

三家酒厂的年产量，合计超不过十二万斤（约六十吨）。"恒兴"产量最多，其次算"成义""荣和"在两万斤上下。论酒的质量，"成义""荣和"两家由于开办时间长，酒存放期也久，质量较优。"恒兴"建厂晚，但该厂颇重信誉，酒的质量虽比华、王两家差点，但在逐年提高。

……

"恒兴酒厂"老板赖永初，原籍贵州省黄平县人。经营工商业发迹后，在贵阳修房置产，据说他先在黔南与人合股开办黔昌锑厂，还经营得有其他企业。因锑厂受当时国民党政府资源委员会的严格控制，不易发展，他便把股金退出，参加叙永县商家贾伯昭、贵阳天富公号老板周秉衡在仁怀县茅台村合股开办的"衡昌酒厂"。不久，因贾、周二人其他工商业亏蚀负债，只好把股权转让与赖永初。公元1941年，把厂名改为"恒兴酒厂"。抗日战争胜利后，贵阳市参议会成立，赖永初当选为市参议员，紧接着当上了市银行行长。杨森任贵州省主席后期，派赖永初任省银行行长，杨森调任重庆市长后，谷正伦继任贵州省主席，赖永初仍留任未动。解放后，把他作为统战人士，由中共贵州省委统战部提名，经贵州省政协常委会协商决定他为贵州省政协第四届委员会委员，在任期内逝世，我接省政协的通知，为他开追悼会，曾发去唁电致哀。

......

三家私营酒厂的老板，华问渠、赖永初住贵阳市，不轻易到厂，王泽生虽住城里，亦少过问厂务，他们都是依靠经理总揽其事。经理和会计都是老板的心腹。他们之间还互相制约，彼此都可以向老板打报告，控制是相当严格的。除年终分红而外，平时要乱搞还不行，而且帐务也比较健全。从民国初起，至解放仁怀县止，华茅的经理依次有赵致缄、罗某某、薛相臣，助理王建藩。王茅有龙德安、钱克纯、陈厚德。赖茅有葛志成〔澄〕、杨端五、韦岭。酿酒师，又叫掌火师。华茅请郑永福和他的父亲；王茅请王华清，他是老板的佃户；赖茅请郑义兴。解放后，郑义兴在贵州茅台酒厂任副厂长，负责技术指导，曾任贵州省政协委员、全国人大代表，已逝世。三家酒厂的工人，大约六十人左右，其中还要包括勤杂工在内。窖坑多、工人多、产量大，窖坑少、工人少、产量少，成为正比例。当年恒兴酒厂有窖坑十七个，工人二十三人。成义酒厂有窖坑十八个，工人不足二十人。荣和酒厂有窖坑六个，是工人人数最少的一家。

经理秉承老板的意见办事，掌握人事、财务、生产、运销等内外一切事务。会计、出纳是经理的得力助手。酿酒技师，专管酒的生产，每天都要去车间检查，作技术指导，同时负责新老酒的勾兑出厂。厂方对技术人员很尊重，伙食同经理、会计一起吃，奖金亦多。我有时去茅台，因恒兴酒厂经理葛志成〔澄〕、会计韦岭和我交好，住他们厂里。我看见一份材料，也是写历史的，说葛志成〔澄〕是仁怀县参议会的参议员，我是县参议会副议长，可以证实绝无其事。

......

贵州在公元1935年以前，属军阀割据时期，大军阀之下又有小军阀，各自搞一套，非常紊乱，公元1935年以后，中华民国政府才统一了贵州。在军阀时期和国民党统一以后，对酒税也起了变化，前者是杂乱无章，而后者是有章可循。王家烈当贵州省主席时，仁怀县、习水县属于国民革命军第二十五军副军长兼川南边防军司令侯之担管辖,司令部设赤水县城,俨然是个小朝廷,政出于侯。三县的县长和征收局长,归侯直接委派。所派人员,不是官亲故旧就是僚佐。县征收局所征之税,名目繁多。单就酒税而言,只能讲个大概。那时税务制度不健全,计征方法也有问题,只要是酒,不分类别,不管价钱高低,征税一律。征收局把各区征额招标,由承包员投标,中标后,由征收局加委为某区的承征员。

国民党政府统一贵州后,军阀时代所行一切法度,悉予废除,实行新县制:设行政区专员公署,县裁局并科,合署办公。县以下分区设署(把区公所扩大为区署),一切规章制度均统一于中央。所有地方税,统归县政府财政科主管,国家税由省设税务局于茅台镇,局长由省直接委派。我为了把当年税务局征收酒税的细节写清楚,曾专访了那时在税务局的主办会计,八十六岁的吴小琴老友,还和那时恒兴酒厂的主办会计韦岭同志详谈好几次,由于年深月久,许多事大家都淡忘了,能回忆的只有税务局主管货物税,另有收直接税的机构。税目分为四种:有统税、印花税、营业税、所利得税。征收的层次是:厂方所烤的酒,存放厂里不管有多少,都不征税,要待厂方报请运销时,才每一斤装的瓶酒,领一张统税票贴在瓶口上,起运时要经税务局一一检查,没有漏落才放行。厂方运到销售点上,还要上营业税。税务局不定期派税务工作人员去厂稽核帐册的金额,在帐册上贴印花税票。年终还要核厂方所得的利润多寡,交所得税。这四种税中,那一种属于直接税,目前还没有弄清楚。

……

巴拿马国际博览会获奖究竟属那家酒厂,向来说法不一,那时恒兴酒厂尚未建厂,有争执的是成义和荣和。华、王两家扯了多年的皮,有时争得脸红脖子粗,但谁也拿不出有力的证据,茅台酒是仁怀县的著名特产,写社会主义的新县志,要把它作为特色来写,这个有个争议的问题,必须明白。经查阅有关档案,终于把这个疙瘩解开了:1916年,贵州省长刘显世,仁怀县知事覃光銮,仁怀县商会会长李清和,他们都是有关的当事人,我把档案材料照录如下:

(一)贵州省长公署的指令

令仁怀县知事覃光銮:

呈一件,巴拿马赛会茅酒,系荣和、成裕两户选呈,获奖一份,难于分给,请核示由。

呈悉:查此案出品,该县当时征集呈署时原系一家造酒公司名义,故奖凭、奖牌仅有一份。据呈各节,虽属实情,但当日既未分别两户,且此项奖品亦无从再领,应由该知事发交县商会事务所领收陈列,勿庸发给造酒之户,以免执争而留纪念。至荣和、成裕两户俱系曾经得奖之人,嗣后该两户售货仿单、商标,均可模仿奖品,以增荣誉,不必专以收执为贵也,仰即转饬遵照,此令!

(二)为转令遵照事案奉

省长指令:据本署呈巴拿马赛会事,荣和、成裕两户选呈获奖一份,难于分给请核示一案奉令开呈悉:"云云"等因奉此,除将奖品函交商会事务所领收陈列,以资纪念。并分令荣和、成裕烧房知照外,合行转令仰该荣和、成裕烧房遵照,迅赴商会将奖品模印于售货商标,以增荣誉,是为至要,切切此令!

令茅台村荣和、成裕烧房遵照。

……

建国前茅台酒发展缓慢,原因有三:一是当地政府碰上旱涝灾害,粮食减产,米珠薪桂,为了民食,政府下令全县严禁煮酒熬糖,禁令森严,就是下了窖的沙也不准翻烤,已烤存的酒不许出售。禁期有时长达一年,厂里职工虽无活可干,但工资照发,禁期越长,厂方的亏损越大,禁酿一次厂方倒霉一次。二是受原料的限制。酿造茅台酒主要原料是高粱、小麦,生产一斤酒需用五斤粮。在旧社会仁怀的绝大多数农民不习惯种高粱和小麦,山地以种玉米为主。因此,原料供不应求,只有荣和、成义两家酒厂各方拼凑,还能勉强维持,自恒兴开业后,他所需原料多,造成市场紧张,他们争相竞购,时生龃龉,我曾从中与他们调和过好几次。三是火灾为害。三家酒厂,均无消防设备,酒是易燃物,一旦发生火警,必然成灾。公元

1944年，成义酒厂因烘衣不慎着火，厂房被烧，地面所有建筑付之一炬，只剩下十多个窖坑。公元1945年，街民失火，延烧一条街，风乘火势，火趁风威，火苗满天飞。荣和酒厂虽是单独院落，亦被波及，烧得精光，损失惨重；成义酒厂恢复快些；荣和酒厂直到1947年冬才复原。

摘自周梦生《茅台酒厂今昔见闻》，政协贵州省仁怀县委员会文史资料工作委员会编《仁怀县文史资料》第6辑，内部出版，1989年，第66~76页

贵阳市政府关于验封衡昌酒厂存酒情形由（节选）
（1941年8月12日）

案奉钧长市一字第七八号训令开，案据衡昌酒厂代表人赖永初呈称：窃敝厂前由茅台运至筑垣推销之茅酒计有400瓶（即四百斤），称用小瓶装载，每瓶一斤，正拟售间，适值钧府为救济民食颁布公令禁酿禁售禁运禁饮等因，敝厂闻命之余理应遵章照办，恳请钧府酒员至新住宅区南明东路一号查验封存，静待禁令解除，特再行销售实为公便等情。据此，仰该员前往会同警察局及当地保甲长查明封存具报为要，此令。等因奉此，遵即前往会同警察第五分局巡官樊逸龙、冯剑豪及保长罗炳章、甲长萧玉方至新住宅区南明东路一号，将该衡昌酒厂报请封存之茅酒四百瓶封存完毕，仍点交该厂代表人赖永初负责保存于其住宅左边之防空室内。计填用零八五号三联单一张贴用（自一五六号至一六五号、自二七一号至二八零号大封条共计二十张）。鉴核备查。

谨呈　科长

转呈　市长何

附：贵阳市政府训令

令第一科办事员陈震华：

案据衡昌酒厂代表人赖永初呈称：窃敝厂前由茅台运至筑垣推销之茅酒计有400瓶（即四百斤），称用小瓶装载，每瓶一斤，正拟售间，适值钧府为救济民食颁布公令禁酿禁售禁运禁饮等因，敝厂闻命之余理应遵章照办，恳请钧府酒员至新住宅区南明东路一号查验封存，静待禁令解除，特

再行销售实为公便等情。据此，仰该员前往会同警察局及当地保甲长查明封存具报为要，此令。

市长　何辑五

摘录自贵阳市档案馆藏档案，档号：9-1-558

贵州省工商业联合会《贵州茅台酒史》
关于恒兴酒厂的记载（节选）

……

恒兴酒厂的前身是衡昌酒厂。创设衡昌酒厂的是贵阳人周秉衡。周原与贾文钦开设天福公号经营鸦片烟，因看到茅台酒销路好、利润高，就于1929年在茅台镇创设衡昌酒厂。在建厂的过程中，曾遭到当地恶势力和官吏的敲诈勒索。如厂房前面的台阶占用了一部分早已无人行走的老路，就被茅台镇伪区长罚了二百元大洋，还请了几桌酒席的客来赔礼。在开始生产时也受到成义、荣和两家酒厂的排挤。如请的酒师，是成义酒师的侄儿，由于仅仅学过一段时间的酿造茅台酒的技术，所以衡昌请了成义酒师来指导。成义的掌柜知道了，就告到区公所，把成义的酒师传去扣押，具了今后与衡昌断绝往来的印结才放出来。

周秉衡对于酒厂的发展，本有强烈的愿望，开始建厂就修了十七个窖坑。但投入生产不久，就因他经营的天福公号倒闭，把酒厂的流动资金全部拿去还债，每年只能产酒几千斤，收入仅够维持开支。衡昌酒厂在经济窘迫中拖了八年左右，到1938年，周秉衡拉拢了资本家赖永初组成了大兴实业公司，共集资八万元，把衡昌酒厂作价入股，合股经营。……大兴实业公司组成后，由赖永初自任经理，周秉衡任副经理。赖永初对于酒厂的经营一面维持现状，一面把酒厂的实权牢牢抓在手里。将原任衡昌酒厂经理周扶常（周秉衡的儿子）调到贵阳，另派自己的心腹葛志澄担任经理。后来又把周秉衡派到四川泸州，把周扶常派到四川合江，坐庄运销花纱、布匹、香烟等。因为周扶常日嫖夜赌，亏空了大兴公司二万多银元，赖永初便亲自到泸州、合江查实周的欠帐，向周秉衡提出归还亏欠大兴公司款项的要求。周秉衡无法，只好把衡昌酒厂卖给赖永初。

赖永初将衡昌酒厂搞到手后，于1941年更名恒兴，积极扩大业务。在贵阳设立恒兴总号和分销处，与成义、荣和两家在省内争夺市场。并通过他在汉口、长沙、上海等地开设的字号和分支机构扩展销路。此外还利用赠送茅酒的方式，抬高恒兴茅酒的声誉。抗日战争胜利前后，赖永初已当上了贵阳市参议员、贵阳市银行经理，贵州省银行经理、重庆大川银行经理等职，亦官亦商，显赫一时。

随着生产的扩大，销路也积极开展，在抗战期间，三家酒厂以贵阳为中心互相竞销。恒兴酒厂在贵阳先后设立分（经）销处三个，并利用节日机会，刊登广告以"买一送一"的方式，大廉价扩大销售。荣和委托贵阳新生纸号代销。成义倚仗老招牌，销售供应不足，并刊登广告，以"窖老酒醇"相号召，保持"华茅"的优越。由于茅酒销路好、利润厚，许多资本家看到这种情况都跃跃欲试，在贵阳仿制茅酒的也更多。因而，当时贵阳市曾一度出现了很多不是茅台制作的"茅酒"，如"金茅""丁茅""王茅"等。还有很多假冒成义的茅酒。抗日战争胜利后，茅酒的销路，扩大到省外许多大城市。恒兴在1946年至1947年，在上海设立永兴公司，先后运往上海销售的茅酒达2万多斤。还利用它在重庆、汉口、广州、长沙等地的企业试销。成义也把茅酒运到上海、长沙、广州等地文通书局分局去销售。荣和则在重庆委托稻香村号代销。

三家酒厂雇工的形式有两种：一种是固定工，一种是临时工。固定工人的工资早期不可考。在1926年到1936年这段期间，成义酒厂的酒师每月银元7至8元，二把手5至6元，一般工人3至4元。恒兴酒厂在1929年创设后，工资待遇与成义酒厂差不多。以1936年的米价折算，酒师每月能买米3斗至3斗5升，二把手能买米2斗至2斗3升，一般工人只能买1斗2升至1斗7升。至于荣和酒厂固定工人的工资，比成义、恒兴还要低。恒兴酒厂是在茅台酒生产发展较快的时期创设的，一开始就以雇用固定工人为主。

恒兴酒厂以1947年的情况为例。该年产酒65000斤，每斤按银元1元2角计算，产值应为78000元。同年用去原材料：高粱450石，计值5590元；小麦430石，计值6450元；煤50万斤，约值6000元；酒瓶65000个，约值 5850 元。固定资产折旧 800 元。全厂固定工人 26 人，全年工资总额 3282 元（包括伙食）。管理费 4750 元。根据以上各项数字计算，恒兴酒厂 1947 年的成本为 28772 元，剩余价值为 49228 元，利润率为 171%。

三家酒厂的竞争首先是购买原料的竞争。成义、恒兴两家酒厂采取了以下几种办法：

1. 预付农民一部分定金，待粮食收获交货时，按市价结账。虽然积压部分资金，担负一定的风险，但能够多抢购些粮食，增加生产，榨取更多的剩余价值，仍是合算的。

2. 买空仓，即酒厂向商人预购粮食。签订合同后，先期付给全部货款，订明交货的日期，交货时价格按预购时议定的计算，如有涨落，由商人自负责任，与买主无关。

3. 委托"二贩手"代购，预付 10% 左右的手续费。

4. 派人到茅台镇附近地区，向农民宣传把高粱、小麦送上门来。这样，两家酒厂每年可以收购到一部分。

三家酒厂为了压价收购农民的高粱、小麦，本来每年都协商议定了规格和价格，但都暗中破坏协议，提价竞相抢购。恒兴酒厂由于资金比较充足，在收购原料季节，一般比其他两家酒厂收得快、收得多。并在生产所需原料之外，实行囤积，总使成义收得少、收得慢。

1929 年前后，茅台酒的销售正逐渐打开，成义、荣和两家酒厂的产量比过去有了相当大的增长。衡昌的创设也正是看中了这一趋势。而成义、荣和两家酒厂，当然极不愿意人家插足、分享高额的利润，于是对衡昌的创设多方给予阻扰。到了衡昌把酒生产出来以后，两家又以粗制滥造影响茅酒名誉为借口，阻止在茅台镇出售。衡昌不得已只好把酒运到外地销售。

衡昌改为恒兴后，茅台酒的主要销售已自茅台移往贵阳。重庆、遵义两地的销售也比较多了。贵阳销售的酒，全是成义和恒兴两厂的。荣和主要销售重庆。恒兴酒厂仗着资金多，产量大，大力宣传，以薄利多销、多中取利的方法来争夺市场。

摘录自贵州省工商业联合会《贵州茅台酒史》，全国政协文史资料委员会编《工商史料》，文史资料出版社，1980 年，第 102~117 页

《中国贵州茅台酒厂有限责任公司志》关于恒兴酒厂的记述

"恒兴烧房"开初名"衡昌烧房",由贵阳人周秉衡于民国18年(1929)开办。周秉衡原在贵阳与贾文钦合伙开设"天福公"商号经营鸦片,后因风险太大,转向经营茅台酒。建厂伊始,周派其心腹余德盛,到茅台拉拢地方人士以减少阻力。尽管如此,在开办以后,仍遇到不少麻烦。在建厂用地上,几经周折才打通关节,用800块大洋买到了建五间厂房的土地。起初周秉衡对酒房抱很大希望,一开始就修建17个大窖,经过两年的筹备和基建才正式投产,但投产不久,"天福公"商号倒闭破产,把酒房的流动资金挪用去还债,被迫解雇20多个工人,只留下一个酒师和一个帮工,勉强维持生产,年产量很低。"衡昌烧房"在经济窘迫中拖了8年之久,到1938年,周秉衡与贵阳商人赖永初合伙组成"大兴实业公司",集资8万元,周乃以酒厂作价入股。大兴实业公司由赖永初任经理,周秉衡任副经理,赖永初将原任烧房经理周秉衡之子周扶常调走,派心腹葛志澄接任,另派周秉衡到四川泸州,周扶常到四川合江坐庄运销花布和香烟。因周扶常成天吃喝嫖赌,亏空2万多银元。赖永初见此,便亲赴泸州、合江查账,向周秉衡提出还款要求,周只好把"衡昌烧房"卖给赖永初,赖补给周7000银元,"衡昌烧房"从此落入赖家之手。赖永初接手后,于1941年把"衡昌烧房"更名为"恒兴烧房",并扩大经营,购进12匹骡马作为推磨之用,工人增至40余人,最多时达60余人。到1947年,产量提高到32500公斤左右。与此同时,赖永初用"恒兴"招牌搞地下钱庄吸收存款,转而做茶叶、桐油、黄金、棉纱生意,利用在外地所设商号扩大酒的销路。抗日战争胜利后,赖永初又跻身于政界,任贵阳市参议员,兼贵州银行、重庆川大银行经理等职。

其时三家烧房的老板都不住茅台,"成义"的老板华问渠和"恒兴"老板赖永初住贵阳市,"荣和"老板王泽生住仁怀县城。厂务由所委派的经理秉承老板旨意掌管人事、财务、生产、销售等事项,酒师专管技术指导。"成义"的经理先后有赵致缄、罗某、薛相臣,酒师有郑永福和他父亲;"荣和"经理先后有龙德安、钱克纯、陈厚德,酒师是王华清;"恒兴"的经理先后有葛志诚［澄］、杨端五、韦岭，酒师是郑义兴。

抗日战争胜利后，赖永初把"恒兴烧房"的茅台酒商标改为"赖茅"，以此加强"恒兴烧房"在消费者心中的形象。在上海印制20万~30万套商标，显得比"成义烧房""荣和烧房"更加富丽堂皇。针对"成义烧房"百年老窖的商标，"赖茅"特别在商标上注明是"用最新的科学方法酿制"。"成义烧房"则大登广告，宣传"华茅"的传统特点，并且把酒的售价始终保持在赖茅之上，表示华茅质量比赖茅高。赖茅提价，华茅也提价，市场曾一度出现茅台酒竞相提价的奇异现象。

1946年，赖永初在上海设立永兴公司，先后销售茅台酒10000公斤，并利用在重庆、汉口、广州和长沙商号推销"赖茅"。"成义烧房"的"华茅"也在上海、长沙、广州和重庆通过文通书社在当地的机构经销。"荣和烧房"的"王茅"在重庆、贵阳以"稻香村"号为经销点。

茅台酒是在1945年抗日战争胜利后开始外销到香港的。当时，"恒兴烧房"的"赖茅"在香港试销，但是数量很少。

摘自中国贵州茅台酒厂有限责任公司史志编纂委员会办公室编《中国贵州茅台酒厂有限责任公司志》，方志出版社，2011年，第87~91页

乙编
赖永初与民国贵阳市商会

编者按 本部分辑录了赖永初参与贵阳市商会若干事务的史料。凭借早期的商业经营基础，赖永初开始活跃在贵阳商界。1939年，赖永初首次当选贵阳县商会执行委员。后贵阳县商会改为贵阳市商会，赖永初当选为常务委员。任职市商会期间，赖永初先后参与创办商友俱乐部、《贵州商报》、商业学校，先后任商友俱乐部常务理事、贵州商报社社长等职。

本部分选取的史料中，报刊史料主要包括贵阳《中央日报》、《贵州商报》关于赖永初及贵阳市商会选举人事、公共活动的时闻报道；档案史料主要包括赖永初呈贵阳市商会建议书、请辞贵州商报社社长职的呈文及回函、贵阳市商会及贵州省商联会工作报告等；个人回忆主要包括赖永初本人关于市商会内部团体的回忆、《贵州商报》前采编人员的回忆以及贵阳市商会原常务委员冯程南的回忆等。

一 报刊史料

贵阳县商会改组 陈职民等当选执监委

（本市消息）贵阳县商会，于八月三十一日，在该会大礼堂召集会员大会，举行改选，由陈职民主席，结果陈职民、张荣熙、张慕良、赖永初、夏少锡、唐平程、文范久、刘守诚、卢晴川、姚叔平、冯程南、刘曙东、谢文林、金慧章、戴蕴珊、彭伯安、吴鲁卿〔钦〕、蔡森久、戴福庆、王筲臣、杨雨斋等廿一人当选为执行委员，颜泽溥、刘锦森、张公溥、陈处谷、向蔡林、余恢宗、傅杰等七人当选为候补执行委员，熊士超、梁希伯、伍效高、李顾名、赖贵山、张彦修、易炯斋、甘叔一、郑小昆［筱焜］、赵西伯、曾竹溪等十一人当选为监察委员，郑锡嘉、冉文叔、刘玩泉、吴禹丞、杜德和等五人当选为候补监察委员。末并通过会章，并由大会一致决议：一、通电总裁及前方将士致敬；二、通电全国讨汪锄奸；三、代电全省商人，彻底抵抗仇货。午后八时许礼成散会。

贵阳《中央日报》1939年9月2日，第3版

为组织商友俱乐部敬告全市商界同志书

张慕良

贵阳为西南交通的中心，自抗战以后，市面的繁荣，工商业的发达，都有一日千里之势。我贵阳商会，为全市商界最高集团，随时代和环境的推进，加紧工作，无不为谋商界同志的福利着想。同人鉴于商界精神食粮之缺乏，乃于去冬创办了《贵州商报》，以为商界喉舌，并作研讨战时经济的园地。近又创办商友俱乐部，经已决议，由本会负责设计进行，并拟定短期内正式成立。兹将这商友俱乐部的目标，和工作的途径，以及创立的意义，一一详述，为我全市商界同志告：

我们组织商友俱乐部的目标，已在简章草案第一条很明确地指出：以提倡商界同人业余高尚娱乐，陶养德性，健全身心，增进工作效能，加强抗战力量为宗旨。至于工作的途径，约可分球类、平剧、话剧、川剧、书报、音乐国术、游泳、骑射、旅行等几种，务使设备充实、计划周到，我商界同志，得于业余尽量享受，调剂生活，以期身心的健康。

俱乐部的一般意义，普通人类能道及，然而在这战时，我们创立商友俱乐部，是有他的特殊使命，必须要深刻的认识，也是特别要了解的。

处此现代世界，是一个科学的世界，也是个动的世界，无论那一种事业，都在不断的突飞猛进着，而且无论那一种事业，都与国家民族的前途息息相关着，商业一项，当然也不能例外。所以我们必须要知道，本身的岗位，既是中华民国的国民，又是商界的一份子，工作的目的，就不能专为个人的利益打算，而应该先为民族国家方面着想。尤其在现阶段里，更

要强调我们三民主义中的民族主义以加强国家的力量，商业的部门是很广的，事业的范围也很大，要皆以建设国家、复兴民族为依归，所以每一个人的工作和事业，都要转向和针对着民族国家的利益的观点上，因为每个人都能悉心殚力于工作，发展所办的事业，就足以间接直接的增加对于民族国家的贡献。

工作需要科学化，也得需要艺术化，一个人非徒为生活而工作，亦非徒为工作而工作。西洋人有句名言："工作时工作，休息时休息。"俱乐部便是供给休息的地方，可是这种休息，并不是浪费时间，而是利用业余，作正当的消遣，因为这样，工作以后才不致疲劳，精神才感到愉快，而工作的效能，自然提高，裨益于后方的生产量，也自然增多。

国父曾说："我们中国人是一盘散沙。"对于国人的缺点，真是一语道破。我商界同志，今后也要格外警惕，况在战时，需要力量集中、意志集中。首先，我们应养成集体生活，就是消除个人自私的观念，陶冶群育的美德，俱乐部使我商界同志多一联系机会，借正当娱乐以及切磋观摩，商讨研究，和谐合作，对于事业上定有相当进步，夫时代如巨轮，天天前进，故我人苟欲适应时代，自存于世界，必须从群的生活做起，则亲爱精诚，团结一致，方足以加强抗建力量，打击敌人的侵略。

末了，我商友俱乐部，将准备在本市适中地点设立会所，在这筹备时期，很希望我商界的同志踊跃参加，同时更希望我商界先进，多多协助！多多指教！

《贵州商报》1941年4月30日，第3版

商人的进修与商友俱乐部（二）

说到进修，除了本报十二期上里仁君所列举的各种商学必修科的基本知识外，普通的书报杂志和关于商业、经济方面，我们也应择要的涉猎。因它们可以扩大眼界，使我们不致于陷于偏狭和固陋。但进修，第一要毅力，第二需要一个优良的环境。因之，我更不能不希望在拟议中的商业图书馆赶快的成立起来。只要是馆里藏书丰富，而又主持得人，读书的风气，自然是可以逐渐养成的。

除了上述智识的进修外，体力、道德、社交方面，我们也得同样的兼顾着，这就是需要一个供给娱乐的场合。这场合将使我们在不知不觉中、欢欣鼓舞中同时达到德、智、体、群四育并进的标的。这样的场合也只有合乎近代的合理化的新型俱乐部，才能将这个使命负担起来，因为它可以满养人们的德行，凝固人们的感情，锻炼人们的身体，交换人们的意志，这些，也正是我们所需要进修的。

商会所办的商友俱乐部，现在正值筹备期中，有兴趣的朋友们，不论青年、中年或老年，将来均可自动的到商会去报名参加，只要你参加进去，包管你可得着许多的娱乐和享受。例如：读书、阅报（它应有简易图书室）、唱戏、玩球、打拳、下棋、学书、习图……并还可给你开眼界、增见闻、广交游、砺德行，你所欲的，尽可向它要，你所有的，也可向它献出，因为它就正是你自己的俱乐部。

有孩子的大人们，请你们赶快摒绝一切恶劣嗜好，驱逐你们的暮气沉沉，化除你们的顽梗陋塞，立即参加到这青年会式的俱乐部中去罢；无胡子的小伙子们，你们也切莫让大人们站到你们前面去了。

最末，我还要说，将来的少年新中国，他将有他自己的新商业，新商业应有新商人来担当，新商人应具备的条件，是有丰富的常识，特精的商学，健全的身体，高贵的品格，著于交际的手腕，娴于辞令的商谈，一本正经的生意经，活泼灵敏而深合乎逻辑的科学脑袋，这才是一个有远见的商人所要进修的。

《贵州商报》1941年5月14日，第1版

长期抗战与商人组织

三年半的抗战中，我前方既有不辞辛劳之战地工作人员及无数万驰骋疆场与敌周旋之将士，后方复有为抗建而努力的广大民众，早已相互地融成一道足以毁灭暴敌的铁流，这是我国有史以来从未有的，我们对今后战局确是绝对乐观，然而绝非坐而不动可以待胜，我们必须要动员全民力量于抗战，才可以加速敌寇之毁灭！

我商界同仁对抗建伟业虽已有深切之觉醒，同时更以实际力量汇流入

整个抗战巨流之中。对于国家民族贡献之大，亦不容赘述，但是这种对抗战的贡献还是不够，我们今后不仅是要尽一己之力量，尤其需要以一人之诚化十百千万人同样尽国民之责。如此，则国家民族之生命，自多一重保障！

然而，我们如何使商界同仁均一致团结起来呢？最低限度必须要每个人均参加公会，组织健全，使全体商人没有一个不入公会，每个公会没有一个不健全，也没有一个不加入商会。如此，从小处做起，间可成为一坚强之堡垒，并可发挥群力而有助于国家社会。

抗战建国纲领中第二十五条："发动全国民众，组织农工商学各业团体，改善而充实之，使有钱者出钱，有力者出力，为争取民族生存之抗战而动员。"由此，我们知道国家总动员就是全民心力物力的动员，各商业团体对于国家及地方所施行的业务动员、物资动员，然当应该加以协助，而达"有钱出钱，有力出力，争取民族生存中之抗战而动员"。

战时农矿工商管理条例第五条："对于各地农会、商会、工商同业公会、工会、渔会及其他农矿工商各业团体，得发布关于战时管理上必要之命令，其未经依法设立者，得令地方主管官署督促设立。"这条例公布的目的，就是要"发动民众"，今后我们应从速协助党部政府，使未组织者迅速组织，其已组织而未充实者，应该"改善而充实之"。如是，我商人的贡献将愈益光大。

抗战到了今天，我们回顾所经的艰苦历程，更应该强化自己的组织，要接□更艰苦的日子前进。

《贵州商报》1941年5月21日，第1版

商友俱乐部先行完成内部组织

（本报讯）贵阳商会主办之商友俱乐部，于日前召开第二次常务理事会，讨论进行步骤，到常务理事陈职民、张慕良、赖永初、冯程南、张荣熙、姚叔平、郑筱琨［焜］、胡宗海等八人，列席组长王克新、黄皓波、金民生等三人，由张理事慕良主席，开会如仪。经各理事密切讨论结果，决定先行完成内部组织，并推定陈职民、赖永初、冯程南、姚叔平等理事，

负责执行决议各案，期于短期内，正式成立云。

《贵州商报》1941年5月21日，第2版

贵州省政府令派贵阳商会负责筹备商会联合会

限本年十月以前正式成立

（本报讯）贵阳商会，顷奉贵州省政府省建三字第七〇六号训令开：案准社会部本年五月社组字第四五一六号东代电开，查县市各业同业公会之组织或改组，或从新办理设立手续，县市商会及省商会联合会之组织或改组，迭经前中央社会部电达各省市党部查照，期于二十九年度内办理完成，但各地重要工商各业组织，迄今尚未普遍策动，县市商会亦多未依法改组，各省商会联合会之筹组，更少积极推行。值此抗战紧张时期，各级商人团体，若不设法健全其组织，举凡关于物价之平抑、金融之稳定、市场之维持，以及战时经济政策之推行，与发动民众，增强抗战力量，均无由配合运用。兹规定，凡未依法组织或改组之重要各业同业公会，及各县市商会，应迅即分别督促加紧推行，各省尚未组织商会联合会者，应于本年十月以前正式成立，除分电外，特达查照，转饬所属，遵照办理，并将办理情形，随时见复为荷等由，准此，除电复并分令外，兹派该会负责筹备本省商会联合会，合行令仰遵照，迅即认真进行，务须遵限组织成立为要此令，等因，商会奉令后，拟交监执委员会，讨论进行组织步骤云。

《贵州商报》1941年5月28日，第2版

省商联合会开始筹备　贵阳商会分函各县商会

（本报讯）贵州省政府训令贵阳商会，负责筹备贵州省商会联合会，曾志前讯，兹悉贵阳商会，遵令进行筹备，公函各县商会云：本年五月二十一日，奉贵州省政府建三字第七〇六号训令开（原令已见二十二期，本报故略）等因，奉此自应遵照办理。兹查商会法第三十七条，及同法施行细则第三十一条，关于省商会联合会之组织，须有同省区商会五分之一以上之发起，乃足法定之数，奉令前因，用特专函奉达，请烦查照办理，于最短期内，将贵会成立及党政主管机关核准日期、许可证号数、组织章程、

现任委员、会员名册，依照定式，分别各送一份过会，并希推定负责代表一人，参加筹备，所有代表姓名、经历，及现在通讯处，先行函知，以便定期召集筹备会议，遵限组织成立为盼。

《贵州商报》1941年6月18日，第2版

贵阳市政府今日隆重成立　贵阳市商会发动热烈庆祝

（本市消息）贵阳市政府于今日成立，何兼市长于下午三时，在省政府大礼堂，举行宣誓就职典礼，由吴主席监誓，礼成后，何市长在省立民教馆（即市府临时办公处），招待各界茶会。

（本报讯）贵阳市商会，因今日为贵阳市政府成立之期，除令本报发行市政府成立特刊外，并通告各业公会，分别在市区各马路，悬挂大幅标语，张贴彩纸标语，各商号应一律悬旗，同伸庆贺云。

《贵州商报》1941年7月1日，第2版

贵阳商会奉令策动组织纱布公会

（本报讯）贵阳商会，顷奉县党部商字第一八〇四号训令开，查本县纱布业同业公会，业经本部令饬停止活动，兹为遵照中央规定，特令该会依照本部商字第七二三四号训令，负责策动该纱布两业，分别筹组同业公会，仰将办理情形，具报为要等因，商会奉此，纱业已委赖委员永初筹备，布业已委夏委员少锡筹备，进行策动步序，俾该两业公会，早日成立，加强本市商业组织云。

《贵州商报》1941年7月1日，第2版

贵阳市商会昨开代表大会（节选）
肃电元首总裁致敬　今日选举常委主席

（本市消息）贵阳市商会，于昨日上午八时，举行第一次会员代表大会，选举第一届执监委员，到各业公会代表，何纵炎、黄辛生、蔡健安、梁式会等一百廿五人。社会部胡督导员、市党部郑书记长，市政府严科长溥泉等，首由主席团赖永初、张慕良、张荣熙等公推陈职民主席，致开会

词,继由胡督导员、郑书记长、严科长相继训词,旋即讨论章程草案,经出席代表物天才、姚克思、蔡森久、林子立等发表意见。末通过肃电林主席、蒋总裁暨前方将士致敬案。正午摄影,散会,下午二时起开始选举执监委员。今日继续开会互选常委主席,下午举行闭幕式。

贵阳《中央日报》1942年3月26日,第3版

筑市商会大会开幕　陈职民蝉联主席

(本市消息)贵阳市商会会员大会,廿二日上午九时复召集当选全体执行委员,互选常委主席,下午二时举行大会闭幕式,党政机关出席代表,对该会将来会务之推进,指示甚详,闻陈职民当选为主席,张慕良、赖永初等七人当选为常委,张荣熙、吴禹丞等廿一人当选为执委,赖贵山、梁希伯等当选为监委。

贵阳《中央日报》1942年3月27日,第3版

贵阳市商会内部职员聘定

(本市消息)贵阳市商会昨日召集执监委员联席会议,商议内部重要职员之决定,结果,聘赖永初、蔡森久为第一、二科主任,黄逸仙、罗伯翘为秘书,金民生、王克新为总干事,其他职员二十余人,则由总干事商请科主任聘定云。

贵阳《中央日报》1942年5月23日,第3版

赖永初启事

查《贵州商报》为贵阳市商会首创事业之一,永初与社内同人筹备事先备尝艰难困苦承会众公推兼任副社长职务,辞不获请,暂承其乏,虽未即发行日报,始愿不无有违,然已幸按周出刊,循序当能渐进,规模既具,完成可期,永初兹因个人事务殷繁,同时永初教养院亦需本人亲自筹备,对于报社实难分身兼顾,自即日起所有贵州商报社副社长一职不负责,今后应否另选贤能接替,悉由商会公决,特此声明。

贵阳《中央日报》1942年6月12日,第1版

贵州全省商联会今日举行成立会

会议日期共四天　同时选举理监事　贵阳市商会通告
各商号悬旗志庆

（本报讯）贵州全省商会联合会，自奉令组织，即经积极筹备，并由省社会处，令派商运主干科员蔡文达君为组织指导员，负责指导组织成立，旋由市商会及各县商会函报派代表，如期报到省出席者计有贵阳、安顺、独山、赤水等四十余县市，现已呈准主管机关，定今日（二十九日）上午八时至十时，假座贵阳市商会，举行成立大会开幕式，请各机关长官，及各工商团体派代表参加，下午一时至四时，举行预备会，推举提案分组审查委员，并审查提案。三十日上午举行第一次大会，通过组织章程草案，下午举行第二次大会，讨论议案。卅一日上午举行第三次大会，讨论议案，下午举行第四次大会，选举理监事，十一月一日上午举行闭幕式，请各机关长官，及各工商团体派代表参加，并举行理监事宣誓就职典礼，下午出席会员代表举行聚餐。又闻贵阳市商会已通函本市各同业公会，转令各商号，大会开幕之日，一律悬旗，以志庆祝纪念云。

《贵州商报》1942年10月29日，第2版

市商会第一、二两科工作极形紧张

（本报讯）贵阳市商会，各部门工作，在陈主席暨各常委主持下，莫不积极进展。第一科最近办理日用品登记表格，及各方面咨询本市工商情形，与委办各种捐款事宜，第二科最近整理各业委员名册，统计各业资本总额，调查各业每周物价，各在科主任赖委员永初、蔡委员森久指示下，王总干事克新、金总干事民生领导下，各工作同志共同努力下，工作极形紧张，其服务精神，殊堪钦佩云。

《贵州商报》1942年10月29日，第2版

贵州全省商会联合会成立大会宣言

本省商会联合会自去年起即开始筹备组织，其间内种种关系，筹备工作时作时辍，故迄今未能产生。本年夏，省社会处成立，以工商职业团体

组织之健全与发展为推行全国总动员所必需，乃积极推动组织，并派员经常指导筹备工作之进行，同时省党部亦派员协助工作，于是孕育已久之全省商会联合会乃得于今日正式宣告成立，值兹本会成立之始，谨以下列数点就正于商界同人并与我全体会员前。

一、商业为发展国民经济之重心，建设积极性国防之手段，此在近代工商业先进国家已不乏前例，尤以重要交通工具日趋发明，世界各地距离已日渐缩短之今日，商会已成为一国家民族在国际发展之前提。而国际市场商业胜利之保障，其一固为科学商业技术之运用与提高，复次则为强国之商业组织。商业科学化，商业组织化，已为今日进步商界人士所公认，益惟科学化然后可以言竞争，惟组织化而后可以言作强力之竞争。本省商联会之组织，其基础必要即在乎此，我全省商会同胞，今后当本着吴主席日前在省人民团体干部训练班之训示，力求自身知识之进步，并谋本会组织之日趋健全，以促进本省商业，完成本省经济建设。

二、中国抗战现已进入第六年代，革命大业将告成功，在此与民族敌人作最后之艰苦战斗伟大时期，我商界同胞之责任因抗战大业之进展亦随之加重。军事第一，胜利第一，意志集中，力量集中，蒋总裁固早已明示吾人矣！而本年五月，国家总动员令颁行以后，举凡关于国防物资之抢运，民生日用品之供给，物资消费之限制，商品价格之评定，囤积居奇之检举等，更无一不需我商界同人之努力。以期协助政府，竟其事功。今后我商界同人，应如何将自身业务与国家总动员业务相结合，本会责无旁贷，自当团结全省会员，勉力以赴。此固我商界同胞所应努力者，但同时亦希望我地方政府与各界人士随时予以指导，俾免陨越也。

三、贵州在今日，已成为疆南之通讯线，支持抗战重力，今后应如何亟谋本省富源之开发，以完成新贵州之建设，政府固已存通盘计划，目前分步实施中，但地方建设事业之成功，政府倡导于前，尤赖人民协助于后，本大会此次与会会员，均系来自各县，且均系各县商业界一时之选，对各县工商业市场之情况与蕴藏之富源，自必较为熟习，今后当如何筹谋各县工商业之改良与发展，调济盈亏，使有无相通，供求相应，借组织之力，谋全省工商业之融通，使新贵州之建设能与日俱进，自属责有攸归，此本会之所殷切寄望者，想亦我全省各界人士之所寄望，并愿予以指导协助者也。

四、近年以来，政府对于兴利除弊，加强一般社会对商业重视之努力，不遗余力，并改革旧式账簿，建立新式会计制度，提高计算技术，实施稽价制与发票制等，甚且见诸于工商团体管制办法中，本省吴主席在省人民团体干部训练班学员举行结业典礼时，亦曾谆谆以提高商业道德，发扬中国工商人固有之勤劳忠实特质相勖勉，尤希我商界同人，今后惟遵循政府提高商营业者地位之旨，切实奉行国家法令，树立商业界新楷模，俾直接能建立自身业务基础，间接能促进本国商业之发达。

总上所述，本会既产于国家危殆之际，其中心任务，当为协助政府推行国家总动员法，完成抗建大业，其次，本会在贵州尚属首创，既有其始，尤需能确立初基，扩充楷模，健全机构，加强联系，以底于成，凡我同人，其各勉旃。

《贵州商报》1942年11月11日，第3版

市商会调整内部工作人员

（本报讯）贵阳市商会，最近对内部工作人员，加以逐步调整，第二科总干事金民生，因出长事安社会科，已由科主任蔡委员森久，指派黄皓波接充，黄皓波所任商友俱乐部总干事一职，由一科主任赖委员永初，指调该科总干事王克新前往接充，黄皓波暂兼副总干事，协助一切。所有一科总干事，暂由赖委员兼任。并另聘金德蓉、熊志云为一科干事，金干事担任会计，熊干事办理庶务；任善教、胡正祥为二科干事，任干事负责商业登记，胡干事主办统计事宜。

《贵州商报》1942年11月11日，第2版

意志集中力量集中　省商联会圆满闭幕

陈职民当选理事长　集资五十万元创办商务日报

工商银行同时积极筹备

（本报讯）贵州全省商会联合会，于十一月四日上午八时，假贵阳市商会举行开幕典礼，计到各县代表六十余人，各机关亦派代表出席参加。

由筹备会主任陈职民主席，报告商联会成立意义后，即由筹备委员张荣熙报告商联会筹备经过，继请省党部傅主任委员训词，后由李居平、毛龙章□演说，并由赤水商会代表廖潜一致答词毕，摄影散会。同日下午继续开会，推举陈职民、张荣熙、吴禹丞、孙蕴奇、廖潜一等五人为大会主席团，并分组审查各项提案。五日上午八时举行第二次大会，到社会处代表张主任运昌，蔡指导员文达，邓指导员庆棠，各县出席代表五十余人，由主席团张荣熙主席，讨论组织章程，至十一时散会。下午一时续开第三次大会，继续讨论章程，并分组审查提案，由社会处黄视导衍出席指导。六日上午举行第四次大会，社会处派科长文传声、主任张运昌，指导员蔡文达、邓庆棠等出席指导，各市县出席代表计到陈职民等五十余人，首由大会秘书杨维荣报告出席人数。已足法定人数，宣布开会，由主席团吴禹丞主席，行礼如仪后，计通过创办商业训练班、培养商业会计人员、成立工商服务社等案多件，直至十一时休息。下午一时续开第五次大会，由廖潜一主席，继续讨论提案，计通过筹设全省工商银行、创办商务日报，及指导周刊等案十余件，至五时始毕。七日上午九时举行第六次大会选举理监事，社会处科长文传声出席监选，省党部科长孙庆禄亦出席参加，会场情绪紧张，由孙蕴奇主席，行礼如仪后，即进行选举，直至下午六时结束，当选理监事姓名另录。八日上午八时举行第七次大会，出席各县市商会代表四十余人，及社会处代表张运昌、蔡文达、邓庆棠等，由陈职民主席，行礼如仪后，即讨论提案，当通过决定商联会事务费额五十万元，以利举办本省商务日报，及健全各县商会组织等案。讨论时，会场情绪紧张激烈，各代表发言均甚切要。讨论毕，继续选举常务监事，仍由社会处科长文传声监选，结果蔡森久（贵阳）、吴鲁钦（赤水）、李名山（织金）三人当选，该会提案三十余件均已讨论完竣，下午休息。九日上午八时举行闭幕式，到政府长官社会处周处长达时，省党部郑委员绪，社会处科长文传声，张主任运昌，指导员蔡文达、邓庆棠，大会秘书杨维荣，暨各界来宾。全体当选监事各处代表百余人，由张荣熙主席，领导行礼如仪后，即出席致闭幕词，大意略谓本会自四日开幕，计会期五日，参加各县市镇商会四十五单位，出席权县六十二权，出席代表五十四人。全部提案三十四件，自动撤回者三件，经审查合并者三件，其余二十八件全部通过。到会代表连日冒雨出席，郑重讨论提案，情绪异常紧张热烈，实为大会之成效。词毕，恭请社会处长周处长训话，继由来宾省党部郑委员绪演说，后由会员代表袁永涛致词，至九时半礼成散会。该会理监事陈职民、蔡森久等二十三人，于大会闭幕后，即行宣誓就职，由社会处周处长躬临监督。领导行礼如仪后，即席训词，继由来宾郑委员镛演说，末由理事长陈职民代表当选理监事致答词毕，摄影散会。

致敬电文：该会特肃电向林主席、蒋总裁、谷部长等部长、前方将士、省府吴主席，及全国各省市县商会致敬，兹录向蒋总裁及吴主席致敬电文如后：

（一）重庆军事委员会委员长蒋钧鉴：抗战迄今，时逾五载，钧座领导全民指挥若定，挡彼敌寇，卫我河山，捍民国胜利之基，奠吾族复兴之业，功勋彪炳，震灼人寰，兹当属会举行第一次全省会员代表大会之际，同人等率全黔商界同胞，誓在钧座领导之下，奋力抗战工作，争取最后胜利，特电致敬，尚祈垂鉴，贵州省全省商会联合会会员代表大会叩。

（二）贵州省政府主席吴钧鉴：抗战以来，全黔商界同胞皆能努力协助政府推行抗建工作，出财出力，未敢后人，兢兢业业，未尝稍离本身之岗位，此皆我公精诚启示，领导有方之所致，丁兹本会举行第一次全省会员代表大会之际，除承既往，愈加奋勉外，谨电致敬，尚祈垂鉴，贵州省全省商会联合会会员代表大会叩。

当选理监事：（一）理事长陈职民（贵阳），常务理事张荣熙（贵阳），孙蕴奇（大定），曾竹溪（安顺），伍效高（普定）。理事：赖永初（贵阳），万继波（遵义），李向荣（绥阳），刘汉屏（永兴镇），廖潜一（赤水），冯程南（贵阳），李居恒（兴义），冷少荃（庆安），吴禹丞（独山），龙天祝（石阡），程竞樵（湄潭），刘璞初（思南），陈执滨（安顺），方其相（黔西），曾福堃（铜仁），周致尧（镇宁），袁永涛（贵定），帅伯钟（安顺），谢立敬（郎岱），田继尧（施秉）。（二）候补理事：王渭青（毕节），杨景周（兴仁），姚子余（兴义），高元钦（大定），李洪模（安顺），吴俊光（毕节），郑雨侬（独山），邓石如（安龙），李佩光（镇远），张叔和（黄平），姜心澈（安顺），郑文光（桐梓）。

（一）常务监事：蔡森久（贵阳），罗仁武（清镇），刘鸿周（平越），壬世横（平坝），朱雅轩（思南）。（二）候补监事：吴之逊（黎平），陈更新（金沙），蒋敬之（盘县）。

各方招待：此次全省各市县镇商会代表，来省参加省商联会成立大会，省垣各界，极为重视，省党部、省政府、市政府、市商会、企业公司、贵州银行等，先后竭诚招待。

《贵州商报》1942年11月11日，第2版

市商会主席推蔡森久代理　陈职民仍继任常委

（本报讯）贵阳市商会主席陈职民去年被选为省商联会主席后，事务繁忙，无暇兼任市商会职务，经一再具函向市商会常务委员会辞职，该会挽留无效，复经提交第十一次执行委员会报告，一致公决，准予辞去主席一职，遗缺公推蔡常委森久代理，仍挽留陈前主席担任常委，闻该会已报请市府鉴核备案，市府据报后，已指令照准，并□市党部知照云。

《贵州商报》1943年1月15日，第3版

陈职民辞本报职　赖永初任社长　内部组织人事调整就绪

本报原任社长陈职民氏，近荣任全省商会联合会理事长，不克兼顾，特辞去该社社长，当经贵阳市商会各执监委员会公推赖永初氏继任。赖氏到职后，经将该社组织人事加以调整，分设编辑、采访、经理三部，聘朱晓云为副社长并暂兼经理部经理，汤幼新为总编辑，王克新为采访主任，陈培元为编辑，金德蓉、方治平、沈迪恺等分任经理部总务、广告、发行等职，并对该社业务，将逐渐改进云。

《贵州商报》1943年1月15日，第3版

市商会各执监委员举行联席会议　蔡主席召集职员训话

（本报讯）贵阳市商会，于十五日下午三时，召集各执监委员，及各业

主席举行联席会议，由代主席蔡森久主持，对军事管制物价、换发三十二年度住商登记证、滑翔机及文化劳军捐款均作详细讨论，会后聚餐。

（又讯）市商会代理主席蔡森久，于十六日下午五时，召集该会全体职员及所属商友俱乐部、本报社、商业补习学校等职员聚餐，席间由蔡氏致词，对该会各部门工作指示甚详，并勖勉各员努力工作云。

《贵州商报》1943年1月22日，第2版

商会职员旅行花溪　赖永初氏特备车招待

（本报讯）贵阳市商会常委兼本报社长赖永初氏，□当此阳春三月，春光明媚，郊外风景宜人，亟宜提倡户外运动。本月十八日，招待该会全体职员旅行花溪，自晨九时出发，乘车抵花溪后，全体职员均往中正公园游览，或达画舫，或沿溪徐行，绿柳掠波，游鱼竞跃，各员轻松愉快，流连忘返，直至下午五时始返抵市内。

《贵州商报》1943年4月28日，第3版

中委刘炳藜视察筑市商会

（本报讯）中央特派党务视察刘委员炳藜于日前抵筑后分别视察省各党务机关，并于廿二日下午视察市商会、省商联会、市总工会，由社会周处长至时陪往，刘氏莅临市商会时，由蔡主席森久亲自接待，略进茶点后，即往各科办公室及本报编辑、经理两部视察，刘氏对市商会及本报工作多有奖饰，并指示甚详云。

《贵州商报》1943年4月28日，第3版

商公会职员办理目的事业　经济部规定奖惩办法

（本报讯）经济部近公布非常时期商会及商业同业公会职员办理目的事业奖惩办法，兹采志于后。

第一条，非常时期商会及商业同业公会办理目的事业之奖惩，除法令别有规定外，依本办法之规定。第二条，本办法所称商业同业公会，为依商业同业公会法组织之各同业公会，所称商会及商业同业公会职员，为各

该会依法选举之负责人。第三条，本办法所称办理目的事业，指左列各项款。一、关于各本法规定之任务；二、关于填送业务报告表事项；三、关于非常时期工商业及团体管制办法规定事项；四、关于办法协助防止走私、管理物品，及限价各事项；五、其他主管目的事业官署依法令饬办事项。第四条，商会或商业同业公会怠于执行各本法规定之任务及饬办事项者，得予报告，并限期令法办理。第五条，商会或商业公会不按期填送业务报告，或不遵照指示履行应办事项者，应按其情节轻重，予该会主要负责人以警告，或有期间停职之处分。第六条，商会或商业公会不遵行非常时期工商业及团体管制办法规定各事项者，应予以警告，经警告后仍不遵行者，撤换某主要负责人。第七条，商会或商业公会办理协助防止走私、管理物品，及限价各事项，未依法令进行，或毫无成效者，除依前条办理外，对于其他负责人并皆酌予警告或撤换之处分。第八条，商会或商业同业公会之决议，直接或间接妨害经济法令之推行者，应撤销。第九条，商会负责人，对于各级主管官署颁行之经济法令，有阻挠办事，或对该会员违反经济法令行为包庇纵容，确有实据者，除为撤换之处分，如违犯其他法令有处罚规定者，并各依其规定处罚，或向有审判权机关检举之。第十条，商会及商业同业公会负责人办理目的事业具有成绩者，于任期届满后，得加具考语：报转经济部按左列各款之奖励之。一、颁发任职成绩证明书（式样另定）；二、依奖惩商业程核予奖励；三、专案呈请特加奖励。第十一条，经已依前条奖励之商会或商业同业公会责负〔负责〕人，于再任商会或同业公会责负〔负责〕人，因事受处分时，报转经济部核定撤销其奖励。第十二条，本办法之奖励，由所在地主管经济部行政官署行之，关于商会之奖惩，由主管经济行政官署呈请地方最高行政官署行之，均汇报经济部备查。第十三条，本办法自公布日起施行。

《贵州商报》1943 年 5 月 26 日，第 3 版

市商会招待王晓籁、虞洽卿　两氏日前赴渝公干

（本报讯）上海市商会主席王晓籁暨商界巨子虞洽卿两氏，前因公由滇来黔。王氏留筑处理参政会经济策进会西南区会务，虞氏赴桂滇各地视察

工商业。两氏兹以公举，于前（廿）日晨联袂乘车离筑赴渝，约须三周仍将经黔返昆云。

又讯，贵阳市商会为王晓籁、虞洽卿两氏，此次便道过筑，特于本月十五日茶会招待，计划该会全体执监委员等，由蔡主席森久致欢迎词后，旋由王、虞两氏畅述对抗战将近六年来西南工商业观感，并对全体委员对会务推动不遗余力赞扬备至，继由各委员自由发表意见，历时数小时始尽欢而散云。

《贵州商报》1943年5月26日，第2版

贵阳市商会开四四次常会

（本报讯）市商会于上月二十六日在该会会议室举行四十四次常会，出席蔡主席森久，常务委员赖永初、张荣熙、冯程南、张慕良、吴禹丞（张慕良代），出席秘书黄逸仙、李健光，本报副社长朱晓云，宣读上次提案暨提会报告文件后，旋即讨论要案多件，直至午后六时始散。

《贵州商报》1943年6月2日，第3版

各县商会应加入商联会　省商联会常会议决

贵州全省商会联合会，于日昨举行第十七次常务理事会议，出席张荣熙、伍效高、冯程南等，由代理事长张荣熙主席，决议依照非常时期职业团体会员强制入会，并限制退会办法之规定，呈请省府社会处，令饬各县府转饬已成立商会尚未加入该会为会员之商会，限期加入，以期健全组织，提要案多件云。

《贵州商报》1943年6月9日，第2版

贵阳市商会举办端节劳军

组队慰劳荣誉军人及征属　召集各业举行国民月会

（本报讯）贵阳市商会，于二日午后二时，在该会大礼堂召集各业联席会，到蔡主席森久，常务委员赖永初、张荣熙、吴禹丞、冯程南暨各业公会代表邓泽浦、冯积武、赵西伯、陈秋萍、张公溥等四十余人，由蔡森

久主席，领导行礼如仪后，即席报告召开联席会议，旋即讨论遵行新税法问题暨本年端节商界劳军办法，当经各出席代表热烈讨论，至数小时始散云。

（又讯）本年端节转瞬即届，该会为慰劳荣誉军人暨出征军人家属起见，经会商决定购买鸡蛋一万枚，于端节前一日由各业代表组织慰劳队，分别慰劳本市征属，端节日慰劳荣誉军人，刻正积极筹备中云。

（本报讯）市商会本月一日上午二时在该会大礼堂举行国民月会，到蔡主席森久，常务委员张荣熙、吴禹丞、冯程南暨各业公会代表五十余人，由蔡森久主席领导行礼如仪后，即席报告，题为"新生活运动之重要"，首先报告新运之重要内容，次即检讨各业推进新运情形，最后吁请商界同仁今后厉行新运，以趋健全自身、发扬商业。词毕，由张委员荣熙报告时事，题为"国际现势之分析"，对目前同盟国与轴心实力与战争形势，分析甚详，并勉以吾人当此最后胜利将临之时，蓬勃奋发，各尽职责，报效国家。历时许始宣读国民公约，高呼口号散会。

《贵州商报》1943年6月9日，第2版

市商会造报会员名册

（本报讯）市商会前准省商联合会代电，以奉建设厅转奉经济部电，造报各县市商会章程职会员名册，经函请办理再复，迄未能造送，特见电催，希于数到十日内造送等由，市商会以所属会员甚多，造报名册需时，但已于日前赶造完竣，送请省商联会汇转，闻各县商会章程职会员名册亦正陆续造送中云。

《贵州商报》1943年6月9日，第3版

市商会即日公演《蓝蝴蝶》

（本报讯）贵阳市商会为商业补习夜校筹募基金，在该会商友俱乐部商友剧场公演《蓝蝴蝶》四幕剧，经已筹备就绪，定于本月二十三日起正式开始连续公演一周，二十二日试演，欢迎各机关团体领袖、新闻界同仁莅临指导。由该会主席蔡森久，俱乐部正、副董事长张慕良、赖永初，商业夜校校长张荣熙等四人为演出者,程漠导演,张光为舞台监督,演员阵容亦极为严整,由冬娜、哈国珍、华谷萍、常绍武、卡妮、许可、陶茫、赵彬、昌善担任演员,冬君等均为名演剧者,历次参有本市公演,颇获社会好评,该会此次演出,定必有一番盛况云。

《贵州商报》1943年6月23日,第3版

商联会四、五月份工作概况

一、组织工商银行筹备委员会及筹备情形

本会于举行第三次理监事联席会议时即决议组织工商银行筹备委员会,加强筹备工作,为谋早日实现,当即推选赖永初、伍效高、吴禹丞、孙蕴奇、曾竹溪、吴鲁卿〔钦〕、李居恒等七理监事为筹备委员会委员,并公推赖理事永初为主任,筹备委员积极进行筹备,惟因在此中央严厉管制新设银行之际,筹备会成立后之工作则注重在银行一切规章概况之拟定,及向渝方金融界、财政界人士洽商立案之事宜,未能及时备文呈请政府转咨中央财政当局请求准予立案,今后仍应设法打败困难,继续进行,以期实现。兹将工商银行筹备委员会任副主任公伟提出之工作报告列后。(略)

二、继续调查各县市食糖销售数量

本会于上午〔年〕十二月及本年一月先后准财政部粤桂区食糖专卖局函暨奉贵州省建设厅令饬调查全省各县市年销粤桂食糖数量,遵即于上年十二月卅一日及本年一月廿二日函各县市商会调遵,并于四月十七日代电各商会具报,惟数月来各县市商会函报年销食糖数量者,虽经迭次函电催促,仅有贵阳、郎岱、大定、施秉、镇远、习水、赫章、正安、湄潭、赤水、毕节、安顺、黎平、镇宁、黔西、锦屏、平塘、三穗、贞丰等十九县市,其余各县迄今未函复,现又于五月二十三日代电催复。未成立商会之县份,即电请县政府代为调查。预计于六月份内结束此项工作,汇报建设厅及函复财政部粤桂区食糖专卖局。

三、继续办理请求开放湘棉出口禁令工作

自上年十一月〔湘〕省禁售棉花纱布出口命令实行后,本省千万人民

之衣着，即成严重之恐慌，本会成立后本第一次全体会员代表大会决议，即从重于此项之重要工作之进展，除迭经电呈湘省当局请予开禁及呈本省省政府转呈行政院暨军事委员会转令开禁外，并依照第三次理监事联席会□决函请本省临时参议会转函省政府咨请湘省政府请予开放，数月来经本会及各方面之函电请求，闻湘省当局已有电复，本省政府对湘省花纱布出口可望开放，今后本省千万人民之衣着问题可望解决，亦为本会数月来重要工作中之重大收获。

四、电催各县市商会需要购销湘省花纱布数量

自湘省棉花纱布出口禁令可望开放消息传来，本会全体常务理事于五月十九日出席建设厅召集会议后，即遵照建设厅召集会议之议决，电请贵阳市商会转知贵阳市花纱布三商业同业公会，于三日内慎重选出代表各一人，函经市商会转报本会，并行呈请省政府发给赴湘接洽采购证明文件，并由会电湘全省各市县商会请按实际人口需要购销，湘省花纱布数量，于电到三日内函复，本会为全省工商界之最高法团，此项重要工作之办理，责无旁贷，今后当遵照政府命令，力求公允平均，顾及全省各县市，使千万人民衣着均获解决之希望。

五、调查各县民生重要物品之来源及销路情形

本省建设厅为明了全省各县市民生重要物品，食油、棉花、纱、布、纸张、燃料等之来源及销路情形，先后于四月九日及四月十三日电饬本会调查，遵即于四月十四日代电各县市商会及未成立商会之各县□政府代为调查，以便汇报，现准调社函复者有独山、惠水、镇宁、麻江、凤岗、龙里、毕节、赫章、息烽、紫云、岑巩、锦屏、惠水[①]、台江、罗甸、黎平、威宁、兴义、水城、丹寨、剑河、长顺、安龙、道真、纳雍、三穗等二十六县，其余各县现正办理中，本会为谋早日结束汇报计，复于五月二十三日代电未函复各县催调查函复，此项工作亦预计于六月份内完成汇报。

六、函各县市商会造报章程及职会员名册

本会自上年十一月成立后除呈请本省社会厅立案，业发给立案证书及

---

① 原文重复。

图记，转呈社会部备案，正式完成立案手续，取得法律地位之保障外，并将章程及职会员名册呈请建设厅备案，业于四月中旬奉建设厅指令，转奉经济部令准予备案，并饬转各县市镇商会造具职会员名册连同章程各二份呈核，遵于四月十九日函请各县市镇商会办理，现尚未准各商会函复，经于五月二十三日代电各商会具报。

本会陈理事长职民因赴昆明考察工商业借资借镜，于四月十五日赴商会请假三月，函请张常务理事荣熙代理会务，经于四月十九日第十二次常务理事会议提出通过，并由会备文呈请本省社会处备案及函请各县市镇商会遵照。惟本会近两月来，在社会处指导下，工作较前紧张，常给［务］理事社［会议］均照规定按期举行，自第三次理监事联席会议休会后，共计举行七次，各常务理事亦分别轮流值日，到会处理会务。

《贵州商报》1943年6月23日，第3版

广告

商友剧社首次公演四幕悲剧　蓝蝴蝶

贵阳市商会主催　为市商会补习夜校筹募基金公演

演出者　蔡森久　赖永初　张慕良　张荣熙

编剧　陈铨

导演　程漠

舞台监督　张光

演员阵容　冬娜　常绍武　陶芒　哈国珍　卡妮　华谷萍　赵彬　王卫衡　许可

日期　六月二十三日起

地址　新街口商友剧场

票价　一百五十元

时间　每晚七时半

每日上午九时起售票

《贵州商报》1943年6月23日，第1版

四次工商会报定今晨举行

（本报讯）贵阳市第四次工商督导会报，经由市商会按照规定，通知各日用必〔需〕品业公会，于今晨九时在该会大礼堂举行上月份工作会报，并呈请市府派员临席指导，计到该会主席蔡森久，常委冯程南、张慕良、吴禹丞、赖永初、张荣熙等，暨各必需品业公会代表、市府指导员，行礼如仪后，即按照程序报告，直至十二时始毕云。

《贵州商报》1943年7月1日，第2版

筑市市商会公演圆满结束

（本报讯）市商会此次为商业补习夜校筹募基金公演《蓝蝴蝶》四幕悲剧，自上月廿三日开始，迄三十日止，连续演出八日，场场满座，三十日为最后一日，更为拥挤，全国金融界巨子虞洽卿，省府严委员慎予，军管区朱参谋长笃祜暨各界名人均亲往观剧，由演出者该会委员张慕良、赖永初、张荣熙等亲自招待，首由夜校张兼校长荣熙致词，报告公演意义暨承各界热烈赞助，特代表该会表示谢意，词毕，帷幕揭开，《蓝蝴蝶》即在观众面前演出，演员演技确已达到最高峰。按，该会此次演出，成绩特佳，圆满结束后，各界对该会培植商业人材之热忱，皆表钦佩云。

《贵州商报》1943年7月7日，第2版

中政校筹建中正堂　市商会捐四千元　日前举行四九次常会通过

（本报讯）贵阳市商会，于十一日下午三时，举行第四十九次常会，到常务委员蔡森久、张慕良、赖永初、吴禹丞，由蔡森久主席，报告事项共十一案，议决要案：（一）中央政治学校筹款缮修中正堂，本会捐资四千元，送由市政府赵局长鸿德收转。（二）本会会所因拆让马路，其拆让修复预算，由一科造具凭核。其他尚有要案数项。

（又讯）该会前奉市府令，以省府令饬遵照前颁工作计划注意要点，拟具本年度工作计划呈核，该会遵即拟就卅二年度工作检讨报告表及工作进度表，送请市府鉴核云。

《贵州商报》1943年8月18日，第3版

社会部卞视［氏］宗孟视察市商会等　对各该会训话勖勉有加

（本报讯）社会部简任视导卞宗孟氏，于本月一日上午八时赴贵阳市商会视察，由社处视导主任黄长祚陪同前往，该会全体常委执监委、各业公会主席均出席，由蔡主席森久，常委员吴禹丞、张荣熙、赖永初、张慕良、冯程南等陪往本报社暨该会各办公室巡视后，由蔡主席报告该会工作，旋请卞氏训话，颇为嘉勉。大意为：（一）市商会历史久，始终领导商界，发挥组织意义。（二）贡献大，对于发展经济事业，使社会供需调匀，货畅其流，均有极大贡献，成为商界先锋。（三）责任重，抗战时期，人力物力之动员，均有赖于商会倡导推动，故该会责任极为重大。继对该会今后工作动向指示尤详，历时数小时始毕云。

（又讯）社会部视导卞宗孟氏，一日下午二时偕社会处黄主任视导长祚，视导贵州全省商会联合会，由该会代理事长张荣熙及在省理监事伍效高、冯程南、吴鲁卿［钦］、李居恒等接待，并由张代理事长荣熙主席，报告该会成立以来十个月工作概况，及提出有关工商业请示意见，旋由卞视导训话，就该会第一次全体会议代表大会决议举办之工商银行、工商服务社、贵州商务日报等事业工作计划，作详尽之指示，并希望该会于各项事业计划未实现以前，储备人才，筹集资本，利用时间，继续努力，以谋事业计划之实现及树立永久之基础，末对该会成立以来十个月之工作成绩，颇表满意云。

（又讯）卞视导于上月卅一日视察贵阳市总工会及社会处、市政府合办之工人福利社，由该会理事长、全体常务理监事亲予接待，当于茶会招待中，首由社会处蔡主任文达介绍，由总工会理事长黄灿奎致欢迎词，工人福利社主任戴雨浓［农］报告工作，继由卞氏抽查各项工作，并发表训词，指示极为详尽。

《贵州商报》1943年9月8日，第3版

回顾与前瞻　为庆祝本校二周年纪念纪

"九一五"是本校——商业夜校——成立二周年纪念日，两年前的今天，本校在极度艰难中创始成立，这是值得我们欣然地来庆幸和纪念的。

回想本校自筹划至于成立，困难重重，所幸当时县商会负责诸君与创办人陈职民先生以最大的热心与毅力，决心冲破困难，才诞生我们的商业夜校。我们回忆当时商会的经费窘困，简直有朝不保夕之势，惟大家既一致认定创设夜校为商会促进业务的重要工作之一，故百般筹措，终于达成目的。本校创立以来，第一、二期均已先后毕业，第三期亦在继续办理中，我们觉得本校能得如此，不得不特别感谢前县商会主席陈职民先生及现任市商会主席蔡森久先生之苦心筹划，兼校长张荣熙先生之苦心撑持。

我们今天来纪念"九一五"校庆，一方面我们应该检讨过去，另一方面我们更应该策励将来，我们一、二两期毕业的同学，大多数均分别服务于本市暨各县银行、税务、机关或公司行号，服务成绩，颇蒙各界之赞许，今天我们借这个纪念校庆的机会，大家聚首一堂，实在是最欣快的事。

本校今日能光明灿烂的屹立于贵山富水之间，这实是市商会负责诸先生及全体同学努力的结晶，但是我们不能以此为满足，我们更大的责任，更艰巨的工作，正期待我们更进一步的努力。

总裁在中国之命运中昭示吾人："民生之基础为经济，经济不仅为各项建设之重要点，而且为一切建设之先务。"我们全校同仁，各期同学，应本此训示，特别奋起，培育商业干部，充实商界人材，提高政治认识，树立中心思想，各本岗位，负起经济建设之使命，完成"资本国家化，享受大众化"之任务。

贵阳市是抗战建国的经济重镇，贵阳市是战时后方的新兴都市，我们要加强抗战后期经济的战斗，我们要建设新经济的伟大责任，今天我们庆祝校庆，应该欢欣鼓舞，同时更应相互相策励，俾我校更发扬光大，我们所负的责任更能美满地完成，本于我自己的热诚，谨以此与诸君共勉之。

《贵州商报》1943年9月15日，第4版

各业将献机二架　募集四十万元由各业分摊　市统一募捐委会常会决议

（本报讯）贵阳市商会所属各业公会统一募捐委员会，于本月二十日召开常务委员会，计到常委蔡森久、吴禹丞、赖永初、刘锦森、张泽远、陈

秋萍等,张荣熙、冯程南请假,由蔡森久主席报告后,旋即讨论提案,当经决议:(一)奉贵阳市政府令,本市各界献机委员会,决定各业担任献机二架,每架代金二十万元,共计献机捐款四十万元,按各业资本额配摊;(二)凡有同性质同一事件之捐款,不便重复接受;(三)由市商会将统一募捐办法,印发各业商店张贴等案。直至五时始散会云。

(又讯)市商会为募款献机事,特向各业发出通知云:"启者本会为使各业平均负担及减免重复捐募起见,特组织贵阳市商会所属各商业同业公会统一募捐委员会,凡属募捐款项,概由捐募[募捐]委员会统一办理,以昭平允,经公诸报端,并呈请市政府备案成立。查本月六日奉市政府召集本市各界献机委员会,以中央发动全国献机委员会,请发动本市献机三架,合计法币六十万元,业经当会决议由本市各业担任献机二架,经提交本月廿日统一捐募常务委员会决议,按照各业资本额负担,记录在卷,惟查各业资本额,本会已有登记,为详确及分担公允起见,相应检同格式并请贵会会员名称、资本额、经理人姓名、营业地点,造送该会,以凭办理,如逾期尚未造送者,当按照本会登记名册分配,送呈市政府执行,以后万一变更,幸无延误为荷。"

(又讯)市商会于廿二日举行常会,计到主席蔡森久,常委陈职民、吴禹丞、赖永初、张慕良、冯程南、张荣熙等,由蔡森久主席,宣读上次决议后,旋即讨论要案多件云。

《贵州商报》1943年9月29日,第3版

贵阳市商会将改建会门　俱乐部内部整顿就绪

(本报讯)贵阳市商会因拆让马路,历经该会常会讨论,商讨改建会门暨经费筹措等事宜,刻已大致决定,现已积极准备施工筹建中,又前驻该会内之宪兵一团三营营部,业已迁出云,又该会近以会务积极开展,内部职员不敷分配,特公告招考文书一名,以文书秀正,能写铜板,曾在机关服务者为宜,自二十五日起至二十七日止,携带相片前往报名者甚多,闻日内即可决定云。

(又讯)贵阳市商会商友俱乐部,自钱铭德君继任总干事以来,秉承董

事之旨意，积极整顿内部，顷已大致就绪，国剧研究部首先开始练习，本月廿四日起每日七时至九时在该部礼堂练习，其他部门或将于短期内分别继续举办云。

《贵州商报》1943年9月29日，第2版

商界统一募捐委员会举行第三次会议　市商会召开五次工商会报

（本报讯）统一募捐委员会，日前召开第三次会议，到市商会主席蔡森久，常务委员赖永初、吴禹丞、张荣熙、张慕良、冯程南，及各公会主席颜泽溥等数十人，主席蔡森久，行礼如仪，即讨论中正中学筹募基金举行足球赛入场券五万元应如何分配认捐等案，当决定该项捐款由各业商店照资本额认捐，历二时许，圆满闭会。

（本报讯）贵阳市商会，于本月一日上午十时召集第五次工商合报，到该会主席蔡森久，常委张荣熙、冯程南、吴禹丞，暨各必需品业代表颜泽溥及总工会理事长黄灿奎等，由蔡主席领导行礼如仪后，即席代表商会报告工作，继由各公会代表报告工作，最后由市府督导焦德融指示云。

《贵州商报》1943年10月6日，第3版

贵阳市商会开五三次常会

（本报讯）贵阳市商会于本月六日举行第五十三次常会，出席常委蔡森久、吴禹丞、张荣熙、赖永初、冯程南、张慕良，由蔡森久主席，开会如仪后，宣读上次会议记录，旋即讨论，计决议案件共有十四件云。

（又讯）该会为遵行统一捐募运动办法起见，经组织成立贵阳市商会所属各商业同业公会统一募捐委员会，各情曾志本报前讯，兹悉该会呈报成立日期及组织纲要，闻已奉市政府指令准予备案云。

《贵州商报》1943年10月13日，第3版

贵阳市商会所属各商业同业公会统一募捐委员会紧要启事

本会根据卅二年八月廿八日贵阳市全体商业同业公会联席会议之决议案，遵照贵州省统一捐募运动实施办法，应时势之需要，本于有钱出

钱之原则，使我商人负担平均起见，特组织本委员会，已于九月一日在贵阳市商会正式成立，复于九月七日各业联席会议订定本委员会组织纲要八条，即日实施，除由贵阳市商会呈请贵阳市政府备案并分函外，此后各界举行募捐运动，合于贵州省统一捐募运动实施办法之规定，必须我商人捐输者，概由贵阳市商会交由本会统一办理，自当尽力赞助，以期简捷统一而宏效用，幸勿再向各商业同业公会暨各商店行号分头劝募，致滋纷歧而难进行，惟是凡经本委员会配由各业公会转配之款，务望我商界同人慷慨解囊，如期如数，俾便达成任务，兹将原组织纲要抄录于后，敬希，公鉴。

贵阳市商会所属各商业同业公会统一募捐委员会组织纲要

（一）贵阳市商会为遵照贵州省政府颁布贵州省统一捐募运动实施办法，本有钱出钱之原则，使各商业负担平均起见，根据第九次各业联席会议之决议，组织贵阳市商会所属各业商业同业公会统一募捐委员会（以下简称为统一募捐委员会）。

（二）统一募捐委员会以各商业同业公会理事长暨贵阳市商会常务委员会为委员，由全体委员会中推举十五人为常务委员，每次开会得互推一人为主席。

（三）统一募捐委员会承贵阳市商会之交议办理左列事项。甲，审查募款机关团体或个人所拟募之款是否合于贵州省统一捐募运动实施办法第三条规定之程序得有主管官署之核准事项。乙，议决应募之总金额事项。丙，议决分配各业应募之金额事项。

（四）募款之机关团体或个人所拟募之款有违背贵州省统一捐募运动实施办法之规定者，统一募捐委员会得拒绝应募，但属于贡献国家及贵州省政府、贵阳市政府命令饬办不在此限。

（五）统一募捐委员会成立后，凡未经会审议分配之捐款（包括戏剧、音乐、球赛等入场券及捐册收据各种义卖等），无论数额多少，有募款者经向各商业同业公会及商店募集时，各公会及商店得释明理由谢绝应募，但各业对于该业本身发展事业所募集者不在此限。

（六）统一募捐委员会对贵阳市商会负责，不直接对外，其一切决议由贵阳市商会执行，但必要时得刊布广告。

（七）统一募捐委员会之开会由贵阳市商会视情形之必要时召集之。

（八）本纲要由贵阳市商会呈请贵阳市政府备案。

《贵州商报》1943年10月13日，第1版

商会加强工作　推吴禹丞为督导员　日前召集职员谈话

（本报讯）贵阳市商会为加强内部工作之推进起见，经该会常会推举吴常务委员禹丞兼任督导员，并于十六日晨在该会召集第一、二两科暨该会所属各部门职员举行临时谈话会，由蔡主席暨吴督导员对今后工作详予指示后，旋由总干事宋泽隆、黄皓波，夜校教务员金民生，商报副社长朱晓云，总编辑汤黑子等，分别报告工作，并提供意见，讨论极详，直至十二时半始散云。

（本报讯）贵阳市商会于十三日在该会会议室举行第五十四次常会，计到蔡主席森久，常委冯程南、陈职民、赖永初、张荣熙、吴禹丞、张慕良，由蔡森久主席，行礼如仪后，宣读上次记录，旋即讨论例案多件，并商讨改建会门事宜，直至六时始散会云。

《贵州商报》1943年10月20日，第3版

贵阳市商会开五五次常会　并招考志愿警察

（本报讯）贵阳市商会于前（二十）日，在该会会议室举行第五十五次常会，到主席蔡森久，常委冯程南、赖永初、张荣熙、吴禹丞，由蔡森久主席，行礼如仪后，宣读上次决议案，旋即讨论，计通过例案数件，至五时半始散云。

（本报讯）贵阳市商会近拟招考自愿警察二名，凡年在二十五岁以上、卅岁以下，初中以上毕业，身体健壮，品行端正，能忍苦耐劳，无不良嗜好，有妥实担保者，均可投考，待遇除供给服装外，每月薪津一千元，伙食在内，并规定凡愿应征者，于本月廿二日至廿六日内，缮具简历，交该会号房，合则定期面试，日来前往应征者颇为踊跃云。

《贵州商报》1943年10月27日，第2版

市商会举行首次工作会报　　检讨内部工作极详尽

（本报讯）贵阳市商会暨所属各事业部门前（廿五）日举行第一次工作会报，由本报社召集，计出席蔡主席森久，常委张荣熙、赖永初、张慕良，兼督导员吴禹丞，全体工作人员四十余入〔人〕，由蔡森久主席，领导行礼后，由本社朱副社长晓云，夜校金教导员民生，俱乐部杨干事文芳，一、二科总干事黄皓波、宋泽隆，分别报告各部门工作内容，极为充实详尽，并由干事邬丽君、张耀南等分别补充，继即检讨工作，最后由吴兼督导员、各委员指示工作，蔡主席作结论，对今后工作，讨论情形热烈，直至一时半始散，又下月份工作会报，推由商友俱乐部负责召集云。

《贵州商报》1943年10月27日，第3版

贵阳市商会举行常委会议　　并举行工商会报及月会

（本报讯）贵阳市商会于上月二十七日举行第五十六次常会，出席蔡主席森久，常委陈职民、吴禹丞、张慕良、冯程南、赖永初，由蔡森久主席，领导行礼如仪后，宣读上次决议案，继续讨论提案，计通过召集联席会商讨有关棉纱棉布管理问题、鸠工改建会门等案。又是日除通过上述各案外，并有例案多件，至六时半始毕云。

（本报讯）贵阳市商会于本月一日在该会大礼堂召开第六次工商会报，到该会蔡主席森久，常委张荣熙、赖永初、吴禹丞、冯程南、张慕良，暨必需品业公会代表十余人，市政府指导员列席指导，由蔡森久主席。首先报告市商会工作近况，后继由各业代表分别报告，并互相交换意见，最后由指导员指示，直至十一时许始散云。

（又讯）贵阳市商会于本月一日晨八时在该会礼堂召集各业公会代表举行十一月份国民月会，到该会常委及各业代表七十人，由蔡森久主席领导行礼如仪后，即席致词，旋即领导宣读国民公约散会云。

《贵州商报》1943年11月4日，第3版

贵州全省商会联合会一年来工作报告（一）

三十一年十一月至三十二年十月

一 组织概况

（一）沿革

本省省政府于三十年五月准社会部代电以为谋各级商人团体之组织健全，平抑物价，稳定金融，维持市场，推行战时经济政策，发动民众增强抗战力量起见，所有本省商会联合会规定于三十年十一月以前正式成立。省政府准电后即于三十年五月二十一日以社建三字第七〇六号训令饬贵阳县商会负责筹备进行，遵限组织成立，贵阳县商会奉令后即于三十年五月二十九日函各县商会征求意见，并派定负责代表参加筹备，是年八月得贵阳、安顺等十六县单位函复表示赞同发起组织，乃呈准贵州省党部发给许可呈筹备组织筹备委员会于十月二十二日举行筹备委员会成立大会，当即函请各县商会依法加入，后因各县商会一部分尚未完成立案手续，至未能即时成立。三十一年四月本省社会处组织成立，社会行政移归政府监督指导，社会处乃积极谋本会组织之正式完成，卅一年七月社会处奉社会部指令本会组织限于三十一年十月底以前成立本会，复于上年七月二十四日奉省政府社二组字第六一六号训令，饬本会于三十一年十月十五日以前完成组织具报，本会奉令后以成立日期迫促，除电知各县市镇商会依法举派代表如期到省参加及在社会处指导之下积极加强筹备工作，拟定一切章则外，并呈请省政府令饬各县政府督饬所属商会代表如期出席，惟各县商会代表因道远车阻及交通工具缺乏之关系，难以如期赶到，筹委会乃呈准省政府改期为十一月四日成立，届期各县市镇商会参加者达四十六单位，出席代表五十四人，共计七十五权。大会乃照呈准日期正式成立，于十一月四日举行开幕式，直至十一月九日始举行闭幕式，计通过有关工商业要案三十件。本会于正式完成组织后，即呈请社会处立案，并蒙颁发省联字第四号立案证书及印记一颗，遵于十二月十三日正式启用，呈报备案，复奉社会处三十二年二月三日令，转奉社会部组第三字第二〇六号指令，以本会组织尚无不合，准予备案。

（二）组织

甲、理监事：本会组织依照会章规定设理事二十五人，理［监］事七人，由理事中选举常务理事五人，由监事中选举常务监事三人，并由全体理事就常务理事中选举一人为理事长。本会举行第一次会员代表大会时即选定陈职民为理事长，张荣熙、孙蕴奇、伍效高、曾竹溪为常务理事，赖永初、冯程南、吴禹丞等二十人为理事，蔡森久、李名山、吴鲁卿［钦］为常务监事，刘鸿舟等四人为监事。

乙、工作人员：依照本会组织章程第廿七条之规定，本会书记除由主管官署派遣外，其余工作人员因成立伊始经费困难，为求节省开支，仅设干事一人，助理干事三人，录事一人，分别办理会计、庶务、档案、收发、校对□写等事务，另就理事中推举一人为总务主任负总务全责，此外则设秘书一人，协助常务理事负办理函电之责，同时并雇工役二人办理杂务，一俟业务开展再行扩充组织，分科办事。（未完）

《贵州商报》1943年11月4日，第2版

贵州全省商会联合会一年来工作报告（二）

三十一年十一月至三十二年十月

（续上期）

丙、各种委员会：本会为加强组织，以利事业开展，经由第五次常务理事会决议设置评议、设计、经济、宣传等四委员会，聘请本会理监事担任委员，以期群策群力，共谋会务发展，兹将各委员会负责人列后：

（一）评议委员会，主任委员吴禹丞，委员廖潜一、陈执滨。

（二）设计委员会，主任委员李居恒，委员曾福堃、高允钦、冯程南、万继波。

（三）经济委员会，主任委员赖永初，委员李洪模、蒋敬之、帅伯钟、姜心澈。

（四）宣传委员会，主任委员袁永涛，委员李佩克、龙天祀。

丁、会员：本会会员依照法令之规定凡省已组织成立各县市镇商会均应加入本会为会员，兹将加入本会之各县市镇商会列后：

贵阳，安顺，遵义，独山，普定，大定，桐梓，郎岱，平越，晴隆，思南，贞丰，镇宁，天柱，平镇，清镇，黄平，湄潭，兴仁，兴义，贵定，

黎平，绥阳，瓮安，施秉，毕节，金沙，织金，镇远，石阡，盘县，黔西，安龙，正安，婺川，榕江，习水，荔波，开阳，平塘，修文，沿河，印江，惠水，铜仁，永兴镇，龙里，威宁。

二　大会决议案执行情形

本会举行第一次会员代表大会时，各县市镇商会出席代表提案达三十二件，除自动撤回两件外，全经大会通过，其重要者如：（一）筹组贵州工商银行以调剂全省金融，提倡各县工商业及生产运销案；（二）筹组贵州工商服务社以发展社会服务事业案；（三）组织贵州商务日报以宏言论而利宣传案；（四）电请湖南省政府开花纱布出口禁令加以区别以免影响后方供需案；（五）创办商业训练班，培养商业会计人员案；（六）健全各县商会组织以增强抗建力量等案。本会以大会决议各项提案，关系工商业前途至深且巨，均应全部执行，以谋本省工商事业之发展，惟本会成立伊始，工作纷繁，各项决议案件，不能不分别缓急，先后办理，兹将已完成者分别列于后：

①电请湖南省政府及呈请本省政府咨商湘省当局开放花纱布对黔出口禁令，以谋解决本省千万同胞之衣着问题。

②呈财政部请转饬贸易委员会复兴公司于本省出产桐油之县设处收买，并提高价值以裕民生。

③呈财政部请选派专门人员勘查本省思南县锑矿并集资开采。

④呈请贵州省政府转饬各县政府提倡种茶以利国际贸易。

⑤呈请贵州省政府转饬各县政府加强各县商会组织，未成立者限期成立，并依法加入本会。

⑥函贵州省银行请在本省思南县设分支行。

⑦制定物产调查表，函各县商会调查以便筹办本省工商服务社集中运销。

⑧筹组贵州工商银行筹备委员会并呈请社会处转呈社会部咨请财政部特准立案。

三　工作概况

本会自上年十一月成立以来各项工作除依照大会决议案件及遵照政府

法令推进外，举凡训练、福利、动员，及限价社会运动，强制入会，及一般组织工作，均谋积极之推进，兹将其要者略述于后：

（一）拥护限价方案

抗战期间，因港口之被敌封锁，及交通工作之困难，物资因而减少，物价逐渐提高，直接影响于国民生活及工商业之繁荣，间后影响于抗战建国之大业，自总裁手订物价工资限价方案实施后，本会除代表全省商界电呈中央拥护实施外，并协助本省政府执行限价政策以求达到商业之正常状态，利国利民。（未完）

《贵州商报》1943年11月10日，第3版

商业补习夜校暂行迁址上课　市商会鸠工改建会所

（本报讯）贵阳市商会于本月三日下午三时在该会会议室举行第五十七次常会，计出席蔡主席森久，常务委员张荣熙、冯程南、赖永初、陈职民等，由蔡森久主席，行礼如仪后，宣读上次决议案，旋即讨论例案多件云。

（又讯）该会拆让马路，改建会所，刻已鸠工开始，现正积极拆建中，该会第一、二两科原有办公室均须拆卸，另建新屋，刻已暂时迁移会议室办公，又该会商业补习夜校在拆修期中，闻将迁入商友俱乐部上课，至俱乐部礼堂，则仍照常出租云。

《贵州商报》1943年11月10日，第3版

市商会向各方陈述税收意见　列举理由三点说明事实

（本报讯）贵阳市商会，准贵阳市税务征收局函，奉省税务管理局令，前据遵义税务征收局呈，以商人所缴纳税证金，应连同所营利三税共为百分之廿五，交易人并应负报告对方户名、地址、货物名称、数量、金额责任一案，经召开第十一次各业联席会议共同讨论，佥以推行时困难极多，特据理分别向各方呼吁，兹将决议意见择要志次：一、关于严密方法，以防偷漏税收一点，事实上查缉关卡，平素办理严密，如尚谓偷漏，似属过虑。二、关于凡属货运登记者须责令缴验收购时纳税凭证一点，按税票凡商人在购货地购货一单，只能填写税票一张或二张，货到目的地发卖，万

不能将全单货物售与一家，设使此批货物不能批发，只能分售七八家乃至多家时，试问此项原领税票能否分割拨交，而此所售之七八家再递相转售时，此项税票更何从呈缴。三、关于此批买方向卖方进货之纳税，卖方如无凭证，则由买方代购缴漏税一点，事实上办理困难。总之本省行商住商，按照非常时期人民团体组织纲要第一、二条之规定澈底实施以来，无论在中央或地方，各种税率尽量特别加重繁复，然商人并无怨尤，并自动捐款，报效国家云。

《贵州商报》1943年11月17日，第3版

贵州全省商会联合会一年来工作报告（三）

三十一年十一月至三十二年十月

（续上期）

（二）参加冬令救济运动

本省社会处于上年年底举办冬令救济运动，特令本会派员参加组织，经由张常务理事长荣熙代表参加，推举本会为筹募委员会委员，直至本年三月始告结束。

（三）办理工商银行立案

本会工商银行之筹组，其目的原在集中全省工商界资金以谋本省工商事业之发展，业经第三次理监事联席会议决议推举赖永初、伍效高、曾竹溪、吴禹丞、孙蕴奇、吴鲁卿［钦］、李居恒为筹备委员，并互推赖永初为主任筹备委员，组织筹备委员会进行筹备工作，一切规章概况之经分别拟定，惟因政府法令限制之关系，未能即时实现。本会在举行第四次理监事联席会议时即决议先行备文呈请社会处□呈社会部，咨请财政部特准立案。会后，本会即将该决议备文呈请社会处核示后，奉到社会处令以奉本会部九月十三日组三字第五二七三六号令，准财政部咨复依照修正非常时期管理银行暂行办法第二条第一项"自本办法施行之日起，新设银行除县银行外，一概不得设立"之规定，本会筹设工商银行未便照准，本会工商银行筹备委员会以本案现未经政府批准，即应结束，经于十月二日召开筹备会结束，各筹备委员所捐筹备费结存之数，一律捐助本会，此项工作乃告一结束。

四 办理购销湘省花纱布

查湖南省禁止棉花纱布出口禁令后，本会迭函电湘省当局请暂开禁，现接复电所有湘省花纱布可希酌量配销本省，本会当即秉承政府命令代电贵阳市商会，转贵阳市花纱布三商业同业公会各推举赴湘洽购代表，报由市商会转报本会呈请省政府发给赴湘采购证明文件，计推出代表为卢晴川、夏少锡、王潜恒三君，经于五月中旬赴湘，一□□会并电请各县市商会及未成立商会之各县政府按实际人口将需要湘省棉花纱布数量函报本会，以便统筹管理，现函复者已有贵阳、贵定、镇远、贞丰、石阡、毕节、清镇、镇宁、兴义、黎［平］塘、赤水、铜仁、瓮安、望谟、安龙、习水、黎平、天柱、绥阳、开阳、紫云、郎岱、黔西、遵义、大定、盘县、施秉、惠水、江口、三穗、贵筑、台江、都匀、纳雍、岑巩、道真、玉屏、剑河、罗甸、铁山、麻江、从江、长顺、威宁、兴仁、水城、印江、桐梓、安顺、湄潭、丹寨、沿河、余庆、婺川、锦屏等五十六县，现赴湘代表夏少锡经于八月四日返省，已将赴湘洽购经过及与湖南省银行订立湘黔土布供销处合约情形函报本会，不久第一批洽购土布即可运省，本会据报后即转报省政府请示统筹办理，俾千万人民衣着问题得以解决。现本案经政府决定，由贵州银行主持组织，贵州省花纱布购销委员会筹备会统筹办理，本会除加入为筹备员外，并将各县市函报需要数量，列表函送贵州银行请予分配，并将办理经过电发各县市商会，及未成立商会之各县政府，请准备踊跃投资增加资本作第二次购买。（未完）

《贵州商报》1943年11月17日，第3版

市商会执监委会分别举行会议
商校成立青年团区队

（本报讯）贵阳市商会于本月十六日在该会会议室召开第十八次执行委员会，到执委蔡森久、赖永初、冯程南、吴禹丞、张荣熙、刘锦森、郑小焜、叶瑞德等十余人，由蔡森久主席报告后，旋即通过例案多件云。

（又讯）市商会举行第十次监察会，各情经志本报前讯，兹悉该次会议时，经张委员公溥提议，应推监察委员数人参加执委会开会，以资联系，当经一致通过，并决议公推委员颜泽浦［溥］、陈秋萍、张公溥列席参加，

闻该会已函执委会于开会时通知出席云。

（本报讯）贵阳市商会商业补习夜校，为训练革命青年，力行三民主义，特筹组青年团第十九区队，参加队员三十余人，于本月十四日假贵阳分团部召开队员大会，由王光焯主席，报告区队组织筹备经过，继由分团部干事胡治邦致词，旋即选举王光焯为区队长，阮有能为区队附［副］，萧元俊、戴汝骥、梁敬羽三人为分队长兼干事，唐静秋、万怀中、杨云霞为分队附［副］，情绪极为热烈云。

《贵州商报》1943年11月24日，第3版

贵州全省商会联合会一年来工作报告（四）
三十一年十一月至三十二年十月

（续上期）

五　调查本省民生重要物品供销情形及年销粤桂区食糖数量

本会前奉令调查各县市民生重要物品及食油、棉花、纱布、纸张、燃料等供销情形及年销粤桂区食糖数量，为期数月，因各县商会组织多欠健全，虽迭经本会函电催促办理，一部分尚未照办，函复至迄今尚未完成，除已将民生重要物品供销情形函报一部份，并奉建设厅令准调查外，其余俟各县汇报后再由会汇报省府，兹将函报各县分别列后：

（一）民生重要物品：

大定、修文、习水、锦屏、镇远、赫章、毕节、镇宁、惠水、独山、兴义、三穗、安龙、黎平、威宁、普定、松坎、都匀、玉屏、铁山、罗甸、台江、岑巩、息烽、紫云、龙里、麻江、水城、凤冈、纳雍、道真、长顺、剑河、丹寨、开阳、开阳①、贵筑、德江、安顺、施秉、郎岱、铜仁、印江、正安、沿河、关岭、天柱等四十六县。

（二）年销食糖数量

赫章、大定、贵阳、黎平、正安、习水、毕节、道真、岑巩、安龙、永兴镇、修文、安顺、黔西、施秉、赤水、镇宁、郎岱、镇远、紫云、

---

① "开阳"为原文重复，照录。

开阳、锦屏、平塘、三穗、贞丰、盘县、桐梓、望谟、剑河、玉屏、罗甸、台江、长顺、麻江、镇山、贵筑、从江、都匀、沿河、石阡等四十县。

六 催报各商会章程职会员名册

各县市镇商会章程及职会员名册，前经奉建设厅转奉经济部令饬汇报，遵即函各县市镇商会汇送此项章册三份，现据报者有贵阳、贞丰、习水、安顺、石阡、毕节、黎平、安龙、赤水、平塘、镇山、纳雍、道真、长顺、罗甸、麻江、紫云、婺川等县市商会刻已由会再代电各会员商会催报。

七 呈请省政府令饬各县政府督饬所属商会缴纳本会会费

本会经费全赖各县市镇商会缴纳会费，开支成立以来，因各会员商会多未遵章缴纳，至经费困难，会务不易开展，迭经本会函催及呈请省政府令饬各县政府督饬缴纳，每月所收仅足以维持经常之开支，欲谋业务之开展而不可能，本会当于六月十七日呈请省政府核示，经奉发社工组字第二八六四号训令，准予转饬各县政府督饬各县政府督饬所属商会遵照缴纳。（未完）

《贵州商报》1943年12月1日，第3版

贵阳市商会举行执委会议

（本报讯）贵阳市商会上周举行第六次常会，出席常委冯程南、蔡森久、赖永初、张荣熙等，由蔡森久主席，领导行礼如仪后宣读上次议案，旋即讨论，当通过议案数件云。

（又讯）市商会第十九次执行委员会于本月二日举行，出席执委吴禹丞、王春帆、张荣熙、刘守诚、蔡森久、刘锦森、蔡瑞健，列席委员张公溥等，由蔡森久主席，宣读七次会议记录及列案报告，后当经通过提案数件云。

《贵州商报》1943年12月8日，第3版

本省冬令救济捐款　商界募六十五万　统一捐委会决定各业配额

（本报讯）贵阳市商会及各业公会统一捐募运动委员会，于日前召集全体委员会，到蔡主席森久，委员吴禹丞、冯程南、张荣熙、赖永初、张慕良，各业公会负责人刘锦森、朱晓云、颜泽溥、叶瑞德等数十人，并请社会处胡科长搏九、市政府董科长承烈出席指导，当经决定该会奉筹本年度冬令救济费六十五万元，各业公会分配担任数额等案，历时三小时许始散云。

（又讯）本省冬令救济委员会，近拟定冬令救济标语如下：一、救苦济贫是人人对社会应尽的责任；二、乐善好施的人足使万人景仰；三、救济贫苦同胞才能打退敌人；四、扩大冬令救济工作，增强抗战力量。

《贵州商报》1943年12月25日，第3版

贵阳市商会举行第六二次常会　新建会所近即落成

（本报讯）贵阳市商会，日前举行第六十二次常会，出席蔡主席森久，常委吴禹丞、冯程南、赖永初等，由蔡森久主席，行礼如仪后，宣读上次议决案，旋即报告一周工作，并讨论例案多件云。

（又讯）该会拆让马路修建新厦，大体业已就绪，该会所属各部门，不日即可迁入新厦办公云。

《贵州商报》1944年1月15日，第3版

商联会将策动各县依法组织县商会　将讨论工商界复员问题

（本报讯）贵州全省商会联合会于前日下午一时举行第卅二次常务理事会，出席伍效高、曾竹溪等，列席赖永初、吴禹丞、李居恒，由张代理事长荣熙主席，决议调整该会职员工作及有关总务等案七件云。

（又讯）该会以本省尚有□数县份尚未完成县商会组织，将策动于本年度内一律依法组织完成云。

（又讯）贵州全省商会联合会于前日下午二时举行第七次理监事联席会议，到社会处指导员文科长传声及该会理监事伍效高、曾竹溪、孙蕴奇、冯程南、吴禹丞、廖潜一、吴鲁卿［钦］、李居恒、陈执滨、帅伯

钟、曾福堃等十七人,由商会代理事长荣熙主席,报告该会三月来工作概况后,由文科长训词,对该会卅三年度工作作详尽之指示,希望该会除协助办理政府交办有关工商事业工作及推行战时政令外,并希望于本年度开始后,设计办理福利事业,以谋基础之奠定,末即讨论提案,决议者有:(一)卅三年度工作计划,(二)卅三年度经费预算,(三)第二次会员代表大会展期至本年十一月份举行,(四)由常务理事会定期举行座谈会,邀请工商界专家研讨战后工商界复员问题,拟具意见。建议社会部召开全国工商会议,及讨论有关工商业税务等要案共十七件,情绪热烈,午后六时始散云。

《贵州商报》1944年1月22日,第3版

贵阳市商会奉令筹备改组 蔡主席召集所属训话

(本报讯)贵阳市商会日前举行第五十六次常会,出席蔡主席森久,常务张荣熙、吴禹丞、冯程南等,由蔡森久主席,开会如仪后,宣读上次决议案,并报告一周工作近况,旋即讨论提案,计通过重要议案多件云。

(又讯)贵阳市商会自三十一年三月改组以来,瞬及两载。已届改选职员半数之期,且该会现仍系执监委员制,与非常时期人民团体组织法不符,应即改组,市府已令饬该会遵照商会法第五章第二十五条规定,召集会员大会,应于十五日前通知,并饬该会筹备改组,登报通告各会会员,一面通知贵阳市党部,并呈报省政府备查云。

(又讯)该会以税局办理住商登记,须由该会证明,近办理此项证明手续,该会一、二两科工作颇为紧张,又该会近以各公司行号变更登记及增加资本额,前往办理手续者甚多,工作备极忙碌云。

(本报讯)贵阳市商会检讨该会各部门工作,并加强工作效率起见,特于日前召集所属各部门职员举行工作检讨会,出席该会一、二两科,商业夜校,商友俱乐部暨本报职员数十人,由蔡主席森久致词后,诸多勖勉,继由各部门负责人朱晓云、汤黑子、金民生、张耀南、邬丽君等先后发表意见,最后由蔡主席总结,对今后工作之推动颇多策进云。

《贵州商报》1944年3月29日,第3版

筑市临参会成立　举行第一次大会　市商会致电祝贺

（本报讯）贵阳市临时参议会本月一日举行成立典礼，及第一次大会开幕式，到省府各厅处局长，省党部书记长各委员，何市长及市府参事秘书科长，市党部孙书记官及该部全体执监委员，各界来宾，该会全体参议员，共一百余人，由李议长居平主席，行礼如仪后，即席报告该会成立经过，及市参议会之任务，继由何市长宣读吴主席书面训词，省党部杜委员叔机代表何主任训词，何市长、孙书记长亦相继致词，末由陈副议长虎生致答词，并通过致敬及慰问电后摄影礼成，该会第一次会期共为五日云。

（又讯）贵阳市商会，以市临参会成立并召开第一次大会，特电致贺，原电云：贵阳市临时参议会勋鉴，欣逢贵会于本年四月一日大会成立，荟群贤于一堂，谋市民之福利，将见参赞政府，百度维新，续论宏谟，工商惠及，缅怀勋劳，无任祝贺，特电致亮察，闻省商联会，并电市临参会致贺云。

《贵州商报》1944年4月5日，第3版

市商会推定负责人　积极筹备改组
各业联席会提供税收意见

（本报讯）贵阳市商会日前举行第六次执监委员联席会，出席蔡主席森久，常务委员吴禹丞、张荣熙、陈职民、冯程南、赖永初、张慕良，暨全体执监委蒋佩之、熊义厚、刘守诚、王春帆、叶瑞德、颜泽溥、刘锦森、张公溥、陈秋萍、郑筱焜、霍兆民等数十人，由蔡森久主席，即席报告并宣读上次会议记录后，旋即讨论，计通过该会奉令改组，为时已久，请求增加理监事人数一事，虽尚未奉到市府指复，仍应积极进行筹备，请依法推举十五人负筹备专责，当经决议依法由现任全体职员负责办理，又该会改组筹备会，已于昨日正式成立云。

（本报讯）贵阳市商会下午三时召开各业公会联席会议，到各业代表刘锦森、梁式会、唐守一、孙达五、刘文治、颜泽溥、茅勋臣、杨积武、傅维烈、陆继斌、刘守诚、朱晓云、陈秋萍、单葆真、周笠渔、郑筱焜、冯程南、金慧章、杨鑫铨、唐骏烈、袁啸声、陈学烈、吴禹丞、孙掌根、张荣熙、赖永初、陈职民等，由蔡森久主席，以财政部视察孙石生氏莅筑视察税务，征询商界对税收意见，为集思广益，特开会提供意见，俾贡献于孙氏，以求解决疑难，当由冯程南、杨鑫铨、梁式会、孙达五、颜泽溥、张荣熙、刘文治、陈秋萍等相继发言，提出意见甚多。

《贵州商报》1944年5月3日，第3版

市商会召开三次各业联会　并举行常会二次

（本报讯）贵阳市商会日前正商讨重要事宜，特于日前召开第三次各业公会理事长联席会，是日到该会蔡主席森久暨各常务委员吴禹丞、张荣熙、冯程南等，各业理事长亦全体参加，该会并定于本次联席会时，茶会欢迎财政部孙视察员石生，闻石氏适于是日起程赴各县视察，未能出席，并悉石氏赴各县视察，预计一月后始返筑云。

（本报讯）贵阳市商会日前举行第六十九次常会，出席常委蔡森久、吴禹丞、冯程南、赖永初、张荣熙等，由蔡森久主席，行礼如仪后，宣读上次会议记录，旋即报告最近收发文件，最后讨论提案云。

（又讯）该会第七十次常会，亦经于日前在该会会馆举行。

《贵州商报》1944年5月17日，第3版

市商会筹备改组　推定负责人员　并举行第三次工作检讨会

（本报讯）贵阳市商会组织，原系委员制，现奉市政府令，遵照规定改组为理事制，前经该会各业联席会议通过组织筹备会，主持一切改组事宜，并由本届执监委员任筹备委员，兹悉市政府派第四科董科长承烈为该会改组指导员，已于日前召开首次筹备会，到全体筹备委员，董科长亦亲自出席指导，由蔡森久主席报告后，继由董科长指示应注意事项，极详。闻该会定于每星期三、六下午二时举行筹备会一次。兹将常务筹备委员，暨大会秘书处及各组负责人员采志如下：筹备主任蔡森久，筹备员张荣熙、吴禹丞、刘守诚、陈秋萍、赖永初、叶瑞德、颜泽溥、刘锦森、冯程南、蒋佩之；秘书处主任秘书张荣熙，总干事黄皓波，秘书汤黑子、朱晓云、金民生、黄皓波；议事组组长颜泽溥，副组长陈秋萍，总干事朱晓云，干事

陈白杨、金民生、陈培元、黄皓波；文书组组长蒋佩之，副组长吴禹丞，总干事陈铭轩，干事胡启明、徐锦明、陈玉林；总务组组长赖永初，副组长冯程南，总干事黄皓波，干事唐鸿书、万继忠、欧阳松、金德蓉、方治平、杨文芳；招待组组长刘锦森，副组长颜泽溥、叶瑞德，总干事金民生，干事杨成、邬丽君、张耀南、黎承谊。

（本报讯）贵阳市商会日前召开所属各部门第三次工作检讨会，出席主席蔡森久及该会第一、二两科科长，总干事，商业夜校金教导员，本报朱副社长，汤总编辑暨各部门全体职员，由蔡森久主席致词后，由陈铭先、黄皓波、朱晓云、金民生先后报告各该部门工作，继由汤黑子、陈白杨等先后发表意见，蔡主席并详细垂询各部门工作实际进度，并详加指示今后工作方针，迄十二时半始散云。

《贵州商报》1944年5月24日，第3版

监院第一巡察团设团址于市商会办公

（本报讯）国民政府监察院战区第一巡察团，于江南各省工作年余，经前由桂抵筑巡察黔省政情，现设团址于贵阳市商会，业已开始办公。即将赴各县巡视云。

《贵州商报》1944年5月24日，第3版

市商会改组大会六月十五日举行　筹备会通过重要议案多项

（本报讯）贵阳市商会改组筹备会，于日前召开第一次常务委员会，出席改组指导员市府董科长承烈，筹备主任蔡森久，常委叶瑞德、张荣熙、吴禹丞、颜泽浦［溥］、冯程南、赖永初、蒋佩之等，列席大会秘书处秘书黄立纲等，由蔡森久主席，行礼如仪后，宣读上次会议记录，旋即讨论提案，重要者计有：一、改组大会日期定为六月十五、十六两日；二、该会所□公会会员、非公会会员参加，代表大会人数之决定；三、大会监事规程及会章之修改，推由蔡森久、张荣熙、颜泽浦［溥］修正后提下次会讨论，并请指导员董科长参加；四、大会筹备会秘书处，即日起正式开始办公；五、通过大会经费预算等案云。

（又讯）该会第二次大会常务筹备委员会亦已举行，出席董指导承烈，筹备主任蔡森久，常务筹备委员赖永初、吴禹丞、张荣熙、冯程南、叶瑞德、颜泽浦［溥］等，列席秘书朱晓云、汤黑子、金民生等，由蔡森久主席，首由书记长黄皓波宣读上次会议记录，继即讨论决定下列各案：（一）公会会员代表，每公会一律五人，每一人行使一权，分函各公会照办；（二）非公会会员出席代表一人，行使一权，登报通告；（三）大会经费由公会会员代表及非公会会员代表每一代表负担国币五百元；（四）加推陈职民、张慕良二人为常务筹备员；（五）推举郑筱焜、张慕良、刘锦森、陈职民、熊义厚等为会员代表资格审查委员会委员，另呈请市党政机关各参加一人，并推定张慕良为召集人，指定黄皓波草拟审查办法，又本报上期所载该会筹备会招待组副组长颜泽浦［溥］，系刘守诚之误云。

《贵州商报》1944年5月31日，第3版

市商会改组筹备会　续举行两次会议

通过重要议决案件十余件之多，各业代表造报日期展至十日

　　（本报讯）贵阳市商会改组期至，各项工作极为紧张，改组指导员市府董科长承烈，连日均莅会指导一切进行事宜，该会改组筹备常委会，日前续举行第三、第四两次会议，第三次常委会市府指导员董承烈，出席常委刘锦森、蔡森久、赖永初、张慕良、蒋佩之、张荣熙、冯程南、吴禹丞、陈职民、颜泽浦［溥］、叶瑞德，列席朱晓云、汤黑子，主席蔡森久，记录黄皓波。开会如仪后，宣读上次会议纪录，继由秘书处报告经办事项，旋即讨论。计通过重要议案有：一、大会代表资格审查办法，由秘书处草拟，提交下次会议讨论；二、本会章程，原定经费收入每单位为五元，应否增加，由第一、二科查照资本额已收若干后，提下次会决定；三、本会事业经费应否增加，由张委员荣熙、赖委员永初分别拟具计划，提交会员代表大会讨论；四、此次改组选举理监事时，采用何种投票方式，呈请市政府核示；五、会员代表大会议事规则，推由委员张荣熙、颜泽浦［溥］、冯程南、吴禹丞、陈职民负责审核；六、大会后举行余兴与否，交由张委员荣熙斟酌后提下次会议决定，临时动议颜委员泽浦［溥］提，出席代表提案

范围、标准、式样及委托书式样，应否规定，等公决，决议提案以有关之工商业者为范围，委托书式样由秘书处拟具呈核送出。

该会改组筹委会第四次常委会，出席市府指导员董承烈，委员刘守诚、蔡森久、蒋佩之、颜泽浦［溥］、张荣熙、吴禹丞、叶瑞德、冯程南、刘锦森、张慕良、赖永初、陈职民，列席朱晓云、汤黑子、陈白扬，由蔡森久主席，行礼如仪后，宣读上次会议记录，继由秘书处报告，旋即讨论，通过议案计有：一、本会各公会会员造送会员代表名册及缴费日期，原定六月六日截止，决展限至六月十日；二、定于六月十二日假招待所略备西餐招待党政机关指导员暨本市新闻界；三、规定六月十三、十四两日为出席会员代表检验出席委托书及领取出席证日期；四、会员代表资格审查委员会审查办法，原则通过，并公推委员张荣熙、陈职民、颜泽浦［溥］再行审查后，呈报市府核示，由委员张慕良召集；五、出席代表座次，依抽签方式定之，如不能亲临抽签者，得由他人代替抽签，并由秘书处通知招待组正副组长监视之；六、本会章程所定经费，每单位暂定为十元，提交大会讨论；七、本会举办各项事业，需费甚巨，拟由各新开商店向本会申请登记时，按资本额每千元负担事务费十元，以收至一万元为止。六时许始散会云。

《贵州商报》1944 年 6 月 7 日，第 3 版

市商会改选大会定今晨八时开幕

蔡森久赖永初等主席团　市府召各业商谈改组事宜

（本报讯）贵阳市商会月前奉命改组，并由市政府指派第四科董科长承烈为该会改组指导员，该会奉命后，即积极筹备，首先成立改组筹备会，并推定蔡森久、张荣熙、陈职民、赖永初、张慕良、吴禹丞、冯程南、刘锦森、颜泽溥、叶瑞德、刘守诚、蒋佩之、陈秋萍等十三人为常务筹备员，蔡森久为筹备主任，张荣熙为大会秘书主任，自上月十五日起，先后召开常务筹备委员会七次，每次均由董科长亲临指导。该会兹以筹备就绪，定于今日起召开二次会员代表大会，会期二日。本日上午八时举行开会式，十时举行预备会，十一时第一次大会由执监委员会分别作工作报告，下午一时至四时举行第二次大会，通过会章及讨论提案。明日上午八时至十一

时第三次大会，选举理监事，下午一至四时选举常务理监事及理事长暨推选各特种委员会委员，选举毕，即举行闭幕式。本日大会预计出席会员代表二百余人，将由上届常务委员蔡森久、陈职民、赖永初、张荣熙、张慕良、吴禹丞、冯程南等任大会主席团，并闻已束请省党部、社会处、市政府、市党部等主管或有关机关派员莅临指导云。

（又讯）该会于日前举行第五次改组常务筹备委员会，出席蔡森久、刘守诚、张荣熙、张慕良、陈职民、刘锦森、颜泽溥、赖永初、冯程南、蒋佩之，列席朱晓云，指导员董科长承烈，由蔡森久主席，开会如仪后，宣读上次会议纪录，秘书处报告，旋即讨论，计通过：（一）加推李仪光、胡文浒两先生为大会秘书；（二）改组大会代表资格审查办法，照原案修正通过；（三）印制该会工作报告及其他提案云。

（又讯）该会第六次改组常务委员会日前举行，计出席常委冯程南、张慕良、颜泽溥、蔡森久、叶瑞德、蒋佩之、刘锦森、吴禹丞、刘守诚、赖永初、张荣熙，列席朱晓云、黄皓波、汤黑子、陈白扬等，市府指导员董科长承烈，由蔡森久主席报告后，旋即讨论通过修改会章草案及通过大会议事规程等案云。

（又讯）贵阳市政府为商讨市商会改组事宜起见，特于日前召集各业公会理事长，假市商会大礼堂举行联席会议，并通知市商会主席各常委参加，计到蔡森久、陈职民、赖永初、顾庆实、蔡建华等四十余人，由董科长承烈主席，即席报告市商会改组之意义及各公会目□应注意事项，次由社会处文科长传声致词，对加强组织慎重选举有明确之指示，继由蔡森久报告改组筹备会之工作，旋由陈职民、张慕良、赖永初、张荣熙、颜泽溥、朱晓云、王子刚等分别发表意见云。

《贵州商报》1944年6月15日，第3版

金玉之声
筑市商会改组献礼

贵阳市商会是全市商民的最高组织，对于他的改组，全市商界同胞莫不抱以最大的关切，记者特访现任市商会主席暨六届常务委员，分别征求

他们对于这次市商会改组的意见以及对未来市商会在工作上的期望，因为他们七位两年来实际负着主持市商会的责任，一切问题比我们更清楚、更了解，他们的意见无疑的将成为未来市商会工作的南针，兹将七位负责人的意见分志如次。（以发言人姓氏笔划多少为序）

吴委员禹丞首先对记者说明非常时期县市商会组织的目的，同时他认为县市商会为县市商人的代表，也即是县市商人的指导机构，负有对上协助政府推行法令、对下领导百业趋于发展的使命，因此他认为市商会要完成这两个艰苦的基本任务，必须具有下列各点：

第一，必须有政治眼光，因为团体组织与政治息息相关，对于国际政治的趋向，国家民族所处的地位，政府当前的设施……这些这些，与国体及个人的关系，以及个人和团体的行动所给予国家社会的影响，均应有明确的认识，团体及个人行为方不致陷于非议。第二，必须精诚团结，一个组织必须有团结，才不致流于形式，团体之道在于大公无私，处处以国家团体的利益为前提。第三，必须了解团体的环境，这是办事的主要条件，例如对于法令兴革、行业荣枯，以及与商业有关之各种因素，都要全盘镕化，才能适当处理一切问题，不致错误。第四，必须上下融合，战时法令之颁布，固在有利于抗战建国，但各地情形不同，合于此者未必尽合于彼，政令自应尽量推行，商人困难亦须尽量反映，庶几实际困难得以解除，政令方足推行顺利。第五，必须有敏捷触觉，商人在社会组织中，其地位不让于其他各界，战时现象，五花八门，何者可以接受，何种必须解除，则有赖于敏锐之触觉来辨别。

陈委员职民一再要记者先替他声明，商会的责任过去他负责的时间很久，现在不愿再担任一点责任，不过因为对于商会自己曾破费了一些心血，深愿会务蒸蒸日上，向前推进，居于超然的地位，倒乐意说几句话。

他认为贵阳市商会把他的前身县商会、总商会等一连串算起来，好像一个病人，曾经过贫血、疗养、康复三个时期，现是康复之后，应当如何来创造事业的时候，陈委员职民：商会在贫血、疗养前时期的艰难危险，困苦万状，以至康复的经过，他觉得一个人既然经过了这么些磨难，应该变得更坚强才行。

接着他认为商会好像一部车子，将来的负责人就好像一位司机，就要他开车的技术精良，使这部车子用起来又迅速又平稳，把乘客驶向时代的康庄大道前进！

冯委员程南觉得这次市商会改组和过去不同，因为在人事方面，现在的全体执监委员就是好几十位，今后的理监事则只有十几人，量既不多，必求其质精，多以将来最理想的负责先生，首先必须具备精神与智能，一个人必须有服务的精神，然后遇事才肯做，如果只有干的精神，而无智能，不能认识时代，不能认识责任，没有做的方法，结果就是乱做，所以要精神、智能兼备。

其次要有勇气，才能负起传达上面命令、反映下面意见的责任来，才能为商界解除痛苦，伸诉一切困难。这里同时需要大公无私的态度，然后才能集中意志集中力量，他顾虑到世界上恐怕找不出一个这样完全的人来，因此有赖于阵容的配备，这个阵容需要具备办事的智能、果敢的精神、和平的态度、公正的心理。

张委员荣熙认为贵阳是西南的重镇，市商会是全市商民的最高组织，也是经济最高的集团。在大时代的现阶段，负有两大使命：一为战后工商复员问题，二为国家税收问题。

他认为市商会既有上述两大使命，今后的负责人必须具备八个条件，一曰苦干决心，二曰服务精神，三曰法令常识，四曰外交手腕，五曰调协各业，六曰福利群众，七曰舍私济公，八曰推己及人。至于商会机构，以采取每一负责者担负一个专门责任，同时分工合作为原则，使每一个机构都能运用灵敏，推动裕如，至于市场繁荣、物资抢运等问题，尤赖商会负责人领导提倡，督促推动。对于政府法令，要使每一角落的商人都有相当认识，而做到服从遵守。商人方面如有苦楚，商会负责人亦应代作喉舌，使政府了解一般，而商会立场始能尽到搭桥之能事，则上下交溶，一致团结，抗战建国，庶乎有豸！

张委员慕良干脆的说了五个字，就是"量""能""明""正""广"。他认为这是今后市商会负责人必须具备的秘诀。"量"就是气量，负责人必须具备宽宏之量，才能包容一切。"能"是才能，即是干的力量，也就是推动工作的燃料。"明"就是明事理，对于一件事认识得很清楚，分辨得很细致，才不致错误。"正"就是公正，对于这一点，他发挥得特别多，张委员认为贵阳全市现有人口二十万，商人在这二十万中占大多数，将来的市商会要以十二个人来为这么多人服务，来为这么多人谋福利，必须有牺牲小我、顾全大我之精神，庶几有成。"广"就是集思广益，容纳众人的意见，接受别人的批评。

最后他觉得我们这个民族很重感情，无论处团体或家庭，都必须感情融洽，接近大家的意见，行动才能趋于一致，工作才能顺利推行。

蔡主席森久对于这次市商会依法改组，主要觉得有三点很重要。

第一是健全理监事人选，参照规定理监事仅有十二人，须按照权利义务平均之原则，选出者应为十二个同业公会单位之出席代表人，于当选后推动一切事务事业，发挥力量，才会宏大，以免私见发现，而碍正当事业之推行。

第二是选举理监事的标准须具有下列几点：甲、适合非常时期人民团体组织纲领第一、第二及第七项之规定，以抗战建国为共同目的，在奉行三民主义、拥护国民政府、服从最高领袖之原则下，如工商大众，谋福利及应尽战时之义务，及救国工作表现而依法组织者；乙、须同业公会自身健全经当政主管机关考察认为著有成绩者；丙、以多数人平素认为大公无私，热心努力国家及社会公益事业而有表现者。

第三是办事职员人事，其调整须做到人无空人、事无空事，而能服从负责确能尽其职责的地步。

赖委员永初认为西南既是抗战建国的大后方，地位非常重要，贵阳又是今日西南几省的重镇，地位的重要更可想见了，为了达成历史赋与我们的这个责任，工作的繁重自不待说，我们必以最大的努力完成工作，这也是义不容辞的。就市商会言市商会，他必须能认识自己的任务，适当完成自己的任务。

"我们认清这件事对于国家、社会，对于团体是有利的，就必非勇往直前，不断进取的去干，决不能因为环境的困难而终止，而放弃。一件事情既经认定要做，务必贯澈到底，求其实现，千万不要徒负虚名，一无所成，有负众望。"

同时赖委员还希望未来的市商会要继续完成商会的许多计划。例如商报改为逐日发行，设立图书室，现有商校做到商业专校，成立商品陈列所……以及各种有关商界福利、社会福利的工作都亟待完成！

记者在这篇东西写完之后，有着一个愿望，上面七位常务委员的谈话，都是本着过去负责的实际经验提出的宝贵意见，我们愿望未来的商会能接受这些意见，作今后推进工作的参考，也算是本报对于这次市商会改组多送的一点礼物。

《贵州商报》1944年6月15日，第3版

祝市商会第一届理监事

贵阳市商会第二次会员代表大会已于日前圆满闭幕，令人不胜忻慰。此次会员代表大会意义重大，其重要使命有三：一、依照非常时期人民团体组织法，由执监委制改为理监事制；二、修改市商会章程，选举第一届理监事；三、讨论提案，推进会务。在这三大要点中，实以选举理监事最为要紧，若是没有适当的人选去推动工作，还是等于具文，至于各种决议案，虽是十分完备，若是没有适当的人选负责执行，也不会有良好的结果。所以我们认为人事和制度确有密切的关系，而要以人事为中心，有了适当的人选，组织定会健全，事业定会发展，这是我们可□预卜的。综观此次市商会改组以后，当选的第一届理监事诸先生，均为本市工商界的先进，大多为市商会的前任执监委员和干部份子，对于市商会的情形非常熟悉，而于本市工商界的福利事业，又素具热忱，阵容整齐。我们希望一本过去的精神，开展新的事业，创造新的作风，为我工商界放一异彩，因于期待之余，爰贡两点浅见以祝之。

一、意志集中，力量集中。这个口号，原是抗战建国过程中，凡为国民所应一致奉行的金科玉律，其实"意志集中，力量集中"，也是现代国民所应有的信条，不仅适用于战时，而也适用于平时，一个国家如此，一个团体何独不然，团体犹国家的细胞，细胞和整体间有密切关联，故团体的意志和力量，惟国家的意志和力量是从。现今我国一面抗战，一面建国。我工商界负有经济动员的部份责任，而本党对于工商业素甚重视，市商会

为本市工商业的最高法团，理监事则为市商会的首脑部，我们希望理事长以及理监事诸先生，在党政机关的督导下，站在三民主义的立场团结奋斗，唤起我工商界固有的爱国精神和民族意识，意志集中，力量集中。从而加强我工商界的组训工作，使我市商会的工作效率，因以提高，而市商会的前途，亦得发扬光大。

二、服务第一，事业第一。总理尝云："人生以服务为目的。"又云："我们应立志做大事。"服务与事业，原是息息相关，没有服务的决心，必不会有伟大的事业，我们知道全国有若干社会团体，有的有名无实，有的办理腐败，也有做得有声有色的，但是我们知道贵阳的市商会，由过去的总商会，而县商会而改组为市商会的一段历史上，从艰难困苦、惨淡经营的过程中，已创造出辉煌的成果，到现在，具体的表现，例如出钱出力贡献社会国家以外，有商业补习学校、商友俱乐部和本报的创办，都是显明的例，今后我们希望理监事诸先生，在理事长的领导下更进一步，继续努力，发挥"服务第一，事业第一"的精神，计划和扩充原有的事业，并增办各种新事业，以谋我工商界业余生活的改善和工商业的发展。

至于此次会员代表大会，出席代表二百多位，在开会期间，都能聚精会神，共抒伟见，实为良好的现象，计大会讨论决议案，共有三十余起，其中各代表对于本报，关怀最殷，大多主张改为日刊，最低限度，亦应暂时先改三日刊，次之，若商友俱乐部的宽筹基金，和商业补习学校的增设商业英语速成班，□都认为目前需要先办的工作，其他决议案，如宪草座谈会的举行，工商复员的规划，以及消防设备的充实等等，亦都有很好的提议，我们希望理监事诸先生，尽量逐步实施，为我市商会在事业上奠一深厚的基础。

《贵州商报》1944年6月30日，第2版

市商会二次代表会业经圆满闭幕

选出理监事张荣熙任理事长　各特种委员会委员亦经选出

（本报讯）贵阳市商会此次奉令改组为理监事制，该会特于六月十五日起，召开第二次会员代表大会，是日该会门首扎以彩带，党国旗随风飘扬，

充满奋发蓬勃之新气象，大会于是日上午八时始，到何市长辑五，社会处文科长传声，市府董科长承烈，督察员焦德怀、段文俊、徐延栋，市党部孙书记长庆禄，郑常务监察雨浓［侬］，文指导员学荼，暨建设厅、财政厅、市税务征收局、警备司令部、工矢调整处、宪兵团、市政府各局代表，各报社记者汤黑子、袁睽九、陈继明等，暨该会全体会员代表二百余人，由蔡森久、陈职民、张荣熙、赖永初、张慕良、吴禹丞、冯程南等担任大会主席团，由蔡森久主席，报告开会大意，继请何市长训词：

何市长训词。略谓，今日市商会召开会员代表大会，系遵照中央法令规定，由委员制改组为理监事制，同党召集最高权力机构之会员代表大会，检讨过去工作，策励来兹，人民团体为本党领导下群众组织之重要一环。组织本身不仅要协调发展，同时团体组织之健全与否，均与政府息息相关，过去工商界，由于交通困难等原因，较不发达，贵阳设市以来，商会负责同人，筚路褴缕，惨淡经营，组织与工作均为之改观，对政府之协助不少，三年来商界对抗战之贡献甚多，对工商经济之建设则有未达。市商会不仅领导全市商民，且应为全省各县商会之模范，事业方面，如对战后复员工作之策划，商业人材之培养，均宜特别注意，以奠定贵州经济事业之基础。又市商会此次代表大会规定改组，理监事人数虽不免减少，惟理监事之外，尚可于各特种委员会中延继贤能，选举时至盼出席代表注重选举道德，认清市商会之任务，在于领导全市商民，发展业务，谋取社会福利，配合抗战建国之需要，推行政府法令，今日选举得人，会务自可蒸蒸日上，完成使命。

继由文科长训词。文氏首述社会行政与民众组织之关系，并谓社会行政机关，对合法团体之权益，必予保障，人民团体对社会行政机关，亦应尊崇。次述商业团体乃职业团体中之最健全者，盼望筑市商会能成为全省乃至为全国商会之楷模，今后希望矢致团结，倍加努力，则商会前途自必发扬光大云。复由戴委员、董科长训词，商会陈理事长职民暨会员代表颜泽溥等相继致词，旋即摄影礼成。下午继续举行第一次大会，由张荣熙主席，报告筹备改组经过及工作概况，第二次大会由陈职民主席，通过修改会章。

十六日上午八时继续举行第三次会，由吴禹丞主席，通过大会议事规程后，旋即讨论提案，由提案审查委员会第一、二组召集人陈职民、张荣熙分别报告提案审查经过，旋即逐一提出讨论，共计通过重要提案三十四件。下午举行第四次会，选举首届理监事各特种委员会委员，由张慕良主席报告后，即开始选举，由董科长监选，兹将当选理监事名单志：

当选理监事。理事张荣熙、张慕良、吴禹丞、赖永初、冯程南、蔡森久、朱晓云、刘锦森、熊义厚，候补理事刘守诚、周静山、颜泽溥、顾庆宾，监事陈职民、曾俊侯、曾竹溪，候补监事刘熙乙、袁啸声。

常务理监。十七日上午八时举行第五次会，由冯程南主席，仍由董科长监选，当选出张荣熙为理事长，赖永初、张慕良、吴禹丞、蔡森久为常务理事，陈职民为常务监事，并推选组训、福利、财务、评议、消防等五种委员会委员名单志后，旋即举行闭幕式，到各机关长官来宾、各报社记者、该会全体会员代表等，由赖永初主席，报告大会经过后，经由董科长、任局长尚相继致词，并通过大会宣言暨向蒋主席、何总长、前方将士、本省市党政首长致敬电（宣言及电文下期补志）。大会遂于音乐悠扬声中闭幕云。晚间假贵阳大剧院举行同乐会。

又讯：此次市商会召开第二次会员代表大会，收到贵州全省商业联合会、纱商、仓库、百货、服装、电器材料、图书教育用品、汽车材料、绸缎、汽车等业公会贺电，对大会之召开，祝颂与期望备极殷切，又此次当选全体理监事，定期七月一日午正十二时，在该会大礼堂举行宣誓就职礼，届时当柬请各主管机关长官莅临指导云。

周处长茶叙又讯：贵州省社会处处长周达时氏，以此筑市商会召开第二次会员代表大会，聚全市商界精英于一堂，策划今后会务，备极辛劳，特于十七日下午三时，在该处大礼堂茶会招待全体出席代表，由周处长致词后，经由张理事长荣熙、陈常务监事职民相继致答词，至五时许始宾主尽欢而散云。

特种委员会。贵阳市商会特种委员会名单：（一）组训委员会委员陈秋萍、顾庆宾、周文锦、毛敷五、梁式会、吴泽民、郭焕文、姚克思、曹绍尧、赵鹤、李宗华。（二）福利委员会委员刘熙乙、王亚明、叶瑞德、杨积武、王子刚、单葆真、冯程南、袁啸声、颜泽溥、张慕良、夏少锡。(三)财务委员会委员张荣熙、赖永初、胡仲文、金慧章、赵西伯、刘守诚、陆继斌、申体之、杨鑫铨、王春帆、周岐山。(四)评议委员会委员吴禹丞、李铫圭、蒋佩之、罗祝、傅维烈、杜翔轩、谭逊前、刘仲伦、刘文治、孙达五、李敏。(五)消防委员会委员刘锦森、张泽鉴、萧勋臣、蔡建华、彭少彬、杨天才、甘瑞和、熊叶、李春发、钱镇宝、李忠廷。

致敬电文。(一)重庆国民政府主席蒋钧鉴,本会此次奉令改组,遵于六月十五日开幕,集全市之商会,固经济之基础,值兹敌寇侵略,火热水深,抗战建设,艰难国步,景仰钧座宵旰之劳,弥增本会职责之重,敢不加倍奋勉,敬赴事功,谨致敬礼,伏乞睿鉴,贵阳市商会、第二次会员代表大会叩铣。(二)重庆中央党部执行委员会钧鉴,本会此次奉令改组,遵于六月十五日开幕,集我整个商会,巩固后方经济,钧会领导全民,担负国是。际兹敌寇侵略之时,弥增宵旰,忧劳之苦,本会同人只有加强岗位,勉赴事功,谨致敬忱,伏乞垂鉴,贵阳市商会第二次会员代表大会叩铣。(三)重庆军事委员会转前方将士,钧鉴,滇缅捷报,中原佳音,相继传来,乃困兽犹斗重犯湘北,幸我前线将士戮力同心,挫敌寇于疆场,奠胜利之基础,缅怀勤劳,谨电致敬贵阳市商会第二次会员代表大会叩铣印。(四)重庆军事委员会参谋总长何钧鉴,本会奉令改组,举行会员代表大会暨选举第一届理监事,凤仰钧座关怀桑梓,工商各业多赖助励,经济建设秉承有自,尚乞不遗在远,南针时锡。兹遵遵决议特电致敬。贵阳市商会第二次会员代表大会叩铣印。其他致省党部傅主委,省政府吴主席、谷部长、何市长、周处长、翁部长、何市长、孙书记长,发电文从略。

《贵州商报》1944年6月30日,第3版

为志士壮行色

市商会等欢送志愿兵　发给慰劳金安家费万元

(本报讯)贵阳市商会、市总工会自发动志愿兵,从军以来,前往市总工会报名者颇为踊跃,市府暨该商会工会,特于日前假省党部大礼堂举行首期请缨壮士入营典礼,到市商会理事长张荣熙,理事张慕良、赖永初等,

市总工会理事长黄灿奎等，何市长亦亲临致训。何氏以诸壮士请缨杀敌，义勇可嘉，备致嘉许，张荣熙等亦相继致词，旋即市政府发给安家费每人五千元，市商会每名亦发给慰劳金五千元，并每人赠送斗笠、干粮袋、面包等。散会后整队经中山路、中华路，出中正门，入贵节师管区营房，沿路燃放鞭炮，市民均停足示礼，情绪极为热烈。按，首批入营者计有九十一名，市商会、市总工会仍继续发动中，预计将有六百名左右云。

《贵州商报》1944年7月8日，第3版

贵阳市商会理监事委员就职

何市长文科长勖勉有加　商业夜校学生茶会欢迎

（本报讯）贵阳市商会召开第二次会员代表大会，选举第一届理监事，各情经志本报前讯，兹悉本会全体理监事及委员，已于本月一日在该会大礼堂举行宣誓就职典礼，计到各机关长官及来宾何市长辑五、周厅长诒春、文科长传声、董科长承烈、何局长纵炎等，暨该会理事长张荣熙，常务理事张慕良、赖永初、吴禹丞、蔡森久，理事冯程南、朱晓云、刘锦森、熊义厚，常务监事陈职民，监事曾俊侯、曾竹溪，暨组训、福利、财务、评议、消防等五特种委员会正副主任委员及委员百余人，由何市长亲自监誓，领导行礼如仪后，即席致训，对市商会与政府之关系，阐述极详，对本届理监事今后努力之途径，亦备致勖勉，继由社会处文科长传声训词，勖勉该会努力推进动员工作，并协助政府推行法令，复由张理事长荣熙致答词，对各长官致词表示诚挚接受，努力实践，最后摄影并鸣放礼炮，又此次宣誓就职典礼，收到各方贺联贺电甚多，均已一一致谢云。

（又讯）贵阳市商会商业补习夜校第一、二、三、四各期同学，以此次市商会新选理事长、理监事业已宣誓就职，为表示崇敬与欢迎之忱，特于七月二日假该会大礼堂举行茶会欢迎。计到理事长张荣熙，暨全体理监事暨该校职教员严馀春、徐绍彝、吴尽我、金民生暨历届毕业及在校学员共百余人，由第一届毕业学员管孟庸主席，冯剑豪致欢迎词，继由张理事长荣熙、蔡常务理事森久、曾监事俊侯、赖常务理事永初、陈常务监事职民，相继训词，旋由学员代表呈献横轴一幅，即开始表演庆典，有话剧、歌咏、口琴、平剧、清唱等节目，均极精彩，五时半始告结束云。

《贵州商报》1944年7月8日，第3版

市商会特种委员会选出各正副主委

为强化工作并两科为办公室　所属各部门负责人亦经推定

（本报讯）贵阳市商会各特种委员会，于十三日下午二时分别举行会议，市府派段督导员文俊出席指导，计推定吴禹丞、蒋佩之为评委会正副主委，刘熙乙、王子刚为福利委员会正副主委，赖永初、王春帆为财委会正副主委，顾庆宾、陈秋萍为组调委会正副主委，刘锦森、张泽远为消防委会正副主委。

（本报讯）贵阳市商会，原有之第一、第二两科，自本届改组后，为强化工作效率起见，业已改为办公厅，并推出冯理事程南兼办公厅主任，市政府派杨燮德为该会书记，冯主任特于日前召集第一、二两科同仁举行谈话会，首由张理事长荣熙训词，冯主任则勉以负责任，守纪律。闻办公厅之下，分设总务、文书、登记、调查四组，每组设干事若干人，至人事方面，变动甚少，仅工作有所更调云。

（本报讯）贵阳市商会第一届理监事，于日前在本会会议室举行本届第一次理监事联席会，出席理事长张荣熙，常务理事吴禹丞、蔡森久、张慕良、赖永初，理事冯程南、朱晓云、刘锦森，监事曾竹溪等，市府董科长承烈亲自出席指导，由张荣熙主席，当经通过下列各议。一、推定赖永初、朱晓云分别兼任贵州商报正副社长。二、推定张慕良、赖永初兼任商友俱乐部正副主任。三、推定吴禹丞兼任商业补习夜校校长。四、推定冯程南为办公厅主任。五、推定蔡森久、刘锦森为考核委员会正副主任委员，熊义厚为委员。六、补推黄越崙为评议委员会委员。

（本报讯）贵阳市商会日前举行本届第二次理监事联席会，出席市府董指导员承烈，该会理事长张荣熙，常务理事吴禹丞、赖永初、蔡森久、张慕良，理事冯程南、朱晓云、刘锦森、熊义厚，常务监事陈职民，监事曾俊侯，列席秘书拓寿珊，书记杨燮德等，除报告事项外，当通过移交及开会时间，应按照社会部规定（逾开会时间半小时尚不足法定人数时，即宣告流会，每次会议不得超过二小时）办理等重要议案云。

《贵州商报》1944年7月19日，第3版

市商会特委会之使命

贵阳市商会最近改组，由执监委制而为理监事制，并为加强力量，严密组织，以及推进会务起见，除选出理监事外，遵照中央指示，在会员代表大会举行时，依法推选"组训"、"福利"、"财务"、"评议"和"消防"五项特种委员，共计数十人，即分别组设专门委员会，现在正副主任委员亦已完全选出，我们看到五项特种委员会正副主任委员和委员的名单，不胜欣贺，以为市商会前途祝。

我们知道，市商会的理监事会，虽是一个有机体的首脑部份，但五特委会的组织，亦是首脑部份的一种，何况五特委会的重要，好比一个有机体的五官，所以我们要使市商会团体事业发扬光大，不仅需要理监事的推动工作，而还需要五特委会的努力实施，目前五特委会当选的正副主委和委员，都是本市甚至本省工商界的先进，无论经济地位，早已蜚声社会，此次荣膺市商会的要职，使命重大，以其德高望重，登高一呼，当有"万山皆应"之慨，将来市商会会务的辉煌，必定一日千里也。

我国战时工商经济的方策，除开针对战时的经济战争以外，即着重于工商业的发展，尤其对于工业建设，寄予深远的期望，而此项方策的依据，则为民生主义的计划经济，总裁在《中国之命运》一书尝谓："在国民经济方面，我们要实行计划经济，以期国防民生合一，共同发展，改造中国为坚强的民族国防体。"又抗战建国纲领，也明白规定实施计划经济，是我国的经济国策，不过，在我们的战时经济动员的实际工作上，并没有实践真正的计划经济国策，这是不可讳言的，今后我们为着百年建国的措施，势非积极实施三民主义的经济政策——计划经济不可，市商会的五特委会，"组训"、"福利"、"财务"、"评议"和"消防"，都是我工商界团体事业的基本工作，基本工作如果做得好，整个团体就可格外健全，有了健全，就可格外有力量，能如是，以之配合政府施政工

作，和实践各项有益工商经济的法令，不难贯彻到底，而所谓计划经济，亦不难逐步实现，在过去，市商会既有相当成绩，今则增设五特委会，使命的确非常重大，我们希望五特委会正副主委和委员们，担负起此项重任来，奋勉迈进！

《贵州商报》1944年7月26日，第2版

市商会将拟具金银内运办法

经第一次理事会议决定　吴禹丞已接任商校校长

（本报讯）贵阳市市商会于七月十九日下午二时，举行第一次理事会，到理事张慕良、蔡森久、朱晓云、熊义厚、冯程南，列席拓秘书寿珊，张理事长荣熙因参加省参议会请假，吴常务理事禹丞代表市商会出席纸业公会，由张常务理事慕良主席、杨书记燮德纪录。行礼如仪，首由主席报告第一次常务理事会决议，执行事项十一件，继由办公室冯主任程南报告经办事项，复即讨论议案，决议如下：（一）由本会拟具黄金白银内运办法，呈请市府转呈省府备案。（二）本会营业登记，自八月一日起，每份登记证改为国币二百元。（三）指定各常务理事，及刘理事锦森，向市府主管科交换散商摊贩登记意见。（四）各业公会资本总额未满二百万元者，加以抽查核对。（五）未入公会之公司、商号、工厂，通知迅即加入所属公会，并来本会登记。（六）各业资本，不能呈报减少，但有特殊情形，经调查属实者例外。

（又讯）该会消防委员会为商讨有关消防事宜，并策划今后工作推进起见，特于日前召开会议，到全体委员，由刘锦森主席，当经通过案件甚多云。

（本报讯）市商会商业补习学校，自经该会推举吴常务理事禹丞兼任校长后，吴氏自己于本月十七日由张理事长荣熙、陈常务监事职民、赖常务理事永初、张常务理事慕良等，陪同前往接事，首由该校张前校长致介绍词后，吴氏即对全校学生训话，吴氏对该校备极熟识，将力谋改进校务，为商讨进行事宜，特于前日（廿三）邀请有关人员会谈云。

《贵州商报》1944年7月26日，第3版

仓库绸缎等业请缓办布业登记
市商会转请各机关缓办

（本报讯）贵阳市商会日前举行第五次理监事联席会议，出席理监事蔡森久、曾俊侯、陈职民、张荣熙、吴禹丞、朱晓云、张慕良、冯程南、赖永初，列席布业申体之、绸缎业宋智奎，主席张荣熙，开会如仪，宣读上次会议记录后，旋即讨论提案，计通过重要议案指次。一、据仓库、绸缎两业，先后呈送请向花纱布管制局贵阳办事处申请缓办布业登记意见书各一份一案，根据布业、仓库业、纱业、花业及有关各业所陈意见，并参照吴常务理事提供七项意见，汇编代电，分别呈致财政部、省政府、市政府、省市参议会请予缓办。二、为便于会务商讨，常务理事会议应通知办公厅冯主任程南列席。三、指定监事会办公地点。四、由办公室将本届会员代表大会决议案汇交理事室整理，分送各有关部门及其他例案多件云。

（本报讯）贵阳市商会评议委员会主任吴禹丞暨全体委员，对于该会会务颇为热心，该会自成立以来，业经数次召开会议，商讨会务推动各情，经志本报，兹悉该会复于日前召开全体委员会，到委员蒋佩之、杜翔轩等十余人，由吴禹丞主席，除报告会务外，并通过该会委员会工作、计划暨办事规程等要案多件云。

《贵州商报》1944年8月9日，第3版

贵阳市商会召开各业联席会
评议委会及商校展开工作

（本报讯）贵阳市商会日前举行常务理事会，出席张理事长荣熙，常务理事吴禹丞、蔡森久、赖永初，列席理事兼办公厅主任冯程南，由张荣熙主席，开会如仪，宣读上次会议纪录，主席报告后，旋即讨论案件，闻通过重要议案甚多云。

（又讯）贵阳市商会为讨论重要会务，日前召开各业理事长联席会，出席该会理事长、常务理监事暨各业公会理事长数十人，由张荣熙主席，开会如仪后，主席致开会词，旋由主管机关指导员训词，闻是日除检查各业公会对于捐款缴纳情形外，并通过案件甚多云。

（本报讯）贵阳市商业补习学校，为加强学员政治认识及一般常识起见，除由市商会各理监事轮赴该校作精神讲话外，并随时聘请社会名流、专家作专题讲演，日前请正风书店经理、酒精工业同业公会理事长王子刚在该校讲演，首由吴兼校长禹丞介绍后，王君于热烈掌声中开始其讲词，题为"做人必须做事"，内容极为充实云。

（本报讯）贵阳市商会评议委员会，顷拟订该会办事细则草案，提经第二次评议会通过，送请市商会呈送市府备案：按该项办事细则中规定该会之职权为：一、关于会员之请求调处事项；二、关于法院及其他行政官厅之咨询委托事项；三、关于调处事件之咨询及答复事项。该会调处之范围为：一、曾经加入市商会之公司行号及各商业同业公会之会员，二、因业务帐目或买卖纠纷事项，三、须双方当事人之愿意，均属于商人者，凡会员因纠纷申请时，应向该会购领印制之申请书，并贴足印花叙明事实，投入商会号房，交由理事会批阅，转该会主任委员核夺，召开会议调处，又申请人购领申请书，贴足印花外，不收任何费用云。

《贵州商报》1944年8月16日，第3版

市商会举行首次工作检讨会　张荣熙冯程南指示工作

（本报讯）贵阳市商会日前举行第一次工作检讨会，出席张理事长荣熙、冯兼主任程南暨办公厅全体职员三十余人，由冯程南主席，开会如仪后，即席报告，对全体职员工作精神之紧张，颇表关爱，并期望更求合作，以期增强工作效率，继由张理事长训词，对今后工作颇多指示，职员张耀南、杨文芳等继起发言，对工作之检讨极为详尽云。

《贵州商报》1944年8月16日，第3版

市商会理事会通过重要议案　消防委会开第三次会

（本报讯）贵阳市商会日前举行第三次理事会，出席全体常务理事张慕良、蔡森久、赖永初、吴禹丞、冯程南、熊义厚等，由理事长张荣熙主席，

开会如仪后，宣读上次会议记录，旋即讨论提案，计通过：一、电请缓办布业登记；二、函请税局，凡未经该会准予登记之公司行号，皆不予声请登记；三、呈请市府免贴会员证书印花费；四、各公司行号工厂申请变更登记时，应填变更登记表；五、重申在同一县市不得用他人已登记之商号名称为同一营业之登记等案及其他例案多件云。

《贵州商报》1944年8月23日，第3版

筑市商会举行六次常务会议 财委会积极展开工作

（本报讯）贵阳市商会于日前举行第六次常务理事会，出席理事长张荣熙，常务理事张慕良、赖永初、吴禹丞，列席兼办公厅主任冯程南等，由张荣熙主席，开会如仪后，宣读上次会议纪录，并报告各方来往文件后，旋即讨论提案，计通过增收出省证明书纸张印费，为加强国民精神总动员于举行商界国民月会时，全体工作人员均应准时参加，每月定期举行工作会报，凡各业函请转呈文件应加具副本，以省缮写手续等案云。

（又讯）该会财务委员会主任赖永初暨全体委员对会务推动颇为积极，该会办事细则亦经拟订，兹采志如次：第一条，本细则依据会章第三十四条之规定订定之。第二条，本会依会章第二十八条之规定由委员中公推主任委员及副主任委员各一人，负责处理本会一切事务。第三条，本会之职权除照会章第三十三条丁项之规定外，凡临时交议有关财务事项得开会讨论处理之。第四条，本会委员应为给职，并不雇佣其他专人。第五条，本会所有文件之缮写皆由市商会指派人员负责兼办，至文件保管亦由市商会档案室负责。第六条，本会每月得召开常会一次，如遇□临时重要事件，得由主任委员临时召集。第七条，本会工作计划除提交本会常会公决外，应提经市商会理监事联席会议决定之。第八条，本会委员对于财动有关之意见得随时提会讨论公决。第九条，本会开会时应有法定人数二分之一，每次以二小时为限，但各委员应按时出席以利会务推进。第十条，本会各委员不得连续请假或缺席二次以上，但确有重要事务者例外。第十一条，本会开会时遇主任委员缺席时由副主任委员代理主席，若正副主任委员均同时缺席，应由委员中公推一人任临时主席。第十二条，本会对于市商会

交管财物应予查明登记，如遇有增减时，并应予办理异动以重公物。〔第十三条，〕本会所管市商会财物每半年度造册二份送交理监事联席会备核。第十四条，本会于市商会交管财物如遇有损益意见得提交监理事会议决之。第十五条，本细则如有未尽事宜得临时修正之。第十六条，本细则经提交市商会理监事联席会议议决后施行。

《贵州商报》1944年9月15日，第3版

筑市商会召开各业联席会议

（本报讯）贵阳市商会日前举行第七次常务理事会，出席常务理事张慕良、赖永初等，列席办公厅兼主任冯程南，由理事长张荣熙主席。开会如仪后宣读上次会议纪录，后由主席报告一周来会务概况，旋即讨论，计通过重要议案多件。

（又讯）筑市商会为商讨会务推进，日前召开各业理事长联席会，出席该会全体理监事、各业公会理事长数十人，由张荣熙主席报告后，各业理事长均热烈发言，最后对该会工作甚多重要决议云。

《贵州商报》1944年9月27日，第3版

贵阳市商会举行第八次常会

（本报讯）贵阳市商会日前举行第八次常务理事会，出席常务理事吴禹丞、赖永初、张慕良等，列席办公厅主任冯程南，由理事长张荣熙主席，开会如仪，宣读上次会议纪录后，旋即讨论，通过重要提案多件，最后由张理事长临时动议，以行商所办货物经过图云关海关检查所，因货物未记唛头，往往发生纠纷，拟由会函请海关免办唛头或在货物到达贵阳时再行补办案，当经过由该会函请重庆关贵阳分关查照办理云。

《贵州商报》1944年10月4日，第3版

响应吴主席节约手令

市商会特电拥护　百货业及本报均有表示

（本报讯）贵阳市商会、百货业公会训练班暨本报，为响应吴主席颁布

之厉行节约严禁囤积手令，特表示拥护至诚，市商会等已代电吴主席，百货业会公会即捐资劳军，兹分志电文及详情于次：

市商会电

贵州省主席吴钧鉴恭读报载手令，敬悉此次颁布厉行节约严禁囤积办法，仰见策画尽谋，无任钦佩，值此大局好转，胜利在握之际，本会同人及全市工商界同志，一定遵崇，尽力推动，检讨既往，凡我工商，爱国急公，素不后人，捐款抢运，犹尽能事，所有节约消耗，早具热忱，今后自当益加奋勉，借副期望。肃电拥护，伏乞垂察，贵阳市商会理事长张荣熙暨全体理监事及各同业公会同叩，艳。

本报代电

贵州省政府主席吴勋鉴，恭读厉行节约严禁囤积手令。于平抑物价安定战时生活，诚为切要之图，本报对此，素极主张，本省处大后方之核心，际此胜利在望，尤宜刻苦砥砺，益加奋勉，本报素为工商界之喉舌，势必拥护到底，肃电奉达，伏乞垂察，贵州商报社社长赖永初、副社长朱晓云暨全体同人阖叩，艳，印。

百货业捐款

本市百货商业同业公会第二期会员训练班开课瞬将一月，训练期间，即将届满，该班学员本拟于结业日举行聚餐，借资联谊，日来听吴主席关于厉行节约手令及筑市新闻界响应宣言，岂能独责于公务人员，际兹军事、经济皆艰之时，国家民族之兴亡，百货商人何能后人，且前方将士浴血苦战，不饱不暖，吾人何忍再事酒食征逐，以虚縻国家有限之物资，爰经商决，自动将是项餐费共约二万余元，全部移作慰劳前方将士之用，一俟收齐，即收汇呈转汇劳军。按，该会奉令指定为示范公会，此次发动训练班学员移餐费劳军响应吴主席节约手令与新闻界宣言，实具有抛砖引玉之作用。甚愿全市各业团体同仁节有用之资作有用之事，集中物力以为国用，是所企盼焉。

《贵州商报》1944年10月4日，第3版

贵阳市商会举行六次理监事会　并举行国民月会

（本报讯）贵阳市商会日前举行第六次理监事联席会议，出席贵阳市政

府指导员董科长承烈，该会理监事张荣熙、张慕良、赖永初、吴禹丞、冯程南、陈职民、刘锦森、朱晓云、曾竹溪、熊义厚、曾俊侯等，由理事长张荣熙主席，报告该会工作情形后，旋即讨论，当通过：一、换发营业注册证，资本在一万元以下者，每张征收证费二百元，资本在一万元以上者，每证征收证费五百元，呈报市府查核备案施行。二、奉饬登记乡镇公益储蓄一千八百万元，定明日下午二时召集各业理事长联席会议，商讨登记办法，并请市府董科长承烈、财政局赵局长鸿德出席指导等案暨其他例案多件。

（本报讯）贵阳市商会日前召开本月份捌大国民月会，出席该会全体理监事、各业公会常务理监事暨该会各部门职员，由张理事长荣熙主席，行礼如仪后，即席报告国际状况与抗战形势，并对该会一月来工作情况亦有详细报告，继请省商联会理事长陈职民报告此次赴渝参加全国商会联合会筹备经过，陈氏除报告全国商联会筹备情形外，对今后工商界亦提出研读讨〔论〕，最后由主席领导恭〔读〕国民公约散会云。

《贵州商报》1944年10月10日，第3版

市商会国庆日
肃电蒋主席致敬

（本报讯）贵阳市商会及各业公会，于本年国庆日肃电国府蒋主席致敬，原电如次：重庆国民政府主席蒋钧鉴，抗战八载，世界局势益趋好转，倭寇日暮途穷，困兽犹斗，钧座肝胆勤劳，指挥若定，最后胜利，瞬在目前，值兹军事第一，经济第一，大会忝属筑市商界法团，自必秉承驯示，促进建设，奠定宪政，欣逢国庆，肃电致敬，伏祈垂察，贵阳市商会理事长张荣熙暨全体理监事及各业同业公会同叩艳。

（本报讯）贵阳市商会日前召开常务理事会，出席常务理事吴禹丞、赖永初、张慕良、蔡森久，列席办公厅主任冯程南，由理事长张荣熙主席，宣读上次会议记录后，即席报告一周来工作情形，旋即讨论提案。闻通过重要议案二十余件云。

《贵州商报》1944年10月18日，第3版

贵阳市商会成立筹募消防基金会

请金素琴女士义演平剧七天　收入所得全数购置消防器具

（本报讯）贵阳市商会全体理监事、消防委员会全体委员，以该会消防器具亟待筹办扩充，特成立筹募消防基金委员会，推张荣熙为主任委员，陈职民、刘锦森为副主任委员，商会理监事、消防委员会委员、各业业理事长为委员并分设财务，由蔡森久、冯程南负责，票务组由吴禹丞、赖永初负责，宣传组由朱晓云、汤黑子负责，交际组由刘锦森、张泽远负责，总务组由张慕良、甘瑞和负责，布置组由叶建华、张叔良负责，剧务组由厉彦芝、朱炎光负责，纠察组恭请朱司令、夏局长、阎厅长、严局长奉琦主持，自本月十六日起至二十二日止，敦请金素琴女士厉家班全体艺员，在贵阳大剧院义演平剧七日，全部收入，除缴纳捐税及必要开支外，悉数作为购备消防器具之用，开演以来，金女士唱做绝佳，清歌妙舞，珠圆玉润，博得观众一致好评，情形极为热烈云。

（本报讯）贵阳市商会日前为商讨重要会务，特于该会大礼堂召开各业理事长联席会，出席该会全体理监事、各业公会理事数十人，市政府国民兵团刘副长出席指导，由张理事长荣熙主席报告开会大意后，继由刘副长致词，各业理事长分别发表意见，对近来筑市商场情形等陈述极为详细，最后并通过重要议案多件云。

《贵州商报》1944年11月18日，第3版

市商会理事实行轮值办公　第五次理事会决议

（本报讯）贵阳市商会为加强内部工作之推动，提经理事会通过，实行理事轮值办公，除理事长张荣熙、理事兼商报社副社长朱晓云、理事兼办公厅主任冯程南等三人外，其余常务理事、理事，均须轮值一日，俟办公厅方面将轮值表决定后即开始实行云。

（本报讯）日前筑市商会召开常务理事会，出席张荣熙、蔡森久、吴禹丞、赖永初，列席兼办公厅主任冯程南，由张荣熙主席，报告工作后，旋即讨论，闻通过召开各业理事长联席会等要案多件。

（又讯）筑市商会于上月二十二日召开第五次理事会，出席张荣熙、蔡

森久、吴禹丞、刘锦森、朱晓云、熊义厚、冯程南，请假赖永初、张慕良，由张荣熙主席，开会如仪后，旋即通过重要议案及临时动议多件云。

《贵州商报》1945年4月11日，第3版

消防基金余款市商会决定催收

（本报讯）贵阳市商会日前举行第十次理监事联席会议，出席该会理监事陈职民、刘锦森、冯程南、吴禹丞、朱晓云、张荣熙、曾俊侯、熊义厚、赖永初等，由张荣熙主席，开会如仪后，宣读上次会议记录，继由张荣熙报告该会工作，旋即讨论，计通过催收上次筹募消防基金未收余款议案多件。

《贵州商报》1945年4月18日，第3版

贵阳市商会举行联席会议　讨论募集志愿兵安家费等案

（本报讯）贵阳市商会日前举行第十三次理监事联席会，出席陈职民、张慕良、熊义厚、朱晓云、赖永初、冯程南等，由张荣熙主席，开会如仪后，宣读上次会议记录，旋即讨论提案，闻通过案件甚多。

（又讯）市商会于日前召开第九次各业理事长联席会，出席各业公会（工）会理事长暨该会全体理监事，由张荣熙主席，报告后，旋即讨论有关志愿兵安家费慰劳金等事宜，当通过议案多件。

《贵州商报》1945年5月9日，第3版

志愿兵安家费市商会正现正积极催收中

（本报讯）贵阳市商会日前在该会办公室举行第十六次常务理事会，出席常务理事张慕良、赖永初、吴禹丞等，由理事长张荣熙主席，开会如仪后，即席报告一周间会务概况，旋即讨论，闻通过提案甚多。

（又讯）贵阳市商会暨市总工会发起之志愿兵运动，本年预计发动九百名，兹以该项工作亟待开展，所有各业公会负担之安家费及慰劳费，除已有一部分缴存怡兴昌银号外，当未缴纳者，刻正积极征收中。

《贵州商报》1945年5月16日，第3版

筑市商会欢迎国商联会黔代表

（本报讯）筑市商会暨四十九业同业公会，于昨（十七）日下午二时，在市商会礼堂茶会欢迎本省出席全国商会联合会代表陈职民、张荣熙、吴禹丞等，到赖代理事长永初，理事刘锦森，各业理事长五十余人，由赖代理事长主席，并致欢迎词，继由陈、张、吴三氏报告参加国商联会经过及赴沪杭汉渝各地考察工商经济情形之印象，至六时许散会。

《贵州商报》1946年12月18日，第4版

市商会昨理监会议

贵阳市商会昨举行理监事联席会议，理事长张荣熙，出席各理监事，讨论重要案件多起，兹将推派代表同税局商洽税务事项云。

《贵州商报》1947年4月4日，第4版

协助政府征税　避免苛扰弊病
筑市商会推派代表　与黔区税局谈　获有具体结果

（本报讯）贵阳市商会对于税务问题素极关怀，尤以近年，通货胀〔膨〕胀，税捐奇重，手续烦苛，该会为协助政府征税，并解除商界困苦起见，迭为商界同人向层峰呼吁，日前该会召开理监事联席会议，讨论所利税问题，即席推举陈职民、赖永初、刘锦森、朱晓云、蔡森久、张荣熙等代表，向黔区税局接洽，兹悉昨日已由张理事长荣熙，偕同理监事刘锦森、朱晓云、蔡森久等代表，前往区局访晤局长王粹存，作恳切商谈，王氏颇表同情，闻商办议法，已有具体结果。

《贵州商报》1947年4月5日，第4版

贵阳市商会理监事联席会议
讨论纳税诸问题　并再请减轻负担

（本报讯）自胜利以后，市面萧条，贵阳市商会为研讨纳税问题，于昨日召开各业理监事联席会议，主席张理事长荣熙，当即决议：（一）请税局将原定四月十五日交税限期，展延至五月十五日截止。（二）规定本市税额

负担太重，应请税局设法减轻，以苏商困。（三）纳税方法，应请采取集体申报，以资裕税便民。（四）推派代表张荣熙、吴禹丞、夏少锡、朱晓云、黄少珊、张敬铭、刘锦森、蔡森久，分向直接税区分局接洽。

《贵州商报》1947年4月15日，第4版

市商会与财税两局商洽

关于印花课征问题　酱酒营业税获解决

（本报讯）市商会暨五十县同业公会代表张荣熙、蔡森久、吴禹丞、张慕良、赖永初等，于昨（十三）日上午十时连袂径赴直接税贵阳分局，洽商印花税课稽征问题，彼此提出办法多项，意见尚应接近，想不久当获圆满成果。

（又讯）筑市商会理事长张荣熙以酱酒业公会与市府财政局，为营业税课征问题，特邀请该会理事长金慧章、常务理事王少珊至商会，解释甚洽，想该会各会员应缴之税款或能争先缴库次。

（又讯）黔区货物税局谢副局长于昨日访省商联会理事长陈职民、市商会理事长张荣熙寒暄后，附举谈及筑市卷烟厂商卷烟税过重问题，希望局方继续维护厂商从宽课税，以期生存，而增税源云。

《贵州商报》1947年6月14日，第3版

市商会改选　昨开四次筹会　决议要案两件

（本报讯）昨（十八日）贵阳市商会召开第四次理监事选举筹备会。至市政府指导刘科长效龙、主席张荣熙，宣读上次议决案后，即席讨论以抽签或投票作为选举方式，计决议事项如下。一、关于各业公会出席本会员代表法定名额，为一至五人，如何决议数额案。决议照第一项会议办理，至本会用费由总务组先拟具预算，交下次会议讨论。二、关于本会理监事任职将及三年应否改选半数或全部暨选举方式事。决议由投票方式，决定当经开票结果，赞成全部改选者无票，半数改选者四票，但若实行全部改选，应专案呈报市府备案云。

《贵州商报》1947年6月19日，第3版

市商会昨各业联席会讨论营业税问题

（本报讯）筑市商会为研讨营税等问题，特于昨（二十七）日在该会礼堂召开各业理事长联席会议，计到赖永初、吴禹丞、冯程南、蔡森久、袁啸声、刘锦森、曾竹溪等，列席市府财局黄明生、何嘉富，由张理事长荣熙主席，讨论结果，关于各商元、二、三月份欠缴未缴营税，依限一周内缴解清楚，至于四、五、六月部份，则照原案办理，并请税局简化稽征手续，取消查账制度云。

（又讯）本市卷烟业直接税缴纳问题，亦曾即席加以讨论，决议由该业理事长及市商会十二位理事于今（二十八）日上午九时齐赴市府及直接税分局洽商缴纳办法云。（甫）

《贵州商报》1947年6月28日，第3版

缴纳营税问题 筑商会将向财局洽商

（本报讯）筑市商会于昨（二）日下午三时在该会会议室召开第六次改选筹备会，到张荣熙、赖永初、冯程南、熊义厚、吴禹丞等。因不足法定人数，改谈话会，闻决议要案多件云。

（又讯）关于缴纳营业税问题，该会以前次向政府财政当局洽商无□□□决，仍由上次推出之理监事继续办理，商定于翌晨九时在商会集中齐赴财政当局洽商云。

《贵州商报》1947年7月3日，第3版

查税应避苛扰 市商会昨开会讨论对策

（本报讯）最近税局派员抽查本市厂商印花税，因多未按检查程序，致滋误会，演有不幸之争，已有所闻，此间市商会为使商家遵守法令，在合理合法范围内，切实接受检查，俾不致与政府人员发生冲突起见，特于昨日（廿七日）召开各业理监事联席紧急会议，计到赖永初、冯程南、蔡森久、张慕良等多人，由张理事长荣熙主席，报告开会意义后，旋开始研讨因检查印花税所发生之问题，辩论颇烈，当即决议要案多件，闻将转饬所属知照云。（甫）

《贵州商报》1947年8月28日，第3版

力避印花税苛征

市商会昨召开各业联席会议　推代表赖永初等向税局交涉

（本报讯）日来市税务分局派员四出查账且不依据手续，会同宪警进行检查，复任意翻箱倒箧，殆遍全室，商家对此，莫不惊惶为状。此间市商会为不使事体扩大，且觅取合理解决途径，特于昨（二十八）日下午三时于该会大礼堂召开本市各业理监事联席会议，并请主管官署派员指导，计到市府刘科长效龙、社会处何科长冠群，由张荣熙主席，即席报告：（一）关于尚未造报夏季营业税清册之各业公会，希即日起造送本会，以便汇报。（二）关于三十五年度所利得税，如税局核课未超过三倍一及三倍七者，希各业转知于八月底前迅速缴库，以免受罚，如超过者，应由所属各公会理事长或常务理事径往税局交涉，依照该会五月二十八日决议予以调整后缴库，又五月二十八日决议经税局张局长亲为签字承认在卷。（三）关于印花税问题，经该会迭次交涉办理，在商谈未解决前，税局竟行突击检查，翻箱倒柜，滋扰不堪，对策如何，望各抒所见等语。嗣由刘、何二科长相继致词，咸□能仰体时难，早完国税，协助政府戡乱建国，并盼于合理合法范围内，尽量寻求解决办法，俾免滋惹其他，语重心长，与会者感佩良多，旋由各业理监事发表意见，情形至为热烈，辩论亦颇激昂。至六时许始归纳各项提议，计决议：（一）公推赖永初、张荣熙、张慕良、刘锦森、冯程南、吴禹丞、朱晓云、张敬铭、蔡森久、袁啸声等十人代表各业径向市税务分局交涉印花税问题。（二）全体理监事授权各代表全权处理。（三）力争办法：（甲）公布印花税额。（乙）撤销商会处分。（丙）关于所利得税，应照税局承认比例额办理，不得增加。（丁）其他有关税务问题。（四）由市商会延聘法律顾问，即日登报公告。（五）各代表于今日上午齐集前往交涉，务期获得解决，否则绝不中止，约七时许始行散会云。（甫）

《贵州商报》1947年8月29日，第3版

筑印花税稽征问题　税局允予力求简化

商会代表昨与张局长洽谈圆满

（中央社本市讯）筑市印花税及所利得税之缴解，历年经税局依法办

理，全市商民亦踊跃缴纳，成绩尚佳，惟去岁（卅五年）之所利得税，因所定数额过巨，致一般商民感受困难，后经市商会与局方数度洽商，现已获具相当解决办法，又印花税一项，亦以预算额甚大，局方爰于本周间依法举行检查，其间商民颇感烦难，市商会负责当局为裕税便商起见，特于昨（廿八）日召开同业理监事联席会，并函请省市主管机关派员出席指导，除研讨一般税法问题外，当推出代表张荣熙、赖永初、刘锦森、张慕良、吴禹丞、朱晓云、蔡森久、张敬铭等八人，于今（廿九）日上午十时赴直接税贵阳分局陈述意见，由该局张局长继奇接见，并由主管科丁科长需详、徐科长泽瑞即席报告历年印花税及所利得税征收经过，旋由商会各代表先后发表意见。咸谓，目下各业交易维艰，然对国税仍勉力缴纳，唯望局方于配额及征收方法，能顾及实际情形，力求简化，俾收预期效果，嗣由张局长一一答复，并表示接受，至十二时许圆满结束。

《贵州商报》1947 年 8 月 30 日，第 3 版

贵阳市商会改选筹备会通告

（卅七）市商筹字第〇〇二号　民国卅七年二月七日

查本会理监事任期届满，经呈奉贵阳市政府核准成立筹备会负责推进改选事宜，前经通知各公会会员及非公会会员举派代表函报到会，以便定期召集大会。各在案兹经第十次筹备会议定于二月二十五日起举行改选大会并定二月二十日至二十四日为代表报到日期。除呈报及通知外，特此通告。

理事长兼筹备主任　张荣熙

《贵州商报》1948 年 2 月 9 日，第 1 版

市商会改选期近

各业代表纷纷报到　筹备繁忙报到者达百余人

（本报讯）筑市商会二届理监事改选，决于本月二十五日起开始。选期共为三日迭见本报前讯，日来各公会代表多已前往报到，该会办公厅主任冯程南氏为此次筹备改选工作，传极忙碌，冯氏自晨至晚，未曾或离办公

座位，并谆谆勉励该厅谓人员加紧工作，务使达成选举前之一切筹备事务云。

（又讯）此间各业同业公会会员代表业经推出，兹特将商会二届商会会员代表姓名采录于后：

（服装业）朱晓云，蔡健安，钱林，万里程，郑善炳。

（绸缎业）冯程南，张荣熙，宋智奎，吴学渊，陈职民。

（纱业）张慕良，高克雄，王文治，唐永禄，申荣初。

（百货业）蔡森久，饶开新，欧天正，吴泽民，高仲威。

（五金业）梁永固，陈范生，刘剑钰，杨正国，尹渊涛。

（酿造业）顾准，胡品三，赵宏达，王吉田，沈大海。

（国药业）曾俊铭，胡怀邦，□惟□，冯耀先，谢凡生。

（银楼业）孙达五，欧超修，李海生，孔绍先，朱枝伦。

（酱酒业）金慧章，王绍珊，刘仲伦，黄宜之，堵茂棠。

（布业）夏少锡，申体之，李国瑞，张永生，王植成。

（汽运业）李葆善，陈竟成，邹相贤。

（卷烟工业）黄英民，吴秋舫，顾传泗，吴子和，唐健。

（糖食业）叶伟常，王绍珊，刘锡昌，杨福昌，刘蕴波。

（苏裱叶业）方登五。

（纸业）陆继斌，张岛山，王荣超，李德超，樊锦余。

（仓库业）吴禹丞，周静山，蒋仲实，韦子文，金正华。

（马车业）习国才，李卫民，常兴恬，朱鑫渲，杨北威。

（新药业）姚克思，周闻内。

（图书业）李宗华，袁啸声，郑祖新，龙兆岑，张汉文。

（盐商业）陈克仁，巩健民，杨复盛，杨富先，刘伯璋。

（卷烟商业）张敬铭，文举生，张辅惠，周彦华，张□南。

（粉麦食品）范相麟，徐昭明。

（胰染业）邹柏棠，谢宝生，张清，何红檀，魏仲权。

（竹木业）郑世严，江仲选，王义奎，苏□卿，卫岐山。

（丝业）冯亮甫。

（粮食业）周季卿，傅哲生，王树臣，许伯清，李□民。

（陶瓷业）荣子和，宋晋为，孙荣华。

（餐饮商业）卢骏卿，熊家□，黄民□，□□根，贾相珊。

（橡胶业）蔡云鹏，杨联鍪，杨正国。

（颜料业）熊义厚，梅岭先，唐惠民，李益群，李传之。

（摄影业）刘泽民，彭晓珍，何健。

（煤炭业）欧阳松，杜翔轩，安康年，张烈勋，何吉之。

（机器工业）黄先立，黄翔馥，徐如，李迪光，陈庭芳。

（银行业）姚舫，钱存皓，邝克明，韩文宜，赖永初。

（茶馆业）罗金时。

（旅馆业）岳裕祖，刘锦森，杨天才，刘维仁，萧统信。

（理发业）吴省吾，吕庆有，温德标。

（人力车业）罗祝之。

（电器器材料）蔡建华，余跃祖，张叔良，伍桂□，陈善栋。

（油业）傅基溶。

（影剧业）杨书城，廖明初。

（售货业）蒋佩之，何锡荣，陈椿龄，刘炳奎。

（印制业）杨卓五。

（汽车材料）朱子凤，王怡如，丁文宾，□松涛，徐义南。

（鸡鸭业）张天祥。

（棉花业）萧勋臣，唐性初。

非公会会员代表姓名：新黔公司赖永初，森泰号邹盛之，锦森布业张楚仁，众和典孙瑞五。

《贵州商报》1948年2月21日，第3版

筑商会改选理监事

明首次会员大会　大会各组织员名单亦已公布

（本报讯）筑市商会二届改选大会，于明（二十五）日起于公国西路会所举行，筹备各情，选兹本报前讯，此间各界对该会理监事之改选，暨理

事长之人选问题等，皆寄予殷切之注意，感望该会，能选贤任能，务使此领导众商之唱一机构，组织益臻完善，尽量发挥其救力，俾配合黔西［省］当局之五年建设大计，该会工作人员近于筹备工作方面，均在每日忙碌中，且已发出请柬，邀请相关主管及各界人士于是日前往参加指导云。

（又讯）该改选大会职员名单，业已拟就，兹特采志如次：（一）代表资格审查委员会委员张荣熙、陈职民、蔡森久、张慕良、赖永初、吴禹丞、刘锦森；（二）会章草案修订委员会委员陈职民、张荣熙、朱晓云、张慕良、吴禹丞；（三）秘书处主任秘书陈职民，秘书邓庆棠、孙家康；（四）理事组主任委员陈职民，委员熊义厚、曾竹溪、刘熙乙、夏少锡、李葆善、陆继斌、袁啸声、饶开新、傅斯甫；（五）业务组主任冯程南，组员石先赐、杨文芳、黎承萱、章壁贞、王宗祥、邵祺滨、张耀南、刘素英、王玉明、向蔡村、雷从□、李祥麟、□士芽；（六）文传组主任朱晓云，组员徐锦明、关兰舟、周顾文、王玉铭、陈培元、石先赐。

《贵州商报》1948年2月24日，第3版

市商会理监事选出

昨讨论各项提案颇为圆满　理事长改于今午一时选举

（本报讯）贵阳市商会第二届会员代表大会，昨为大会第三日。上午讨论税务、组训，主席吴禹丞，由小组召集人饶开新、李葆善相继报告提案审查意见后，即交付大会表决，均得顺利通过。下午改选理监事，由主席张荣熙主持，开票结果，计当选理事张荣熙、冯程南、张慕良、朱晓云、赖永初、夏少锡、刘锦森、蔡森久、吴禹丞、胡怀邦、孙达五、梁永固、李葆善、陆继斌、张敬铭等十五人，候补理事饶开新、熊义厚、金慧章、顾传泗、高卓雄、李卫民、朱子风等七人，监事陈职民、蔡建华、陈克仁、岳裕祖、唐永禄等五人，候补监事黄先立、叶伟常、郑相贤等三人，是日市府科长刘效龙、社会处视导蔡文达、市府三科主任孙□癸、市党部杨科长敬，均出席会场指导，直至午夜，开票完毕始返。改选常务理事及理事长，因时间不及，改于今日午后一时举行云。

（又讯）贵阳市商会此次举行代表大会，为期三天，商会以及大会各部

门工作人员,均竟日工作,备极忙碌,昨晚更为紧张,张荣熙、冯程南、夏少锡、陈职民、邓庆棠、张耀南以及其他诸人,皆工作至午夜始散云。

《贵州商报》1948年2月28日,第3版

筑市商会二届理事长选出
张荣熙再度当选

(本报讯)筑市商会第二届理监事业经全部改选竣事,各情曾志本报昨讯,昨午一时,全体新任理监事复集该会会址,票选理事长、常务理事及常务监事,仍由社会处蔡视导文达、市府刘科长效龙出席指导,结果张荣熙、冯程南、张慕良、赖永初、刘锦森、蔡森久、吴禹丞等当选为常务理事,陈职民、岳裕祖、蔡建华当选为常务监事,经一度热烈掌声后,积极选举理事长,空气颇呈紧张状态,开票结束,张荣熙主席以十二票对蔡森久票□而获□联,于是掌声再发,张氏即走向蔡氏握手,致谢蔡氏谦让之忱,旋即礼成,至此情况空前。继续开会四日之市商会第二届会员代表大会,热烈结束。各区会员于临别之际,诚不尽依依之感也。

(又讯)该大会为慰劳此次出席会员代表,暨联络所属同仁感情计,拟举行游艺晚会一次,借此庆祝大会之成功,此所需经费一节,由此次新任常务理事之刘锦森氏慷慨捐助,氏素极乐善好施,尤对公益事业,无不首先赞助,与本报夏总经理少锡,人皆誉为"善士一对",至于举行日期,俟地点觅妥,即可决定云。

《贵州商报》1948年2月29日,第3版

筑市商会首次理监联席会(节选)
通过该会本年度预算案　决定改本报为公司组织

(本报讯)此间市商会昨午二时在公园路会址举行第二届第一次全体理监事联席会议,市府刘科长效龙出席指导,计到会理监事张荣熙、蔡森久、张敬铭、陈克仁、冯程南、吴禹丞、夏少锡、李葆善、唐永禄、陆继斌、云[岳]裕祖、□□□、朱晓岳[云]、张慕良、孙达五、胡怀邦、陈职民、蔡建华、刘锦森、赖永初等二十余人,由理事长张荣熙主持,首由办公室宣读绸缎、

仓库、米粉、服装、摄影、汽车、材料等同业公会致该会之贺电后，旋即开始讨论提案。（后略）

《贵州商报》1948年3月7日，第3版

整顿出口贸易　谷主席勉省市商会理监事

（本报讯）谷主席正伦氏，昨午曾□见此间省市商会各理监事，本报发行人赖永初，正副社长张慕良、朱晓云，及张荣熙、陈职民、冯程南等多人，均应召于午三时前往省府聆听，谷氏当予分别接谈，述及本省经济事业等问题时，氏极表关切之意，并勉该理监事等力谋整顿本省出口贸易，使本省经济改观，期达富强康乐之境云。

《贵州商报》1948年5月6日，第3版

本报昨开股东大会依法选出董事及监察赖永初张荣熙等多人

（本报讯）本报董事会已于昨日成立，全体股东大会于是日下午三时假市商会大礼堂举行，发行人赖永初氏亦亲临参加，当即依法选举董监，情况颇为隆重，结果赖永初、张荣熙、蔡森久、刘锦森、张慕良、吴禹丞、冯程南、高卓妍、夏少锡、康永福、袁□泉、张正华、陈鑫善、王俊轩、朱晓云、杨性初、贺□恒、邓若符、孙达五、万俊波、李葆和、胡怀邦、吴瑞明、申秋涛、伍效高等为董事，李海生、徐国□、朱治国、刘□斌、郑惠群、刘副求、朱起□、姜□□□□等候补，陈职民、蔡建新、岳裕祖、竺训思、申荣初、陈国夫、蒋□忠等为监察，邓景初、时树清、余义元等候补，因时间过宴，董事长将另行定期选举云。

《贵州商报》1948年8月6日，第3版

本报社长易人

蔡森久昨到社视事　赖永初向全体同人指示要点

（本报讯）本报社长张慕良自就重庆市银行总经理职后，对于社务□无暇兼顾，继向董事会呈辞社长职务，经由大会批准，遗职公推蔡常务理事森久接充，蔡氏已于昨日到社视事，并由赖发行人永初、张董事长荣熙、朱副社长晓云等陪同参观各部，旋出席全体同仁欢迎会，诸氏分别致词，语多勖勉，情况极融洽。

《贵州商报》1948年8月30日，第3版

研讨管制物价问题
省市商会昨举行茶会　并欢送主委吴道安等

（本市讯）本省商联会及贵阳市各商会以立法委员吴道安等准备赴京开会，特于昨日下午三时举行茶会招待，并邀省参议会副议长杜叔机、市参会议陈虎生等人莅临议参，席间除提供立法方面与商界之意见外，□研讨关于目前管制物价问题，席间由各与会首长陈职民、张荣熙、赖永初、蔡森久等相继发言，诸多建议独到云。

《贵州商报》1948年9月1日，第3版

启事

谨订于国历元月十五日为舍弟祉奇、舍侄女寿仙举行结婚典礼，恭请赖永初、桂百铸两先生证婚。特此敬告诸亲友。

周祉皋、陈恒安　谨启

地点：贵阳市商会

时间：下午二时

《贵州商报》1949年1月15日，第2版

交涉核减电话电报费已获得圆满答复
市商会代表提出四项意见　电信局均已分别表示接受

（本报讯）贵阳市商会因所属七十五单位，纷纷请求谓："贵阳电信管理局通知，所有电报费、长途电话费及市内电话费，均须以实银缴付，按其计值，超过战前水准极巨，各界用户俱感不胜负荷，祈向该局交涉。"特于昨日下午召开各业理事长联席会议，当经公推张理事长荣熙暨常务理事蔡森久、赖永初、吴禹丞、冯程南等前往电局交涉。该局余局长因病不能商洽，当由工务课长刘兆祥与业务课长费肇麟二人出面接见，经张理事

长及各常务理事提出：（一）关于长途电话费与电报费，市内电话费以实银缴付，计值过高问题，当经王、费两课长应允，请区局核减。（二）未经核减以前，不缴费者希不予剪线断话，亦获圆满答复。（三）缴费仍以金圆券照市价折缴。（四）已缴者仍应照核减后之办法办理，多获得该局允诺云。

《贵州商报》1949年5月15日，第4版

电话收费超过战前　筑市商会要求减低

（本报讯）贵阳市商会于昨（二十一）日下午举行第十六次常会，计到常务理事蔡森久、冯程南、赖永初、吴禹丞，主席张理事长荣熙。（甲）报告事项：（一）案奉财政厅训令为市场使用银元除汉版（川造背面正中有汉字者）以八折计算外，其余各种版面，不得区分，一律以同等价值十足使用一案，奉此，除遵照并转各业公会及通告各公司行号遵照外，提会报告。（二）以下略。（乙）讨论事项：（一）关于贵阳电信局增加市内电话，月租费为每月银元自七八元起，至十七八元不等，比较战前租价，增加五六倍以上，公私用户无力负担，经举行各业理事长联席会，决议推举代表，径向电局交涉在案，兹准复函，以（一）甲种用户，暂按九成收费，一成记欠；（二）乙种用户，暂以八成收费，二成记欠；（三）市话装移机费、界外维持费一律照原价折半计收。嘱转各业迅予缴纳一案，经查所复租价，仍属过高，查战前月租费，最低为一元五角，最高额亦不过三元，目前银元价值比战前高出数倍，倘以外汇为例，战前银元三元，约换美金一元，目前美金一元，仅值银元六七角，相差过于悬殊，再以市场物价为例，战前二十几元一尺之阴丹布，现在亦仅售价十余元，以此而论，现在市场交易，虽多以银元论值，其价值实比战前为低，而电话之加价，既以器材需用外汇，开支须按物价，则加资似宜以外汇及物价比值核价，是为公允。本案究应如何办理，请公决案，决议函复请仍按战前租价计算，最高亦不宜超过现时核价之五成，并在本案未得合理解决时，不得停话或撤线，此外并通过公推冯常务理事长程南代表出席防疫委员会等案六件云。

《贵州商报》1949年5月22日，第4版

市商会昨开座谈会主张起用铜币镍币
决议案将呈报当局考虑实行

（本报讯）昨日下午三时，省市商会及各业理事长于市商会举行座谈会，到张荣熙、赖永初、张慕良、冯程南、袁龙媒、蔡森久、陈椿龄、廖明初、孙达五、〔刘〕仲伦、涂宗华、陆继斌、张敬铭、黄英民、叶伟常、蔡建华、蔡维钧、曾俊铭、朱晓云、吴禹丞、张正华、朱子风、周笠波、伍效高等二十余人，由省商联会理事长担任主席，对银元流通市面之利弊讨论甚详，经决议如下：（一）铜元、镍币同时使用；（二）二十分镍币当银元一分使用；（三）铜元以五十文为标准，每二枚当一分使用，五十以上者，每枚以五十文计算；（四）十文红铜元，每四枚当银元一分使用，并闻将呈报当局考虑云。

《贵州商报》1949年6月5日，第4版

上期所利得税过重　筑市商场不堪负荷
市商会昨集会商讨请予核减

（本报讯）筑市商会于昨（二十八）日下午三时举行各业公会理事长联席会议，商讨本年上期（即三十七年七至十二月）营利事业所得税配税总额及各业分配事宜，计到梁永固、张荣熙、蔡森久、赖永初、张慕良、冯程南、吴禹丞等四十一人，国税局陈局长阁丞、市政府社会科姚主任有燧等均应邀参加，由张理事长荣熙主席，报告对陈局长奉部令接长本市国税局，各业一致表示欢迎。次述商会接准国税局代表转奉财政部云贵区管理局令，核课筑市本年上期（即三十七年七至十二月）营利事业所得税总额银元四万一千元。对将上项税额分配各业公会一案，兹以事体重大，本市商场能力是否可能负担，及应如何分配，特召集各业联席会议，详加研讨。旋请陈局长致词，陈氏首对商会及各业理事长表示谢意，次对本市商会及各业公会组织完备及维护法令精神加以赞扬，旋阐述渠主持国税基本原则，在"扶植工商业以培养税源"，末述本年上期营利事业所得税课征方法，系依照财政部规定，包征原则办理亦即课税数额，由商会分配各业公会，再由各业公会按等分配所属商店会员后，造具表册呈送税局，再由税局根据公会所报会员税额填发纳税通知汇交公会，转送会员依期完税，此项手续，极为简化，且属尊重商会公会意见，希望各业理事长参加协助，以利税收。次由市政府姚主任致词，旋由各业理事长朱子风、李宗华、黄英民、张敬铭、吴禹丞、陆继斌等发表意见，均以税额过重，无力负担，张理事长并将前因印花税及未登被移送法院各案提出询问，经陈局长、封副局长分别答复，最后一致通过四万一千元之税过重，请税局迅转财政部及云贵区管理局核减后，再行分配。

《贵州商报》1949年7月29日，第4版

筑课征六月份营业税　市商会昨曾开会讨论

会员纳税名册限后日造送

（本报讯）贵阳市商会于昨（十）日下午三时举行各理事长联席会议，商讨税务事宜，计到冯程南、吴禹丞、赖永初、孙达五、陆继斌、饶开新、高卓雄等四十余人，市政府税捐处陈处长（朱股长德锋代）亦应邀出席参加，主席张理事长荣熙，即席报告前（九）日全体理监事分赴国税局及市政府税捐稽征处，呼吁核减三十八年上期营利事业所得税经过详情，旋由朱股长致词，对省府财政厅核定本市六月份税额及业与业间纳税百分比，暨各业造送会员纳税名册等级分别等级，作详尽之指示，随由吴禹丞、陆继斌、梁永固、郭焕文、陈椿龄、刘仲伦、叶伟常等先后发言，对税额等级及纳税通知填发手续，商店兼营副业纳税问题，提出询问，经朱股长分别答复后，关于六月份本市营业税课征事宜，已获完满之解决，惟各业会员纳税等级名册，须于本月十三日造送税捐处作核税根据云。

（又讯）关于国税局课征货物款税，经前（九）日各理监事前往税局洽商后，亦已获得该局陈局长阁丞之圆满答复云。

《贵州商报》1949年8月11日，第4版

筑市商会昨九次理事会

（本报讯）贵阳市商会于昨（一）日下午举行第九次理事会，计到常务理事蔡森久、冯程南、刘锦森、赖永初、吴禹丞，理事朱晓云、李葆善、孙达五、胡怀邦、梁永固、张敬铭等十一人，主席张理事长荣熙。（甲）报

告事项：一、宣读上次决议案。二、奉市政府训令，为加强工商管理、便利商民起见，普通商业登记，即日起赓续办理，又登记费规定为每户银元一元，饬转各会员遵照一案，除函转各业公会转行遵办外，提会报告。三、奉贵阳市政府训令，为各公会对会员售货价格，仅能限以最高价，许其自由削减，不得遽加干涉一案，除函转各业公会遵照外，提会报告。四、奉市政府训令，为筹组地价评议委员会，嘱函代表一人参加，除由理事长代表参加外，提会报告。（乙）讨论事项：一、主席交议，据办公室主任签拟具改修本会礼堂计划，及估价单，乞鉴核实行，可否，请公决案，决议修正通过。二、据办公室签造本年六、七月份本会经费收支报告，请予审核案，决议推梁理事永固、张理事敬铭审核报会后，再咨监事会核销云。

《贵州商报》1949年9月2日，第4版

二 档案史料

赖永初呈贵阳市商会建议书（节选）
（1942年3月30日）

查市商会此次改组后，全市商界人士，对会希望极大，于工作之表现，亦得较之往常，故于内部之组织机构，不得不较过去加以变更而强化，但须合乎事事与环境之需要，在在切实，力避空洞，然后一切工作得可实际推进，兹特就管见所及，提供下列数点，借为诸要员参考之：

一、关于商会执行事务方面

商会常务委员会下应有下列之编制：

秘书室——秘书——档案、收发、文书

会计室——主任——副主任——出纳、稽核、财务

总务科——主任——总干事——交际、人事、征收、庶务

组训科——主任——总干事——调查统计、商务登记、宣传、指导

二、关于商报方面

商报创刊以来，时越年余，惟限于财力、人力、物力，未能达到预定

之目标，可是根据以往经济之指出，核与事实之表现，差强人意。且商报为商会之喉舌，商会工作之表现及有关工商法令之推行，均有赖于商报之宣达，同时为求工商消息之流通迅速，各种商情之普遍传达，实有改为三日刊之必要，并将内部组织加以强化：

贵州商报社社长——副社长——编辑室、资料室、经理部、采访部

三、关于商业补习班

商业补习班为造就商业人才之机构，第一届学员经已毕业，以事实之需要有继续举办之必要并应改为贵阳市商业补习学校，扩充学额、增加课程，其组织如下：

贵阳市商业补习学校校长——副校长——教务主任、训导主任、事务主任

四、关于商友俱乐部方面

商友俱乐部为本市商人唯一高尚娱乐场所，轮廓已具，内部机构尚亟完备，应有俱乐部董事会统盘筹划办理。

五、关于人事方面

本会各部门工作人员，仅就原有职员量才分配，如遇缺额，得由会登报公开招聘，搜集优秀人才，加强工作效率。

六、关于待遇方面

查本会工作人员，为一切会务之实际执行者，因此，待遇上不得不加切实注意，合乎现时生活之需要，故本会今后工作人员之待遇，应采用行政机关兼给为标准，务使生活无忧，安心工作。

常务委员赖永初

摘录自贵阳市档案馆藏档案，档号：43-1-43

贵州商报社招股公函（节选）
（1945年7月）

闻丙理事长赐鉴：

本报创刊于民国二十九年十二月二十五日，初办时原有周刊改为日刊之计划，徒以人力、财力不足致未成愿，兹经决定改出日刊以增宣传效能，素仰台

瑞对工商事业、文化工作热忱赞助，为特检同本报社招股缘起，及认股书，函请赐予参加入股并招募共襄盛举，无任感盼，专此顺颂时祺，伫候明教。

贵州商报社谨启
7月3日

附：贵州商报改出刊招股缘起

本报创刊于民国二十九年冬，原系贵阳市商会主办，为我全省工商界唯一之喉舌，过去经常费用，悉由贵阳市商会拨支，现因时代环境之需要，经市商会第十四次理监事会议议决，本报社另立机构，改出日刊，复经市商会第十次各业理事长联席会议复议通过，确定资本额为国币一千万元，除由贵阳市商会投资国币一百万元，永初认募一百万元，晓云认募五十万元外，余则公开招股，希我工商界同人，踊跃投资，早观厥成，曷胜欢幸，兹将本报出版计划、招股简则，分述如后：

甲、出版计划

1. 本报经决定由周刊改出月刊，俟筹资认股得有相当成数时，即每天先出四开一张，编排力求新颖，取材注重有关工商、实业、经济、财政、税务之新闻言论，以及本市及各大都市之工商行情、贸易动态，关于副刊，侧重短篇生动之有趣文字。

2. 本报改出日刊，因在草创时期，开始三个月内，暂不自办印刷，交由富有印刷报纸经验之印所承担，以便在此时期，从容筹设本报印刷厂事宜。

3. 待自办印刷厂成立以后，本报即由四开日刊，准备改为对开日刊，并拟兼营其他印刷业务，以裕收入。

4. 本报推销，先向各界征求基本定户五千份，在本市分设业务站，暨本省各县及各省市设立之分销处或代理处。

乙、招股简则

1. 本报社自筹备改出日刊后，即称为商业性质之公司组织。

2. 本报社资本额定为国币一千万元，分作一千股，每股一万元，一次收足。

3. 认股人请先填具本报社认股书，交由本社，以便函知缴款地点，股款收到后，由本社寄给盖有本社正式图记及社长经理私章之收据为凭。

4. 本报社股款俟有成数时，即召开股东大会，通过公司组织章程，及选举董事监察，成立董事会。

5. 本报社董事会成立后，各股东股款收据一律换发正式股单。

6. 本报社规定股息，计周息三分，每年十二月底为营业年度总结算期，支付股息，分派红利。

7. 本报社对于各股东，除登载广告予以优待外，凡加入五股以上者，长期赠阅本报一份，五股以下者，订阅本报一律七折优待。

8. 本报社业务概况，每半年向各股东报告一次。

9. 本报开始改出日刊，最初三个月之收支预算，约计如下（略），以上每月支出共计二百九十七万元。

上述出版计划，极易着手，收支情形，依目前物价，以及最低限度之推销而估计，本报过去既有相当历史，且拥有工商大业，推广销路、招登广告，决无问题，今抗战已入第九年代，胜利在望。由于不平等条约之取消，国内外贸易之发展，本报为顺应潮流，改出日刊，以谋本省工商业之繁荣，经济建设之促进，前途固未可限量也，是为启。

社长赖永初　副社长朱晓云　谨识

摘录自贵阳市档案馆藏档案，档号：43-1-636

贵州全省商会联合会工作报告（1945年1月至8月）（节选）
（1945年9月15日）

推举出席全国商会联合会会员代表：查本会办理参加发起中华民国商会联合会组织被推为筹备会员一案，经于上年一商联字第五七五号，已□代电，请各会员商会查照，并请提供意见以便具体提出贡献，大会所有举办出席会员代表正筹备办理关于复奉社会处六月廿一日乙处二组字第一五三九号训令，转奉社会部电令举办，出席会员代表，于文到一周内依法产生，具报当以奉令，限期迫促，同时事实上亦有种种困难，当将此种情形签报，社会处嗣经决定于六月廿八日举行全体理监事联席会议，并先期以商联（乙）字第八〇一号通告登载《贵州日报》，当时出席代理理监事共计一十七人，并蒙社会处派员莅临指导，正式推举陈理事长职民、张常务理事荣熙、孙常务理事蕴奇、赖理事永初、吴理事禹丞为出席会员代表，除以商联（乙）字第七七号呈报社会处备案及以商联（乙）字第八一一号函达各县市镇商会，本会各理监事查照外，并填具会员代表名册，函报全国商联会筹备处，现已准全国商联会筹备处函送筹备会议记录，定本年十一月九日举行成立大会，本会刻正秉承主管机关指示，征求各方意见，积极准备提案中。

摘录自贵阳市档案馆藏档案，档号：43-1-34

贵阳市商会呈请捐助商人节经费事由（节选）
（1947年10月）

查十一月一日为商人节，业经省市商会暨各业公会举行庆祝大会，所用经费由各业公会及商界热心人士乐捐。现大会结束在即，结欠数百万元除由赖永初先生乐捐赞伍拾万元，及刘锦森、夏少锡、孙达五诸先生等乐捐资助外，尚银不敷，无法弥补，拟请公端捐助一百万元。兹推蔡森久先生面洽，已荷概允，兹特函达即希，此致，惠予掷下，以资结束，勿任感荷。

此致

刘总经理熙乙

摘录自贵阳市档案馆藏档案，档号：43-1-60

赖永初申请即日解除社长职务的报告（节选）
（1945年1月15日）

敬启者：

查本会上年改组，同时调整各部门机构，永初谬承公推，继任贵州商报社社长，辞不获请，暂承其之，窃以商报为商人喉舌、精神食粮，当此非常时期，职员异常重大，夙夜戒慎，幸少蹉跌，本应继续努力，俾期益宏效用，无如近月以来，永初公私事件日加繁巨，能力、时间两难兼顾，设谨虚名遥领，必致覆餗以贻讥，孰若敬让贤能，借图审慎于先事，用特备函恳辞，敬希查照，准予即日解除贵州商报社社长职务，另选贤能接替，以重要公。再报社内部事务历系朱副社长晓云经理，统由朱副社长负责移交，合并声明。谨上

贵阳市商会常务理事会

赖永初　谨启

元月十三日

摘录自贵阳市档案馆藏档案，档号：43-1-44

赖永初关于商报停刊请另选贤能接替的函（节选）
（1945年11月23日）

　　大会推选连任贵州商报社长一职，辞不获请，续承其令，受事以来，当与朱副社长晓云共同负责，赓续刊行嗣道。

　　大会改办日报之决议，依法申请变更登记，停刊待命，送于令部，本应继续筹备，以期克底于成，无如永初为务繁复，力难兼顾，朱副社长复又签请辞职，佐治乏人，无日报周刊，决非才所能胜任，用特备函请辞，敬希鉴登得准，另选贤能接替，以重要公，又准朱副社长函请商报停刊，行将六个月法空期间，难于再缓，是否改办日报或仍照以周刊，均须早日决定，应推荐汤又新先生主理报务，永初亦表同情，呈否可行似最待决。贵阳市商会理事长张荣熙。

赖永初　谨启
卅四年十一月廿三日

摘录自贵阳市档案馆藏档案，档号：43-1-44

贵阳市商会关于慰留赖永初的公函（节选）
（1945年11月25日）

　　贵理事笺函一件，"以事务冗繁，请予辞去商报社社长职务，另选贤能，克日接替，以重要公"等由，到会当经提交第廿九次常会暨第八次理事会讨论，"佥以台端，学识丰富，主办商报有年，成绩卓著，由会致函慰留，仍盼继续到社主办，以副众望"等语，纪录在案，准函前由相应函复即希查照为荷。

赖常务理事永初　理事长张荣熙

摘录自贵阳市档案馆藏档案，档号：43-1-44

三　个人回忆

赖永初关于贵阳市商会"速富团"和"十人团"的回忆（节选）

1935年前后，刘〔熙乙〕在一次请客宴会时，我和陈职民、张荣照〔熙〕等在座，刘熙乙说贵阳的气魄比毕节大得多，最易发展，可惜多数人不懂发财的方法，所经营的企业都是老办法。如过去安顺四大号的组织，虽然成功了，仅仅有很微小的政治背景，不懂得应用，发展太迟，不得目标和方向，无宗旨，早迟要失败的。

刘说，要很快的发财，必需集中力量，成立一个"速富团"。当时我问他："速富团"怎样产生？怎样才能很快发财，我说这是一个理想吧！刘又说："速富团"组织起来，首先要抓住4个重点：第一个是要抓住政治，不光是抓政治，还要抓住政治的尾巴；第二要抓住贵州各处的经济；第三要抓住贵州和省内外人才；第四要抓住机会和时间，还要大量应酬。我听后问他光抓住这四点就会发财吗？我实不敢相信。第二天我在工商联会着陈职民，陈职民说：刘熙乙成立"速富团"。他的野心很大，想拉你参加"速富团"作支柱。过几天他会再来找你！我说，决不愿参加他的任何组织。陈职民又说，如果参加他的"速富团"，不如参加商会的"十人团"。陈职民说，吴鼎昌他们有个"十人团"的组织，民、财、建、教这些厅长都参加，所以他们团结得很紧。水都泼不进去，又牢实，又坚固。我们商会可以组织"十人团"，公私都好。叫我不要参加刘熙乙的"速富团"。当时我接受了陈职民的"十人团"。刘熙乙听到商会组成了"十人团"没有约他，以后对"速富团"的组织便没有公开再提了。但是他个人的发展，完全依据他所说的计划实现了。凡是参加他范围内的股、董事、经理等等，均是加入他"速富团"的人。这些人因"速富团"的关系也发了财。

摘自赖永初《刘熙乙组织"速富团"的经过》，贵州省政协文史与学习委员会编《贵州省政协文史资料存稿选编》第3卷，贵州人民出版社，2006年，第126~128页

《贵州商报》原责任编辑陈培元的回忆（节选）

1940年7月，那时我在农本局黔处工作。有一次，我为商报事，到贵阳县商会晤及常务理事赖永初。据告，抗战以后，贵阳因外地工厂商号内迁，人口激增，市场繁荣，已成为西南重镇，县商会为了同广大工商界加强联系，沟通工商信息，并为发展贵州经济起见，上星期举行例会时，就已决定创办《贵州商报》，先以四开版周刊问世，又确定理事长陈职民为商报发行人，赖永初为商报社社长，由赖负责筹备工作。会后，赖即邀请商会会计王克新兼任商报采访主任，黄立纲兼任广告，金民生担任庶务，邬丽君担任收发，又邀请朱晓云担任报社经理，陈培元为责任编辑。报社社址设在原打铜街县商会内，经费由商会按月拨给，不足之数以订报费及广告费弥补。为了争取早日出版，我们报社工作人员自八月份起，就开始正式工作。我因原有工作关系也抽暇上班，朱晓云即办理商报申请登记事宜，印刷方面经朱晓云和当时《中央日报》印刷厂订立合同承印，又以报社名义函请何应钦题写"贵州商报"四字作为报头，我为创刊号写了篇发刊词，并请陈职民、张荣熙、冯程南写了些纪念文字，再搜集些贵州工商界要闻、贵阳商情动态以及工商方面业务知识等材料；此外，编了一版副刊"筑声"，刊头是一位大地广告社主办人、杭州国立艺专毕业生龚文千设计的，登载工商界从业人员和读者来稿。当时就有喜欢写稿的费孙轩、叶弈颐、胡莘人、张垠、蔡容等寄来稿件。至此，《贵州商报》的出版工作已准备就绪，创刊号就在1940年10月10日正式发行。

当时，《贵州商报》最初采用白报纸，后来因为沿海各大城市大部分均为日寇占领，太平洋战事爆发，进口白报纸已断绝来源，纸张极为缺乏，《贵州商报》就利用当地土纸印行。其他大中城市也以纸张缺乏，继续出版商报的不多，记得重庆有《商务日报》，柳州、南昌、上饶、南平等地也有商报，都采用土纸。《贵州商报》都分别进行交换，有些材料也为它报转载，重庆《商务日报》还特地写信来，希望对有关国际工商界杰出人物资料，连续发表。

商报言论是以维护工商界正当的合法利益为主。当时贵州省政府主席杨森曾有一次因索取一笔费用，未经商会同意，即向某同业公会苛捐勒索。

该同业公会开会反对，商报及时反映，仗义执言，声援抵制。事后，杨森只能在一次"国民月会"上大发雷霆，但不得不取消摊派。

到了抗战后期，由于共产党军事上捷报频传，国民党大后方物价高涨，"法币"贬值，商报所载商情动态已不能及时赶上；又因贵阳县准备于1946年7月1日起改为贵阳市，贵阳县商会改为市商会，为适应工商界要求，迅速报导商情起见，决定将四开版周刊改为对开版日报，印刷方面改由邹永福印刷厂承印，该厂机器迁入富水中路原商会主办的商友俱乐部（今儿童电影院）内，报社社址亦由原打铜街商会迁入俱乐部内。此后，报社编制扩大，设董事会由张荣熙任董事长，董事有赖永初、张慕良、冯程南、夏少锡、曾竹溪、伍效高、蔡森久、吴禹丞等，并聘陈培元兼任该会秘书。

《贵州商报》改为日刊后，发行人因市商会负责人更迭，改由赖永初担任。先后担任社长及副社长的有张荣熙、蔡森久、冯程南、张慕良、朱晓云，先后担任总经理的有徐泽庶、夏少锡，先后担任总编辑、副总编辑、总主笔、编辑主任和采访主任的有肖作凡、陈培元、鲍茂修、黄先和、傅斯甫、余圣渠和刘康年，编辑有曲詠坤，记者有曹声、杨少康等。

摘自陈培元《〈贵州商报〉创办概况》，政协贵州省委员会文史资料研究委员会编《贵州文史资料选辑》第23辑，内部出版，1986年，第76~78页

《贵州商报》前记者傅斯甫的回忆（节选）

1946年，抗战胜利了，那些逃难到昆明、贵阳、重庆等地的难民已相继还乡，抗战期间迁来贵州的国民党中央机关及一些大专院校，大多也离黔复员。因此，重建贵州的任务，便落在贵州人民的肩头上了，一度畸形发展的经济，这时突然显得虚弱无力，市场不景气，工厂倒闭也时有所闻。于是我省实业有识之士和一些外省留黔的资本家，如赖永初、伍效高、刘熙乙、邓若符、毛铁桥和李葆善等，从各方面投资扶持，锐意振兴战后贵州工商经济，他们设立工厂，扶掖生产，做了大量的有益于我省人民的工作。贵州经济开始出现了喜人的局面。

《贵州商报》自创刊以迄抗战胜利，对促进贵州经济建设，尤其是贵阳

工商经济、金融等业的发展，都作出了一定的贡献。可是，这张报纸毕竟是四开小报，容量有限，对于日益纷繁的新闻传播，国内外大事的报道，市场动态、商品流通信息的及时刊布，已不能兼容并包，往往顾此失彼。这种新形势的出现，给商报尖锐地提出了极［亟］待解决的课题，这就是：倘若维持原状，便无法适应需要，求得生存。于是几经商讨，复得助于省、市商会及各商业同业公会的赞许和支持，遂在1947年4月，一张风格独具、版面崭新、内容多样的对开日报，与各界人士见面了。

《贵州商报》的问世，对当时的贵阳新闻界来说，无疑是一支突起的异军，是贵阳经济、金融界引人注目的新生事物。但是，也不可否认，它的问世，也招致国民党反动当局的注视及某些同行的嫉妒，因而伏下日后遭致迫害的祸根。

改版以后的商报发行人是当时商界闻人赖永初，商会理事长张荣熙担任社长，副社长分别由绸缎业公会理事长冯程南和服装业公会理事长朱晓云担任。编辑部主要人员有：副总编辑肖卓凡，主笔陈培元，采访主任刘康年，资料室主任张垠，主要记者有曹声、陈宁明、杨少康等。笔者当时担任记者，采写一般市场行情。

经理部主要人员有夏少锡、张屏候、刘竹青、王震球、赵毅等及工厂负责人邹永福。

《贵州商报》改版以前，贵阳的官方日报有《中央日报》及《贵州日报》两家，民营的有《大刚报》《力报》等均为对开大报。不言而喻，《中央日报》和《贵州日报》都以宣扬国民党政策，宣传反共，既推行内战又粉饰太平为其职志。《贵州商报》既由原四开小报扩大为对开日报，跻于大报行列，如果没有自己的报风及特色，而只是"东施效颦"地照登一些"中央通讯社"电讯，或官方指令性文章，那么，要获得工商界广大读者的拥护和支持，显然是不可能的。任务决定了这张报纸必须旗帜鲜明，主题明确，风格别具，绝不能人云亦云，成为他报的增刊。因此，在编经两部同仁的协作努力下，做到版式新颖，不落窠臼，一改传统直式排版为横式排版，报头位置随时灵活安排；内容方面，在新闻检查极严、言论控制极紧的情况下，我们除应景般刊载一些政策法令外，便以自己独特的风格与特色取胜。

顾名思义,商报必须以维护工商经济界利益为其职志;还必须敢于仗义执言,为小民百姓请命。例如:同是一条省、市消息,内容因与当局抵触,官方报纸不便发表,我们照登不误;同是一则内幕新闻,官方报纸考虑有损政府令誉,不予发稿,我们则出于新闻职业的原故,却披露无隐。这就是我们所说的报风。至于特色,那就是着重抓省内外重要经济消息,抢各地行情、物价动态的报道,以及市场展望和述评等。这些项目都是同行报纸不能争胜的。所以我们的报纸一入市场,便受到广大读者的欢迎,颇获好评,一时被誉为"工商之友""工商喉舌"。

商报纯属民营。开支全靠卖报及广告收入,也就是"以报养报"。如遇亏损过大,实在难于维持出版时,唯一的出路,只有求助工商人士,慷慨解囊。在那些年代里,不要认为商人的报纸有办法,从业人员的待遇一定优厚,其实商报人员的生活是非常艰苦的。我们的待遇,仅及官报月薪三分之一。我们的个别记者偶也西装革履,打扮入时,那只是为了应酬交际,不像他报记者视之若常服。商报人员月收入平均十五元上下。

商报改版的头一年,曾设立电台一座,自行收抄外埠电讯,以扩大新闻来源,充实报导内容。无如物价一日数易,开支困难,不得已只好转让出去,仍然价购"中央""贵州"两家电稿,以备采用。

那几年,从国民党《中央社》所发的战讯中,不难理解,它所宣扬的胜利,正是它的失败;越大吹"战果辉煌",越是败得精光。随着形势的发展,国民党自知末日还有多远,寿命还有多长,因此,变本加厉封锁消息,蒙蔽真相,欺骗人民,镇压民主。它们明确规定:不许登载任何诽谤当局的文章,更不允许对其施政作任何评议。所有这些禁令,归结起来,就是"顺我者生","逆我者亡"。在严峻形势面前,我们一面默然苦笑,一面在刀丛中寻找出路。

碰,当然是自取灭亡,公开指陈时弊,无异以卵击石。迫于形势,原有的一点报风,只好暂时收敛起来。

报风荡然,成了普通报纸,谁还热心来看?我们坐看发行额逐渐下降,觉察到危机已经露头。

未几,《贵州商报》在四版排出一栏花边杂谈,名曰"消闲杂烩"。它的形式活泼生动,所涉范围颇广,寥寥几笔,供读者工余消闲;笑料数则,让读者饭后解颐。这个专栏由笔者主持撰写,回忆写的故事,有声有色;所谈掌故,妙趣横生;指陈时弊,语多隐晦,却胜似投枪。读者看罢,多能心领神会,拍手称快。我与读者相遇时,都乐于提供稿源,介绍素材。

有了辛辣,添了刺激,商报的读者有所增加了,销路有所扩大了。不料,我们刚欢度了"九一"记者节,报馆突奉贵阳市府之命,勒令停刊检查。这道催命符箓,不啻晴天霹雳,使报社领导震惊无已,等到寻根究底,追查原因,方知是"消闲杂烩"出了纰漏。

这个命令的内容大意是:一、商报言论,每多与政府政令抵触,攻击时政,助长"匪"势,违反了"戡乱建国条例";二、据密告,商报内部有"异党分子",必须严予查处。

其实这些都是官样文章,因为商报言论与消息,虽也偶有他们所说的事情,然而投鼠忌器,我们也并不忽略我们的腰杆有多硬,能够承住多少斤两。如果要把这张报纸与当时南京《救国日报》(龚德柏主编)相比,那么,我们自认确实是小巫见大巫了。龚德柏敢在"皇城"脚下慷慨激昂地指名道姓,极尽嬉笑怒骂的能事,能够岿然不动者,背景硬也。我们隐晦含蓄,说说心里话,为小民百姓略表寸心,便遭致横祸,无后台故也。所以,这次横祸,固由积怨已久,而导火线都是某天的"杂烩"捉到两条吃人大虫所引起。其一是贵阳市府民政科,另一条是贵阳市府税捐稽征处。民政科吞了美军后勤处赠给贵阳平民百姓的一批救济物资,税捐处则在不多几天内,两次提高屠宰税。广大人民原已"三月不知肉味",我们请教当局,是否打算叫众百姓长期素食?

漏子就出在这里,空气十分紧张。

停刊已非等闲,还要查处那个"异党分子",说明兹事体大,无怪社长和发行人都给拶了。他们四出奔走,八方求援,向编辑部查问是谁闯出大祸。咎由我取,心情不免感到有些沉重,一经想到新闻纸这个舆论工具,竟然把反动当局搞得如此恼火,市长杨森亲自签署查办此案,也就哑然失笑了。

"好汉做事好汉当。"我表示愿意承担自己所负的责任,请他们把我送交有司,敉平此祸。

虽然这么说,社方毕竟不忍把替罪羊送往耶和华那里。肖副总编也不同意我的请求。几经磋商,才转弯抹角地授意我暂离报社,让事态平息后,再"欢迎"我回报馆。

后来据告,还是社方备了重礼通过民政厅长袁世斌说项,又恳求省参议长平刚斡旋,诡称那两条"杂烩"都是外界投稿,并非本社记者采写,只是编辑部疏忽,社方也未尽到审查之责,以致铸成大错。但可以保证社内绝无"异党分子",并表示一定整顿内部,保证以后不再发生类似事情,云云。

11月1日是旧社会的"商人节"。如果10月底复刊无望,那就意味着这个节日的气氛必将逊色。于是加紧奔走,再事呼号,焦灼、翘企以待"子惠公"(杨森号)点头,传话,放行。

我还获知,那次国民党的本意无非是杀鸡示猴。至于商报内有几个"异党",几个该捉,该杀几个,他们是最清楚的。现在目的已达,正好趁势收蓬,何况以后许多事体还得"借重"这个庞大的工商集团,所以也就落得给平刚、袁世斌一点面子,准许商报复刊。这样,11月1号这天,一张套红字、纪念色彩极浓的《贵州商报》又与读者见面了。

在此之前,社方以"为夏总经理祝寿"为名,邀我赴宴。席间,谦词歉意,也无非叫我原谅他们的苦衷,最后才是力表要我回社的盛意。

1948年夏,商报改组,人事更迭,由张慕良(纱业公会理事长,曾任市银行经理)出任社长,黄先和任总编辑(肖卓凡去当民众教育馆馆长职务),乔光鉴任主笔,陈培元改任社长室秘书,我改任副总编兼采访主任。后来,陈克勤和黄炜一度被邀参加工作,以加强编辑部实力。不久,他们因《大刚报》编务繁忙离开了。从此,我们仍然继续维持商报局面。

黄先和当总编辑,正逢商报处于低潮之际,生活清苦,仔肩却重,可是他"达人知命,乐天观宇",往往流露"只要熬到天亮就好过了"的感情,不叫苦,也不喊累,一副深度老光镜,老是几分笑容,衔着一支廉价香烟,默默地写社论,编稿件,熬到天亮,打个哈欠,伸伸懒腰,又默默地离开报社。

战时的物价,最叫人耽心,开门七件事,哪一样不听它指挥遣调!我们这些清水衙门的新闻记者,白天入闹市,抢消息,挖线索,刨老底,方才找到加工的素材。一到夜间,绞脑汁,呕心血,惭愧换来一餐清淡的宵夜。我们尚且如此清贫,几位校对先生的景况就不必细说了。

……

1948年仲夏月里,商报终因收支严重失平,无法撑持而歇业了。从改版算起,正满周岁,所以我们称为"报殇"。

歇业倒闭,在旧社会是家常便饭。商报是歇业,还不到倒闭的地步。因此,还能通过努力,使这张命途多舛的报纸复活。

唯一可以为商人说话的工具哑然了,这是形势恶化中的新矛盾。正是这种矛盾,给商报的再生提供了契机。于是,以省工商联理事长陈职民为首的"贵州商报董事会"在赖永初和张荣熙的主持下,召开了会议。会上,与会诸先生,大力捐赠,并代表各自领导的商业同业公会,捐助款项,为商报输血、添氧,这样,商报得救了。

摘自傅斯甫《〈贵州商报〉回忆录(1947~1950)》,政协贵州省委员会文史资料研究委员会编《贵州文史资料选辑》第23辑,内部出版,1986年,第79~90页

《贵州商报》前主编黄炜的回忆(节选)

1949年夏末,当时任贵州省银行总经理的赖永初,看见国内解放战争形势剧变,这位尚有政治头脑的商界巨头也需要摸一摸政治行情,遂邀请当时贵阳新闻界知名人士三十余人,到其南明区观风台下的别墅举行了一次别开生面的招待会,由他的亲信、贵州商报总主笔傅斯甫充当"总管",本来一般记者招待会只是吃一餐饭或茶点就了事,而那天则是自晨至夜,一天都泡在"赖公馆"里。

赖永初很懂心理学,请什么客作什么样的安排。所以那天并没有像开会那样,坐下来听他的长篇大论,而是事先预备了各项迎合人心的"文娱活动",我是应邀者之一,记得安排有奕[弈]棋、麻将、扑克、跳舞以及

欣赏他所珍藏的古玩、名人书画等，做到各择所好，各取所需，气氛非常活跃，而不感到拘束。两餐盛宴，众人开杯畅饮"赖茅"，宾主皆大欢喜而散。

这一天赖永初和在座的新闻界人士都分别作了交谈，有的则是一般寒暄，交谈时间较久的是黄先和（贵州商报总编辑）和我，赖和我谈的主要内容，是打听解放军到底已打到那里，贵州有无抵抗措施等，我告诉他："赖先生如果相信报纸（指当时国民党的报纸）所说的话，那将会误大事。"事后据傅斯甫对我说，赖和"二黄"谈后所作的结论是："要注意，不要上他们的当。"赖永初这次测量政治气候的宴会，对他是有益的，因为他毕竟听到的是真话。

摘自黄炜《贵阳工商界人士轶事》，政协贵阳市南明区委员会文史资料委员会编《南明文史资料选辑》第9辑，内部出版，1991年，第228~229页

贵阳商人冯程南关于贵州省商会的回忆（节选）

省商会11月3日的正式选举中，共选出理事及监事31人，经过复选选出理事长、常务理事及常务监事等负责人。当选人姓名及代表地区如下：

1. 理事长：陈职民（贵阳）。
2. 常务理事：张荣熙（贵阳）、伍效高（普定）、赖永初（贵阳）、孙蕴奇（毕节）、曾竹溪（安顺）、冯程南（贵阳）。

以上7人组成常务会议，掌握会务。

3. 常务监事：吴鲁饮［钦］（毕节）、蔡森久（贵阳）、刘鸿周（平越，现福泉）。
4. 理事及监事：李佩克（镇远）、曾福堃（铜仁）、吴禹丞（独山）、帅伯钟（安顺）、邓若符（安顺）、陈毓祥（镇宁）、李居恒（兴义）、李名山（织金）、张慕良（贵筑）、郑文光（桐梓）、孙际闻（大定即现大方）。

省商会第一次常务会议推选常务理事孙蕴奇兼办公室主任，主持日常工作。主管机关——省社会处按"职业团体书记派进办法"规定，派一位名叫杨维荣的前来担任省商会书记（即秘书长），负责执行掌握国民党的方针政策及商会会务业务活动，这位杨书记任职未及三月而离去。以后，主

管机关未再派人来接替,省商会及聘任秘书一人,并设置工作人员十多人,分别办理各项事务。设会所于富水中路原商友俱乐部内(解放前改建现新华电影院原址,省商会联合会迁在公园路原市商会内办公)。

……

省商会属于经济性的工商业职业团体,欲求达到本身会务能顺利进行,必须建立有经济实力的业务机构,用业务活动联系各县(市)商会乃至各行各业,才可能发挥指导作用,取得全省工商界的支持。另一方面,则必须应用业务上的一定收入来维持本身经常开支,才可能保证会务健康发展。如果只依靠会费收入,则是很难保证,也是很危险的。理事长陈职民深知这个利弊,故在会员代表大会中提出由省商会集资开办"工商银行"和设立"工商服务社"等业务机构的议案,得到大会通过。又在常务会议中推定专人负责筹划进行。但是经过半年多时间的努力,并未收到预期效果。

(1)工商银行:抗日战争初期,各地迁来贵州的官办、商办、银行,为数不下十多家,形成一个行业,组织成贵阳市银行公会,属于市商会的团体会员。各银行业务的发展,甚为可观,举凡票据交换、现金存放、物资抵押及头寸调拨等等,均直接关系到工商行业的业务经营及经济活动。各地迁来的商办银行,各有其政治背景,形式上虽为市商会的会员,市商会却无法参与其业务活动。因此负责人们意识到,只有由商会集资开办银行,在商会能掌握的前提下,才可能为各行各业服务,同时也为充实发展商会的工作提供有利条件。适省商会成立时,一致认为由省商会来主办,代表面更为广泛,既可以组织和联系各县商会的业务,还可能为省商会奠定稳固的经济基础,保证会务的健康发展。

开办银行必须由资金财力雄厚的人来总负其责才有号召力量。理事长陈职民深知自己缺乏资金,没有号召力量,把希望寄托于常务理事伍效高、赖永初。伍效高虽有雄厚资金,但经常在外地往还,对工商团体无暇照顾;赖永初掌握有雄厚资金,且属贵阳市工商界中知名人物,钱业出身,对贵阳银行业务的活跃,引起兴趣,正想在银行界一显身手。当省商会常务公议决定由他来负责筹划以后,在1943年初,就安排专人草拟方案,着手进行。他还与陈职民走访财政、金融机关，争取支持，并走访省财政厅厅长王澄莹，由王转报省主席吴鼎昌，得到认可。当局既已点头，看来省商会出面来主办一所银行，不会有问题了。但是，按当时的金融政策，开设银行要由财政部发给执照，才能开始营业，省商会的申请报部后，历经数月杳无消息，接着赖永初本人顶得"怡兴昌"银号，其资金、精力均用去经营自己的企业，对工商银行的兴趣逐渐转移。其他有资金的常务们，也无人出面"承头"，事情就这样搁浅了。

(2) 工商服务社：省商会设立工商服务社，原拟用当时流行的"社会服务"名义，作商行、货栈之类的业务经营，同时与工商银行相配合，应用银行的部分资金，投入服务社，再以省商会的名义，号召组织推动本省土特产外销，换回本省区需要的工业物品，达到沟通省内外物资交流、促进生产发展、繁荣地方经济的目的，以此来发挥省商会的职能作用。这项业务原推定常务理事冯程南负责筹划，已经草拟组织及业务进行纲要。也征得主管社会服务事业机关的同意，但因工商银行未能成立，失去资金的来源，接着冯又出任市商会总办公室主任，日常事务繁重，无力来抓，服务社也告落空。

……

1949年10月底到11月初，贵阳的解放已迫在眉睫。国民党面临树倒猢狲散的绝境，但犹妄图作垂死挣扎，向人民勒索钱财，供作亡命的资本！11月初，贵阳市政府迫不及待地召集省、市商会理事长陈职民、张荣熙，以及各主要行业负责人连同一部分殷实富户前去谈话，市长张致祥用恫吓口吻宣布要摊派"自卫特捐"银元100万元。与会者闻后，均惊愕不已，面面相觑，极度不安。问题至此已形成僵局，依情况的发展，很可能发生抓人、关人的恶果。陈、张两位理事长假允回去召集各行各业负责人开会，尽力摊派，权作缓兵之计。但当时情况已危急，人心惶惶！为避免伪军警、特务分子乘机抢劫财物，一些商号已将货物暗藏，闭门不作营业，市场呈现瘫痪状态，商会也不可能召开会议。国民党市政府意识到假商会捞取油水已不可能，狗急跳墙，便横施匪徒伎俩——抓人要钱！受害者多人，如颜料富商梅岭先，就于11月8日下午被抓去勒索银元1000元（实缴了500

元）才得脱身。由于解放军进军神速，国民党省主席、市长辈不敢苟延，遂挟其已搜刮的人民财产，狼狈逃遁，贵阳乃成"真空"。为维护贵阳的治安，防止流散的军警、特务破坏活动，保护国家物资及市民生命财产，省商会理事长陈职民，市商会理事长张荣熙，办公室主任冯程南、蔡森久等，协同地方知名人士卢焘、张彭年、郭润生等出面组织"贵阳临时治安委员会"，维持真空时期的社会秩序，迎接解放。所需费用治安会张荣熙、蔡森久出面，向贵州省银行经理赖永初交涉，暂借银元 2000 元支付。（贵阳解放后，已交由财政公安接管部处理）治安会在这方面，是取得了一定实绩的。

摘自冯程南《记解放前的贵州省商会》，政协贵州省委员会文史资料委员会编《贵州文史资料选辑》第 33 辑，内部出版，1996 年，第 97~108 页

贵阳商人冯程南关于贵阳市商会的回忆（节选）

四、贵阳市商会（1941~1949 年）

1941 年贵阳设市，县商会改组为"贵阳市商会"，经会员代表大会进行选举。陈职民当选为理事长，常务理事为张荣熙、蔡森久、赖永初、冯程南，常务监事为吴禹丞。1942 年贵州省商会成立，陈职民当选为理事长，市商会理事长职务改由常务理事蔡森久代理。1946 年任期届满，经市商会第二届代表大会改选：理事长张荣熙，赖永初、冯程南等为理事，蔡森久为常务监事，陈职民、刘熙乙等为监事。

日本帝国主义入侵我国，由于国民党反动派妥协投降，不加抵抗，以致数月之间，大半个国土沦陷于日军铁蹄之下，大量难民逃来西南，贵阳人口骤然增加，据贵阳设市时统计，已达三十五六万人，比过去增加了一倍有余。市区的生产和市场贸易，随之得到发展，但反动派的残酷掠夺层出不穷，筹捐派款，统制物资，以及拉兵勒索等等，矛头大多指向工商业者，导致商会的工作繁重，斗争也逐渐加剧。

（1）开展税务斗争。当时的税捐名目，据不完全统计，有所得税、利得税、营业税、一时营利所得税、过分利得税、特种营业税、烟酒税、印花税、牌照税、出厂税、地产税、遗产税、屠宰税、田赋、契税、盐税，

以及筵席捐、娱乐捐、牲畜捐、斗息捐、飞机捐、筑路捐、房捐、碾捐、富户捐……不下三十多种。反动派搜刮民财、剥削人民的罪恶，达到空前未有的地步。至于税务人员、反动军警、特务的敲诈勒索，更是罄竹难书。市商会为了维护工商业者的正当利益，对不合理的税捐征收，经常与反动派的有关机关作正面的斗争。如在所得税、利得税、营业税问题上，斗争较为激烈。国民党政府税务机关不按工商业者实际的营业情况合理收税，而是凭主观臆断，加重课征，商会则坚持按照商家帐面实际营业所得，照章纳税，税务当局又以商家帐册不实，加以否定。因此，每税必争。市商会理事长张荣熙，在有关单位及行业的各种场合中，均口不离所得税、利得税、营业税存在的实际问题，争取各方面的同情与支持，求得公平合理的负担。有好事者竟以"所、利、营"一词，作为诨号，扣之于张，流行于当时的社会交往中。虽为开玩笑的讪语，却表现出斗争的尖锐。当然，这时贵阳的大、中等工商业户中所立的帐册，并不完备，不少商家都立了两本帐，一本是自己掌握盈亏的真帐，另一本是应付税务机关的假帐。双方喊价还价，最后只好采取分摊方式。

(2) 解决拉兵问题。抗日战争期间，国民党反动派在大后方长期拉兵。广大城乡人民心存恐惧，日夜不安。贵阳市广大的工商业者，在伪保长和拉兵人员软硬兼施、敲诈勒索的压力下，所受的折磨，实难言喻，许多人弄得黑夜不敢归家。为了避免常年拉兵的困扰，有的工商业者不得不自找应付办法，如绸缎商朱某，就曾在师管区捐个挂名军职，穿上军装，佩带符号，作为掩护，便于经营自己的业务。但这毕竟是最少数，就大多数工商业者来说，抓壮丁的威胁是严重的。商会应广大工商业者的要求，为使他们能安心营业，稳定市场，针对反动派的弱点，出面与市政府和拉兵单位协商，要他们暂时不在工商业者中拉兵，让各商家安心营业，然后才能完成税收和其他捐款的任务。协商结果，同意不在工商业者中拉兵，条件是每届征兵时期，工商界应出的名额，要商会负责出钱，由他们雇人代替，说定每个新兵的雇用费为银元100元左右，由商会负责按期付款。

(3) 参与抵制反动派火烧贵阳。1944年秋冬间，日军侵入我省南部边境，反动当局仓皇失措，无耻地下令疏散，准备逃亡。国民党省政机关及一些驻贵阳的中央机构，纷纷向黔西、毕节方向疏散。商会为了适应当时形势，也动员各商家进行疏散，保存物资。不久日军进入独山县城，局势更趋严重，马场坪一带所驻国民党中央军张雪中部，正准备撤退平越（今福泉县）经瓮安逃渡乌江；而省政府主席兼"绥靖"主任吴鼎昌，伙同在筑的中央军事头目，阴谋策划"焦土"自杀政策，准备把贵阳一火烧光，亦如当年"长沙大火"一样。消息传出，贵阳各族各界人民焦虑万分，群起谋求对策，商会负责人积极参与活动。这时，辛亥革命元老、省参议会议长平刚也挺身而出，于某日在南明堂各界代表的集会上，向省府主席吴鼎昌及在筑的中央军事头目等，严词抵制。后来入侵日军，在我独山一带的工农群众展开游击活动狠狠打击下，退出贵州，而驻在黔南一带的中央军却竟无耻的宣扬他们"收复"独山，虚报战果。日军退出贵州后，局势渐趋稳定，多数机关、人员、物资陆续返回贵阳，商会也号召各行商家迅速回来，重振业务，便利市民，扭转了十多天来家家关门闭户的紧张现象。

（4）设立商业补习夜校。由于社会经济事业的不断发展，对工商业者本身企业日臻完善的要求越来越高，首先是建立会计制度，使用新式簿记，而本市工商业户的记帐人员，多是沿用旧式记帐方法，未能适应新的要求。商会为解决这一问题，决定设立商业补习夜校，训练会计人员。在商会的事业费中，拨款购置各项教具，支付教职员工薪金，推由常务理事吴禹丞兼任校长，聘请会计教师3人，开班授课。学生由各行业保送，免收学杂费，每期招收学生五六十人，男女兼收，毕业后发给证书，由保送行业安排工作。从1946年至1949年先后举办了7期，共毕业学生350余人。他们一般都能胜任商店或工厂的会计、记帐工作，有的还转入行政机关担任会计人员。

（5）设立商友俱乐部。1942年初，市商会用自己的事业经费，在富水中路（现在的新华电影院地址）修建商友俱乐部，购置各种文娱活动用品，作商业从业人员正常文娱活动场所。俱乐部设有歌咏队、话剧组、国术班等为青年工商业从业人员服务，由常务理事赖永初负责俱乐部事务，另外雇用专职员工负责照料。至1944年因房屋部分倒塌，租给大华戏院改修，俱乐部即告结束。

（6）发行《贵阳商报》。经市商会第二届会员代表大会决议，成立"贵阳商报社"，发行《贵阳商报》。由张荣熙兼任社长，赖永初为发行人，夏少锡任总经理，着手筹办印刷机器，申请登记立案，于1946年下半年开始出刊，每日出对开版日报一张，约五六千份。报纸报道省内外新闻，工商业情况，本市各类主要商品行情，并招登广告。出版以来，得到工商业者的支持，各界的赞助，故发行数额及广告收入，都比较可观。商报在发行过程中，本着求实的原则报道新闻，遭到反动派的无理干涉，曾据理进行斗争。如在1947年初，因刊登几则为群众欢迎而不合国民党反动派口味的消息，曾受反动派的警告，理事长兼社长张荣熙还遭国民党的省保安司令部传去软禁一天。《贵阳商报》自1946年出刊，1949年10月停刊，为时三年半，共发行1500余期。

五、原商会中的封建结合——"十人团"

由于公路运输不断发展，贵阳工商业逐渐繁荣，商会在社会上的作用越来越重要，商会主席的社会地位无形提高，夺取这一职务的竞争，也就自然形成了。

从1930年文仿溪任主席后，陈职民就开始准备角逐，伺机一显身手。蔡森久也想接取这个"宝座"，秣马厉兵，跃跃欲试。

陈职民在工商界中有一定声誉，加上为人诚朴谨慎，有一定文化程度，在与各方面的社会活动中，也得到一定的好评。这些都是陈的有利条件，可以作为商会主席的合适人物。但当商会主席如果没有雄厚财力作支柱，难保不蹈文仿溪因派款不力而被撤下台的覆辙。陈职民深知自己的弱点，克服的办法是抓几个有财力的人支持，同时还考虑到要掌握商会这样一个领导七八十个行业的机构，必须有一帮同心协力的人扶助。因此，亟欲利用封建帮派的结合，来提高与巩固自己的社会地位。当年民间常有"兰交""换帖"的社会风气，也流传于工商界中。只要经过磕头烧香"交换兰帖"，便结成所谓患难相顾、生死相依的兄弟。经赖永初的同意，张荣熙的赞助，陈职民的打算便成了事实，从而出现商会中"十人团"这个封建秘密组合。

"十人团"成员为陈职民、张荣熙、赖永初、伍效高、张慕良、曾竹溪、吴鲁钦、夏少锡、文范久和冯程南等十人。其中文范久加入年余而病逝，实际成了九人。

"十人团"的伙伴们，在工商界中都各有一定的基础，参加组合的动机除在拥陈职民为首之外，则为提高各人自己在工商界中的社会地位，以利于发展自己的事业，达到抓权找钱的目的。在陈职民掌握商会的十多年间，他们都先后出任省、市商会的重要职务。张荣熙先任常务理事，1946年接任市商会理事长；赖永初、张慕良和冯程南也任了常务理事；夏少锡任理事兼贵阳商报社总经理；伍效高、曾竹溪、吴鲁钦等也担任省商会常务理事。在政治及社会活动方面，陈职民、张荣熙分别担任省政府参议和省参议会参议员，赖永初、张慕良、冯程南也担任贵阳市参议会的参议员，赖永初还任贵阳市银行经理及贵州省银行总经理及贵州省政府参议等职务。

"十人团"经常的活动，表面上是互相来来往往，吃吃喝喝，背地里则是交换社会动态、商业情报。如果有谁发生事故，共同帮助解决。如陈职民因担保受累，赖永初就说："不要紧，几千块钱，我帮你解决。"实际赖并没有出钱，问题是由商会解决的。在面临商会召开大会，进行选举的时候，"十人团"就铺开阵容，分别深入到各行各业中去联系，发挥操纵、控制的能事。如1941年和1946年的两次商会改选，他们都操了胜算。

由于十年来，陈职民、张荣熙等牢牢控制了商会，蔡森久在"屡战屡北"之后，开始怀疑其中有"名堂"。以后，张慕良与陈职民发生龃龉，在一次酒后，张慕良借酒发疯，对蔡森久泄漏了商会中"十人团"的秘密，蔡森久为要想过商会主席的瘾，也表示愿与"十人团"接近。"十人团"认为十多年来自己组织的力量已根深蒂固，有意把蔡森久拉拢，让他当一届商会理事长，了他十年来的宿愿，以消除隔阂，促进贵阳工商界的团结，张荣熙作理事长的任期，要到1949年底才届满，下一届准备由蔡森久接任。但事与愿违，1949年11月贵阳解放了，蔡森久的商会理事长的梦始终没有实现。

摘自冯程南《解放前的贵阳商会》，政协贵州省委员会文史资料委员会编《贵州文史资料选辑》第6辑，贵州人民出版社，1980年，第67~74页

丙编
赖永初与民国贵州金融、贸易业

编者按 本部分辑录了赖永初在贵州从事金融、贸易行业相关的史料。随着赖永初个人财富的积累，其在贸易运销及金融业崭露头角。除创办大兴实业公司外，赖永初亦先后担任怡兴昌银号总经理、贵阳市银行总经理、重庆市银行总经理、贵州省银行总经理等职，一度成为民国时期贵州省财政、金融领域举足轻重的人物。

本部分选取的史料中，报刊史料主要包括《贵州商报》、重庆《中央日报》、《大公报》关于赖永初担任各银行公职时期的活动报道；档案史料主要包括怡兴昌银号、永兴联合实业公司（即大兴实业公司）于国民政府经济部注册备案之章程和股权信息及股东会议记录，贵州省银行人事任免、章程、组织系统及赖永初所撰报告书等；个人回忆主要包括赖永初本人关于贵州省银行的回忆，以及贵州银行业前职员、贵州财政界人士关于贵阳市银行、贵州省银行和辅币券发行过程的回忆等。

一 报刊史料

贵阳怡兴昌银号开业启事

本银号呈奉财政部核准，增资改组股份有限公司，业经筹备就绪，兹订于八月三日在中华路二〇〇新址开业，敬希各界光临指导。

经理赖永初。经营商业银行一切业务。存款稳固，手续简捷，利息优厚，便利顾客。

电话：八四九

电报挂号：二〇三四

《贵州商报》1944年8月2日，第1版

怡兴昌银号开业　　由赖永初任经理

（本报讯）本市怡兴昌银号，经呈奉财政部核准，增资改组为股份有限公司，业经筹备就绪，定于本月三日在中华路二〇〇新址正式开业，经理赖永初已柬请各界光临指导，闻该银号经营商业银行一切业务云。

《贵州商报》1944年8月2日，第3版

怡兴昌银号正式开业盛况
一日存款达六千余万元

（本报讯）贵阳市怡兴昌银号，呈奉财政部核准给照，增资改组为股份有限公司，聘请赖永初君为经理，经营商业银行一切业务。该号已于本月三日在中华路二〇〇号新址开业，欢迎各界指导。本省党政军各首长、各法团领袖，叶厅长纪元、何市长辑五、谭厅长克敏、刘院长含章、省税局毛局长、吴副局长，警局夏局长，商联会陈理事长职民，市商会理事长张荣熙，常务理事吴禹丞，理事朱晓云、冯程南等暨各界嘉宾、各银行同业，联翩莅临，冠盖云集，由该行赖经理亲自接待，楼上楼下，陈列镜里贺轴有王委员伯群所题"济民利物"，何市长所题"利汇九府"，宋司令题"气象一新"，省商联会题"利国利民"，市商会所题"抗战动脉"，警局夏局长则填《忆江南》词一阕，以赠，本报副社长、总编辑亦题以"活泼社会金融，加强经济建设"，全部将近千件，金碧交辉，气象蓬勃。是日各银行同业、各公司行号，前往存款开立户头者，自晨至午络绎不绝，一日之间存款竟达六千万元之多，因之柜台现钞，累如山积，该号职员工作虽极紧张，然手续极为敏捷，应接顾客有条不紊，颇获好评，是日热烈情况，盛极一时云。

《贵州商报》1944年8月9日，第3版

贵阳市银行杨主席兼董事长　赖永初膺选经理

（本市消息）贵阳市银行董事及监察人产生后，昨举行首次董监联席会议，推选董监会负责人及银行经理。董事长一职由兼市长杨森兼任，常务董事、公股方面，推齐卫莲、胡光烈、刘先识等三人，商股公选赖永初、伍效高、徐礼和担任，并即席推徐礼周为常务监察人，经理一职，赖永初以十四票最多独选。（公股占八票）此外聘任黄明生为董事会秘书。该行行址已择定中山西路贵州银行对门，美国新闻处旧址，现正修葺中，惟尚须待财部营业执照颁到后，方可开幕。

贵阳《中央日报》1947年5月9日，第3版

新黔建业公司昨召开董监事联席会
选聘赖永初为总经理

（本市讯）本市新黔建业公司，已于前日开创立大会，选举董事及监察人各情业志昨讯，兹悉该公司于二十三日召开第一届第一次董监事联席会议，由董事会互选马学波、□□民、陈星、赖永初、邓占奎、赵方九、朱导江、刘先识、蒋理新等九人为常务董事，并推举马学波为董事长，李佐军为监察召集人，即乃选聘赖永初为总经理。一俟经理就职，即正式开始营业云。

《贵州商报》1947年8月24日，第3版

市银行总经理易人　工务局长人选未定
杨森今日接见外宾访晤绅耆　朱绍良今午设宴欢迎新市长

（本报讯）杨市长今晨接见外宾后，对各报记者说，离渝多年，每次回渝，停留时间很短，所以各处情形尚多不明，打算一周后到各处去实地查看。工务局长仍未物色定适当人选。他说：想作这工作的人很多，可是合格的很少。单有学识、资历还不够，必须还有工作热情，勤劳好动，同我的作风一样。我在贵阳兼任市长两年中间，换过五位工务局长。因为管理工程，必须有丰富之经验。我多年在军中，军事人才极多，随时可以找到人，就是工程界朋友很少，所以只好慢慢的找。市银行总经理已换了一位

贵州人赖永初，他原任贵阳市银行的总经理。四川人在贵州工作的很多，我特请一位贵州人来四川作事，打破地域观念。

《大公晚报》1948年5月5日，第1版

市银行经理赖永初昨欢宴张市长
到省市商会理监事等百余人

（本报讯）昨日此间又一盛会，其情况之热烈，洵称前此仅见，本省金融巨子、本报发行人、市银行经理赖永初先生，以新市长张致祥氏荣长本市，欣慰万分。为欢迎乡人冶现桑梓并略表地主谊起见，特谨张氏于南明路私邸，并邀请省市商会全部理监事、市商会全体业员及银行界人士暨各报社记者等约一百余人作陪。十二时许，已告车乘临门，冠盖毕聚，乐融融然，极一时之盛，筵设于邸中，新近落成之大楼，伟构宏敞，富丽堂皇，席间由赖氏致简短之欢迎词后，即介绍张氏与来宾相见，氏频频为四座答礼，谦恭和蔼，倍增亲切，予与谨者良好印像，氏于谢词中，述及今后施政之概见，备受四座之拥戴，嗣于掌声中毕其谢词，筵谨继张，觥筹交错，谈笑风生，赖氏复偕市行诸同仁亲为招待，殷殷不辍，益尽宾主之情，直至三时许始尽欢而散云。（甫）

《贵州商报》1948年5月5日，第3版

南明路一盛会
赖永初昨宴张致祥

（本市消息）筑市新任市长张致祥，昨（四日）午曾至南明东路九号，接受筑市银行之欢宴，市府各科室局主管人员，市参会全体参议员，及本市金融、文化、新闻界人士应邀前往作陪者，约百余人。席间，张氏于该行经理赖永初介绍起立后，曾向与会人员作简短致词，谓市政建设，经纬万端，以接事伊始，众及分领教益，表示歉意，嗣后尚望各方人士多予协助。词中并对赖氏主持市银行以来，颇多成效，报多赞许，并盼其继续努力，以竟事功。宾主直至二时许，尽欢而散。

贵阳《中央日报》1948年5月5日，第4版

市财地两局长易人
欧慕唐昨接长市财政局　地政局内定梅光复接任
赖永初继任市银行总经理

（本报讯）新任市财政局长欧慕唐，业于昨（五）日上午八时到局视事，由前主任秘书吕岩生代表沈质清局长办理移交，欧局长当召集全局人员训话，指示守时守法安心工作三点。

（又讯）财政局主任秘书吕岩生呈请辞职，遗缺业经发表由陈锡赳接充，陈氏系黔省财政厅科长兼实物配发处长。各种主管人事亦有更动，业经发表者，计有二科杨举能、三科萧功冠、票据股长刘应候等。

（又讯）本市地政局业已内定梅光复氏接长，梅系中央政校地政学院三期毕业，曾任贵阳市地政局长。

（又讯）市银行总经理张健冬，呈请辞职获准，遗缺已委赖永初氏接充，赖曾任贵阳市银行总经理等职。（德）

《新蜀报》1948年5月6日，第1版

市行总经理赖永初继任　将由筑来渝就任

（本报讯）市银行总经理张健冬辞职获准，将由赖永初继任，赖氏原任贵阳市银行总经理。据市长左右人士称：刻赖氏在贵阳，为黔省巨富，但极乐善好施，热心公益慈善事业。赖氏将于最近来渝就职。

重庆《中央日报》1948年5月6日，第3版

杨森就职以后与各方人士接触频繁　昨会见各国驻渝领事
市府各单位人事稍有变动

（本报讯）本市市府所属单位人事上稍有变动：（一）市银行总经理张健冬已辞职照准，遗缺由前任贵阳市银行的总经理赖永初继任，赖氏是贵州人。杨市长说：四川人在贵州工作的很多，我特地请一位贵州人来四川作事，打破地域观念。（二）地政局长徐政另有任用，遗缺由原任贵阳市地政局局长梅光复继任，梅系在中政校专攻地政的。（三）市府总务处处长由王联奎担任。秘书处处长有由向震担任之说。现在秘书处的第三组和第五

组分别暂派包中汉和池文彩代理。其他各处还有变动。（四）关于工务局长，还没有物色到适当的人选。据杨市长说：想作这工作的人很多，但合格的却很少。仅有学识、资历还不够，还必须有工作热情，能勤劳、好动，同我的作风一样。我在贵阳兼任市长两年中，换过五个工务局长。我在军中多年，工程界的朋友少，所以只好慢慢的找。

重庆《大公报》1948年5月6日，第3版

发展黔省经济　谷主席征询意见

赖永初陈述两项具体建议

（本报讯）省府谷主席为发展本省经济，连日征询各方意见，前日下午召见本省金融界闻人赖永初、陈职民、孙伯陶、张荣熙，由赖永初向主席提出意见两项镇：（一）发展本省经济，应不分区域，鼓励外省人士投资，有关建设应请中央拨款补助；（二）增强金融机构，普及合作组织，以繁荣农村经济。主席表示同意，俟广征各方意见后，拟定方案施行云。

《贵州商报》1948年5月7日，第3版

市参会欢迎杨市长（节选）

张冕致词希望做到府会合作　杨森表示决心继续完成建设

（本报讯）渝市参议会全体参议员，昨天下午三时在该会议场茶会欢迎杨森市长，大家临时推举张冕为主席，杨市长准时到会，新任地政局局长梅光复、代理秘书长向震、财政局局长欧慕唐，及市银行总经理赖永初都出席。张冕首先致欢迎词，他说：本会代表百万市民，用很简单的方式来欢迎杨市长，内心非常诚挚。杨市长系川人，此次奉中央命令调长本市，正是回到桑梓，大家都是一家人，更是值得欢欣的事。杨市长过去在军事、政治上都有建树，为人也很精明能干，此次返渝后，必能本过去的精神，有更好的表现。

（后略）

重庆《大公报》1948年5月9日，第3版

市民政局准备交代　赖永初后日就市行总理职

（本报讯）民政局长汪观之，已奉调市府设计委员，新任范埏生局长，将于日内接事，刻该局各科室正积极赶办移交中，并悉该主任秘书及第一科有更动说。

（又讯）市银行总经理赖永初，定十一日接事，但该行已停止贷款，专办交接事宜。（德）

（中央社讯）市府新任民政局长范埏生，原任贵州第一区行政督察专员，所属第一行政区有新一区之称。贵州主席谷正伦就职后，特电杨市长恳词挽留，促其克日圆任，又民政厅长袁世斌，亦迭电坚请返黔，闻杨市长以范氏已发表本市民政局长，已电复婉谢云。

《新蜀报》1948年5月9日，第1版

市银行总经理赖永初昨视事

（前略）

（本报讯）重庆市银行新任总经理赖永初昨天上午八时到行视事，由前任总经理张健冬亲自办理移交，并介绍赖氏与全体职员见面。赖氏当众表示：希望同仁安心工作，开诚合作，行内人事将不更动。

重庆《大公报》1948年5月11日，第3版

市银行经理赖永初接任

（本报讯）重庆市银行总经理赖永初于昨（十）日到职视事，金融界人士多往道贺。又该行经理熊崇宝亦有辞意，继任人选以大川银行副经理杜如威呼声较高。（和）

《新蜀报》1948年5月11日，第1版

重庆市银行总经理赖永初启事

永初此次奉命接理市行，经于十日到行视事，临渊履薄，菲质自惭，辱蒙各界贤达同业先进、新旧友好宠赐隆仪，枉驾指示，云情厚谊，至深

感激，刻以行务待理，不克分别一一踵候，谨此申谢。敬希察谅。

重庆《中央日报》1948年5月13日，第1版

筑市银行经理　　当局尚未考虑

赖永初电友好　短期即可返筑

（本市讯）筑市银行经理赖永初赴渝后，此间人士，对市银行之继任人选，猜测纷纷，莫衷一是，关心者对赖氏之是否返此继续原职，咸寄予密切之注意。有讯蕈为发展外埠业务计，或将辞去筑行职务，亦未可料，惟赖于昨日电告此间友好时，并未透露任何意见，仅谓决定短期内回筑料理一切。至传筑行将由某亲贵之表亲某接任一节，经某郑重表示并无此意，且筑行董事会对此亦未予以考虑，故某将接任之说，目前并无何迹象可言。又赖氏赴渝后，亦未向专会呈辞，虽去渝市，但属短假性质，传角逐者颇多一事，似嫌神经过敏云。

《贵州商报》1948年5月16日，第3版

市行经理赖永初定二十一日返黔

（本报讯）贵阳市银行经理赖永初原向董事会请假一月赴渝，只以此间若干公私事务尚须亲自处理，昨电行朱王刚襄理，决定本月二十一日离渝返筑云。

《贵州商报》1948年5月18日，第3版

赖永初昨日抵筑

（本报讯）本报发行人赖永初氏，日前为事赴渝，昨已离渝，专车抵筑垣，同车者有社会处长周达时等。

《贵州商报》1948年5月22日，第3版

市银行董监会议推张市长为董事长

对赖永初辞职一致坚决慰留

（本报讯）贵阳市银行昨（二十七）日下午五时，在该行会议室举行第

九次董监联席会议，出席全体董监事二十一人，张市长致祥亦亲自出席，当以杨前董事长子惠离职，公推张市长主席。开会如仪后，首由秘书黄明生报告该行业务近况甚详，并以市政府前派公股常务董事杨森、齐卫莲、胡光烈、刘在明，监察曹儒森等五人，业已离职，所遗董事职务，奉市府令知由张致祥、徐泽庶、孙明远、张光禄接充，监察由黄荆芬接充，并公推张市长担任董事长。继由赖经理永初报告所拟下年度营业计划，赖氏并以公私纷繁，无暇顾及，特亲请辞去该行经理职务，当经全体董监事一致坚决慰留，惟赖氏辞意甚坚，迄尚无打销之意。会议直至七点半，旋摄影聚餐，尽欢而散。

《贵州商报》1948年5月28日，第3版

黔省银行总经理因配纱舞弊辞职

（本报贵阳四日电）黔省银行总经理刘熙乙，以手织工业协会名义，请建设厅证明毕节商人欧习诚代协会向经济部洽领平价配纱，三、四两月所领共二百件，售得四百余亿，为渠独吞，刻经织协知悉，坚决否认欧之所为，并请省当局严办，闻刘已辞职获准，将由筑市银行总经理赖永初继任。

《申报》1948年6月5日，第2版

赖永初业已返筑　渝市行总经理张慕良升任

（本报讯）本报发行人赖永初氏，前以重庆市长杨子惠先生恳邀赴渝主持重庆市银行业务，赖氏因情不可却，曾允短期帮助，用答挚意，旋就该行总经理之职，惟氏此间业务甚繁，实有不能兼顾之苦，当即向张市长恳切辞职，已获照准，至所遗总经理一职，经派该行协理张慕良氏升任，赖氏业于本月十三日返筑，并赴市行处理办公云。

《贵州商报》1948年7月16日，第3版

贵州省银行改组

新任董监事昨开联席会　决议聘赖永初为总经理

（本市消息）贵州省银行奉令改组，现已就绪，该行依照省银行条

例，现改设董事十五人及监察五人，除一部分董监事已由省府推聘外，近复经省联会代表全省各县市参加公股开份，票选董事十人及监察一人，参与该行行务。全体董监人员昨（二十九）日下午三时在贵州大楼举行首次联席会议，财厅厅长刘汉清，以董事长资格，报告该行过去业务概况，及省府各项指示，嗣即依监行章十二条规定，重新推选常务董事及董事长，常务董事名额原订五人，会中对此争执甚久，最后决定改为三人，由与会人员票选杜惕生、刘汉清、何辑五等三人担任，并互推杜惕生为董事长。

又该行总经理刘熙乙，因血压素高多病，与副经理孙伯陶同时坚请辞职，经决议选聘赖永初为总经理，唐伯珩为副经理，新旧任订下月一日交接，头四月来之该行改组工作，至是乃告完成。

按，新任总经理赖永初贵阳人，服务本省金融实业界有年，颇著声誉，对社会文化事业，亦极热心，自创有永初中学一所，《贵州商报》发行人，现任全省商联会及筑市商业常务理事，市参议员，恒兴酒厂、怡兴昌银号及新黔公司总经理，及贵阳市银行经理，月前一度被聘重庆市银行总经理，近再辞去。此次出任斯职，系为本省各方一致敦促者，佥信当能更展其长。

又新任副总经理唐伯珩，现年四十四岁，湖南宁乡人，追随省府谷主席多年，历任陆军独立第二师，首都卫戍司令部，宪兵学校，川黔边绥靖司令部中少校军需处长，甘肃省贸易公司总经理，粮食部总务司长，亿中银行徐州分行经理等职。

贵阳《中央日报》1948 年 7 月 30 日，第 4 版

黔省行昨董事会

选出常务董事及董事长　并选赖永初氏为总经理

（本报讯）贵州省银行总经理刘熙乙已辞去银行董事及总经理职务，该行董事会于昨（二十九）日午二时举行会议，选举本届职员，结果杜惕生当选董事长，刘汉清、何辑五等当选常务董事，赖永初当选总经理，当选者定于八月上旬定期就职云。

《贵州商报》1948 年 7 月 30 日，第 3 版

新任省行总经理赖永初今视事

（本报讯）新任贵州省银行董事长杜惕生、总经理赖永初、副经理唐伯珩等定于今日到职视事，另定本月八日补行就职典礼，各情业志本报昨讯。项悉：今日之交接手续，□常董何辑五、刘汉清、杜惕生及监察张彭年、严池华第〔等〕监交云。

赖永初隶贵阳，为本省金融巨子，热心文化教育事业，现任贵阳市参议员、《贵州商报》发行人、永初中学董事长、省商联会及筑市商会常务理事、贵阳市银行经理等职，月前曾一度出任重庆市银行总经理，已辞去。

又新任副总经理唐伯珩，现年四十四岁，湖南宁乡人，历任陆军独立第二师，首都卫戍司令部、宪兵学校、川黔边绥靖司令部中少校军需处长，甘肃省贸易公司总经〔理〕，粮食部总务司长，大中银行徐州分行经理等职。

《贵州商报》1948年8月1日，第3版

新任银行总经理赖永初昨接收视事
由董事刘汉清等亲临监交

（本市讯）贵州省银行已遵行政命令，八月一日正式依法改组，新任董事长杜惕生氏，携同新聘总经理赖永初，于昨日（一日）上午十时前往该行，当由刘总经理熙乙召集各部门主管职员分别介绍，旋即接聘视事，并由该行董事刘汉清、杨汝南、伍静远及监察张汉清、杨文泉等亲临监交，当由杜董事长，刘厅长等致词，语□奖勉，市府□□长暨该行董事刘先识等，亦亲莅致贺，刘、赖两总经理热情洋溢，融洽逾恒，并闻新任赖总经理将定期欢送刘孙两前总副经理云。

《贵州商报》1948年8月2日，第3版

赖永初启事

永初此次承乏省行总经理职务，荷蒙诸亲好友介绍贤才，盛情至感，只以省行名额有限，内部人事极少更动，以致爱莫能助，不克一一延揽，殊深歉仄，务请原宥为祷。

贵阳《中央日报》1948年8月4日，第1版

调剂黔省金融　扶助经济建设

赖永初谈省行业务计划

（本市消息）贵州省银行改组就绪后，新任董事长杜惕生、总经理赖永初，及全体董监事昨日在该行茶舍招待省市各界，自朝至夕，各方人士前往道贺者，络绎不绝。省府谷主席偕建设厅长何辑五，曾于中午莅止，与会来宾聚谈甚欢，状极愉快，并参观该行内部，历时许始去。

据赖总经理发表该行过去行务概况及今后计划，谓省行业务，自经此次改组后，已将原订行章，按照中央最近颁布之省银行组织规程，重新予以订正。今后业务方针，当以调剂本省金融，扶助本省经济建设，开发本省生产事业为旨。人事组织方面：总行内部原分二部三处，本年一月奉令增设会计室，嗣为划一编制，将原有三处悉改为室，现分秘书、稽核、人事、会计四室，及业务、信托两部。分支机构在省内者，计有贵定、安顺、遵义等二十三处，此外，尚有上海、汉阳、广州、重庆四联合通汇处，共二十七单位，全部员生计有二百五十人。

继感当前省行业务最主要者，厥为代理省库，经理省公债，及存款、放款，以及储蓄信托等事项。省内所属分支行处代理分库者，计二十单位。惟本省地方收入甚微，所有库款十九仰赖中央补助，此项费用，率多属于公教人员薪津，领到之后，立须支付，现已呈请省府转请中央对于本省之补助，希望能一次预报半年，俾省行对于库款，得以稍资周转，借谋业务开展，惟迄现尚未奉复。至经营存款放款方面，以目前通货膨胀日甚，社会游资，多趋于货物囤积，若干商业行庄，率多以高利吸存以为感召，故省行吸取一般存款至感困难。以言放款，省行以限于种种困难，且资金有限，预料今后贷放业务，除承做商业短期折放以融通社会金融外，尤注意于工矿及出口事业，借有助于发展地方经济建设。

氏最后指称：省行为本省唯一公立金融机构，今后一切，当以针对地方需要为鹄的，本人承乏斯职，深感汲深任重，深盼社会各方人士予以支助。

贵阳《中央日报》1948年8月9日，第4版

贵州省银行启事

敬启者：本月八日本行改组成立，荷蒙省主席谷暨各机关团体首长、各同业各界人士亲临，指导并宠赐鸿仪，无任感谢。惟以柬请未周、招待疏简，殊深歉仄。特登报端，借鸣谢悃，诸维亮察。

董事长杜惕生，常务董事刘汉清、何辑五，董事窦以庄、杨汝南、刘先识、张致祥、傅南华、张国钧、萧乾一、黄长祚、伍静远、赵发智、丁道衡、赖永初，监察人杨文泉、吴禹丞、张彭年、严池华，总经理赖永初，副总经理唐伯珩，谨启。

贵阳《中央日报》1948年8月10日，第4版
《贵州商报》1948年8月10日，第1版

黔省银行总经理刘熙乙四日突被捕
筑地检处拒不发表案情

（本报贵阳通信）（一）前贵州省银行总经理刘熙乙突于四日清晨因案遭贵阳地方法院检察处派警拘提到案收押。原因据传是贪污有据，但因在侦查期间，地检处拒不发表。惟称一俟侦查终结，自当公布案情。又此案发生闻系财政部及司法部行文所致。（二）贵州省银行早于八月一日改组竣事，董事会选举结果：赖永初任总经理，唐伯珩任副经理，杜惕生任董事长，其他重要高级职员闻多有更动。赖原任贵阳市银行及怡兴昌银号经理，亦黔省金融界名人之一。（三）黔省会警察总局在上月奉令查获筑市谦信庄、利源银耳行等六家私营银行业务，扰乱金融，嗣将各主犯转送法院办理，经裁定各处以五百万元之罚款外，并勒令各庄、行停业。（甫六日寄）

上海《大公报》1948年8月11日，第6版

黔省银行总经理刘熙乙被捕
筑法院拒不发表案情

（本报贵阳十日通信）（一）贵州省银行总经理刘熙乙突于四日清晨因案遭贵阳地方法院检察处派警拘提到案收押。原因据传是贪污有据，但因在侦查期间，地检处拒不发表。惟称一俟侦查终结，自当公布案情。又：

此案发生闻系财政部及司法部行文所致。（二）贵州省银行早于八月一日改组竣事，董事会选举结果：赖永初任总经理，唐伯珩任副经理，杜惕生任董事长，其他重要高级职员闻多有更动。（三）黔省会警察总局在上月奉令查获筑市谦信庄、利源银耳行等六家私营银行业务，扰乱金融，嗣将各主犯转送法院办理，经裁定各处以五百万元之罚款外，并勒令各庄、行停业。

《大公晚报》1948年8月16日，第1版

省参会花絮

公路局措施欠妥善　议场内一片责难声

停止质询，杨又新怒拍桌子。杯酒联欢，赖永初大宴嘉宾。

上午是公路局孙鸥局长报告省公路工作概况。他说省公路局以前业务清淡，自去年与公路总局合办联营处后，才日有起色，但□贴补经费，仅赖货运维持。

议员们对孙局长的报告似不满意，提出质询者很多，而且都很激烈。有的大至说：干不了，就请下台！有的窃窃私语，对他（孙局长）平常的为人及工作态度，都加以批评。

邓宗骏议员说：该局发售的七十五辆车子作何用途？

蒋相浦发言最老火，他说：路局对最起码的客运均不能维持。邓万丰却补充说：遵松路遵义至思南已可通车，为何人民请求有半年之久仍无下文？

许多质询好像连珠炮，要不是时间已到，主席按铃散会，有人说：真下不了台。

下午是卫生、社会、统计、省训团、省银行的报告，因为时间一样，节目却多，所以大家都报告得很简短，尤其是省训团教育长华仲庆，仅报告十几分钟。

贾智钦处长报告卫生，他矮而结实的身才，一大半被报告台遮住，脸孔是健康而可亲的，说话从从容容。

他说：去年四月以后约四个月之间，他都在京沪一带，走费奔尽心方向行总及卫生部要得稀有药品器械近四百件，除运到的以外，还有二

百一十件留在上海待运，足可供本省用两年多，并且选择在经费困难之下，筹备办训练医事人财［才］的学院及助产士，拟在各县增设十个省立医院。

他并介绍本市卫生试验所，每月能制出大量牛痘苗及其他疫苗，还并备筹制各种结核菌传染疫苗，并允许设法实现议员们的建议与要求。

天气特别冷，会议室中始终要暖点，议员们大衣、皮袍、长衫、围巾，陈列得般般皆有。

杨又新议员每次会议都有话说，有时还很多，但总爱翻出手抄本上的旧案来诵读，人谓之："旧事重提"。

会场中自第七排以后，人烟寥落，大有边区之感，中间几排总常到前两排听得最精神，有些都在安静地看报看提案及写字。

省银行经理赖永初，独自坐在特别来宾席的第一排，把手藏在大衣里，在埋头苦读报告稿。

张统计长云亭报告统计，说今后要简化报表，并说三月中旬本市一般生活指数为一千四百余倍，公务员生活指数却为二千四百余倍。

平议长曾限制时间，常硬性叫人简短报告，并停止口头询问，因此，杨又新职员和他吵起来了，并且敲击桌子。

议员们进进出出，如穿梭一般，大概在外面商量好一些事情，又一起进来。

周达时处长报告社会，看重在农会的整理和救济事业，说目前本省仅廿四县保留救济院。

李仲峇的省训团报告中，说受训的人已无顶替排挤现象，并且保障其工作，现阶段是精神业务并重的训练。

赖经理像是初次作公开报告，报告时有点脸红，虽然读了很久的稿子，还是不能轻易讲出，不得不照念稿子，而且声音较低，报告数字正确得恰如会计而且谦虚客套。

会议进行到六时许，最后通过临时联议：请贵州物产运销公司改良售运办法。

散会后，赖经理请全体出席议会者在贵州省银行"油人"，菜很丰富，饭后并请全体看"贵阳"的电影《万家灯火》。

《小春秋晚报》1949年3月23日，第4版

省训团财务组学员昨参观省银行
赖永初讲述该行业务概况

（本市讯）贵州省地方行政干部训练团财务组全体学员七十余人，由该团吕指导员国榕领导，于昨日（十八日）上午九时到贵州省银行参观，当由该行赖总经理永初亲为接待，并讲述该行沿革，改组省银行经过暨业务概况，嗣由该行公库课课长邹祖彬报告代理省库收支处理程序，颇为详尽，旋即分组到各部室参观业务，并由主管人分别解说，至十二时许始结队辞行。

《贵州商报》1949年4月19日，第4版

赖永初谈发行本省银元辅币券

（本报专访）在今天，与其说大家关心国事，无宁说大家关心生活问题要比关心国事来得热烈，原因安在？无须记者用絮聒的方式加以解释，显而易见的是生活不能解决，什么都不必置谈，反之，生活安定了，一切问题都有办法，所谓"衣食足，礼义兴"，便是这个道理。

金元券发行后，迄今历时未及十月，但其膨胀之速，回顾当年法币，何能望其项背，人们对金元券的信仰如何？彼此心里有数，亦无庸记者徒费笔墨。总之，金元政策直至目前为止，不能不承认是失败了，祸及人民，苦痛万端，其责任究应谁负？姑不置论，后世史家自有定评。

由于金元券贬值过速，遂不断促使物价急剧上涨，因而各省地方政府纷纷赶筑藩篱，以蔽此洪流的冲激。这种筑篱工作已由准备而逐渐成熟，由成熟进而实现了的，已有湘、桂、滇等省。换句话说，在币值和币信日益低降的现势下，欲求地方安定，首要安定人民生活，而安定生活之道，又莫过于求得经济之稳定，以为解决一切问题的前提。稳定经济，也就是稳定物价，因之，在金元券无法恢复其初期辉煌的地位的时候，银元已被视为唯一的良好货币，银涛膨［澎］湃，一泻千里，于今

以银元计价的不仅商家为然，即部份国营事业，也在这锐不可挡的现实下软化了。

　　形成这一事实的主因，厥为金元券普遍不为人所重视，认为银元易于保值所致，银元既已公开流通，银元筹码，自不可少。目前，中央尚无是项筹码发行，而银元之辅币券，又不可一日或缺，由于上述事实的迫不及待，各省为适用不同的环境，所以各就情形所需，开始发行银元辅币券，以消弭因找补而发生的若干困难，此不独使市场周转趋于灵活，而且可收稳定经济，活泼金融，进而抑平物价之功。

　　当前整个经济濒于崩溃之局，各地市场紊乱达于极点，而国家财政，急切又无根本改善的方策，烽火南渐，大局动荡不宁。本省无论在抗日过程与夫戡乱的现在，因地形关系，一直被目为前方的后方，诚如历史给予吾人的教训是要后方安定，前线始终有办法，主席谷公一再昭示黔人，"安定后方，支援前线"的嘉言的意义亦在于此。欲求安定，当然应从整理经济入手，而有识之士，对于本省是否亦须发行银元辅币券，使本省经济早获稳定的问题，备极关切，谈者论者，比比皆是。惟以当局对此巨大问题，不欲草率将事，以至截止目前，发行一节，尚为"悬案"。

　　记者以贵州省银行既为全省之库，协助稳定地方经济，自属责无旁贷，何况论者每谓：银元辅币券的发行机构，以省行最为适宜。记者为此，特走访省行赖总经理，叩询对于发行有否准备及发行的意见。

　　赖氏对记者所问各节，予以扼要的回复，赖氏称："□来由于各省埠价普遍上涨，金元券发行数额需要增大，另一方面则印制备感困难。于是筑市临时发生钞荒现象，兼之物价狂涨不已，一级市场为保值起见，各以银元为交易标准，□零星找补纸已备感困难，如将货银提高，不啻削足适履，更易刺激市场。因此，本人（赖氏自称）曾就本省实际情况及目前所需，数度就商于本省财政当局，承潘厅长锡元就发行银元辅币券之有关问题及发行技术等，作周密详尽之指示，潘氏并将上述问题请示谷主席，主席亦认为确有发行的必要，于是同意本行单独发行行使省内的银元辅币兑换券，自当局同意后，发行之议，始算成熟。本行准备发行的辅币券，票面分为五分、一角、二角、五角四种，凡持银元一元，即可向本行兑换此项辅币券十角，凑足辅币券十角，即可向本行兑换银元一元，绝对保证十足兑现。至于详细办法，刻正缜密拟具中，一俟董事会认可即可付诸实施，并呈请省府准许成立监事会予以监督，此举实现，不仅便利市场，钞荒现象亦可获致解决，物价或可趋于稳定。"

记者复叩询有关发行之一般问题，赖氏均详为答复，并表示前途甚为乐观。

赖氏为本省有数理财能手，接手省行时，资本仅有法币数百万元，兢兢业业，苦心经营，而今省行不仅可以自给，而且能将营利所得，扶持本省农工矿诸业，谷主席为此，曾数度致函奖励有加。

以赖氏善于理财以及其个人雄厚的资力，来发行黔人所需的兑换券，记者深信结果定属良好。

本省地势，绾毂西南，且被中央认为复兴国运的基地，所以本省的一切均应积极趋于安定，将所有力量储备以为中央运用，而稳定经济，又为稳定一切的前提，发行银元辅币券是针对此一紧迫事务而为。

《贵州商报》1949年4月28日，第4版

商讨发行本省银圆辅币券事宜

监委会昨开首次会议　推出正副主委议决发行数字
规定券面式样通过兑换办法

（本报讯）本省银圆辅币券发行监督委员会，昨（六）日下午四时，假贵州省银行三楼会议室，举行首次会议，当到省参议会平议长、杜副议长，市参会陈议长、黄副议长，张市长，央行潘经理，市商会张理事长，省府潘厅长，及省参议会驻会参议员蒋相浦等共十余人，由平议长主席，领导开会。首由省府潘厅长，省行赖总经理、唐副总经理，报告筹备经过，并传观铜版及样券，所用纸张及印刷颜色均属精美，继即讨论案件，兹探志其最要者如次：（一）该会正副主任委员，推由平议长及杜副议长分任；（二）由省行筹措印刷费用，并负责监视印刷等事宜；（三）发行数字，计一、五角二十万元，二、二角三十万元，三、一角四十万元，四、五分十

万元，共为银元一百万元，此四种辅券，系以四种不同之深颜色印刷，俾使用时，易于辨别，票面并由省银行董事长杜惕生、总经理赖永初二氏，以中文签署；（四）兑换办法采掉换式，不分银圆版面，十足兑现，并决定初步兑现，暂限在贵阳市一处，逐渐扩及各县市；（五）该项辅币券印就后，尚须召开第二次监督委员会，妥为筹划，以利发行，并悉，该项银圆辅币券之发行准备金，早经准备充足，且与本省及本市财政脱离关系，保证发行后可得预期效果云。

《贵州商报》1949年5月7日，第4版

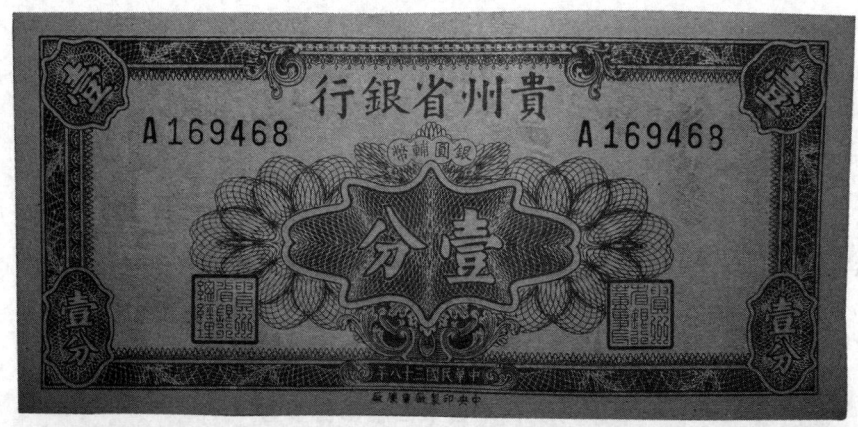

1949年贵州省银行发行的"壹分"银元辅币券（带有时任总经理赖永初签名）

赖永初在扶轮社谈开办银元业务情形

（本市讯）国民政府秘书陈恒安氏，最近因病请假，由穗返筑，扶轮社昨（十二）日午餐会，请其莅会讲话。据其谈称，西南各省向以贵州最为安定，本省旅外人士亦均盼望全省同胞团结一致，永久保持此种安定局面云。□□继请赖总经理永初报告贵州省银行开办银元业务情形，据赖氏谈称，（一）银元存放情形顺利；（二）银元汇兑除本省普遍办理外，广州、重庆两地亦已开办；（三）银元辅币券正在积极筹印中，不久即可发行，五分以下辅币券因印刷耗费过巨，未能印发，但为避免提高物价单位，并便利市场零星找补起见，曾向市政府建议准许铜元自由通用至辅币券之发行，完全启用掉换方式，兑入之银元，不分板面，兑入若干，全部存库保管，绝不挪用，更与省政府财政不生关系，并由民意机关代表及士绅组织监督委员会，负责稽核，以昭大信云。

《贵州商报》1949年5月13日，第4版

银行业理事长姚吟舫辞职　赖永初继任

（本报讯）本市银行业公会现任理事长姚吟舫氏，自就任以来，建树颇多，甚获得各会员之拥戴，姚近以年老多病，体力不支，又因行务繁忙，不克兼理会务，坚请辞去职务，闻已获得理监事之允许，并推定常务理事赖永初继任理事长辞务，赖氏已于日前正式接任云。

《贵州商报》1949年5月14日，第4版

黔省银元辅币重庆市场发现

（本市讯）贵州银元辅币券，不远千里来渝。此间银元市场，昨日下午已有发现。该辅币券系贵州省银行发行，中国大丰印刷厂印制，票面为壹角、横式，色鲜红，较百万金圆券略小，正中为红绿二色，细纹，有银元辅币壹角字样横写在上，下为五十角兑付银元一元，两旁有贵州省银行董事长、总经理章，背面正中图为贵州省银行洋房，下面为一九四九年，两边有董事长杜惕生、总经理赖永初中文签字，印刷精美。（建国社）

重庆《大公报》1949年6月22日，第3版

赖永初即将飞渝

督印银元辅币　顺便视察省银行渝行业务

重庆大火渝行损失极轻微

（本报讯）省银行发行之一角银元辅币券流通市面以来，适于一般需要，不仅为此间所乐用，即本省交通较便之县份，对于是项辅币券莫不表示欢迎，因信用卓著，故流通极广，以暂时无匮乏之虞。该行有鉴及此，乃力谋解决办法，几经严密筹虑，并遵中枢所颁之省银行发行一元银元券办法之规定，决定在渝印制银元券一批，以济本省需要。兹悉是项印制问题经已解决，刻正进行制样工作。此次印制之银元券分为五分、一角、五角、一元等四种，总数共计一百万元，一律红色，图案美观，且纸质极为紧韧，一俟各项初步工作完成，该行赖永初即将飞渝亲予签字，就便视察渝处业务云。

（又讯）昨日本版"省行渝通汇处，因渝大火波及，损失约三万元"之消息一则，经继续探询结果，刻该银行又接到正式报告，所有一切帐册及库存、重要公物等，均经抢救置放安全地段，所有损失仅为笨重之家具及房屋而已。

《贵州商报》1949年9月8日，第4版

贼走才关门

黔省行职员伪造支票骗巨款　全部职员公役均将加以甄选

（贵阳通信）贵州省银行自前任总经理刘熙乙卸任后，该行内部组织虽一仍旧贯，但人事极不健全。据记者二十日上午在刑警队访问，得悉该行日前竟发生行员伪造支票，骗取银圆七百五十元。事情的经过是这样的：

本月二日，贵州省银行忽发现一张已支付银圆七百五十元之伪造支票一纸，号码为五四七五三五。该支票并无核对员袁祚府之签字盖章，仅有出纳员张述宣之印章、记账员邓传文和会计课长陈明文私章，均系伪造。该支票后面注明之廿四号铜牌，又未见收回。当此伪支票被发觉以后，引起全行人员特别重视。经多方研究，认定此伪票非行外人员所为，原因：外人纵然伪造支票，取款时亦难通过"核对""记账""会计""出纳"四部门。

经该行有关人员进一步侦察，此五四七五三五号支票，系本市广东街福苍纱号所有。据付款出纳员张述宣声称：当该支票经渠本人经手付款以前，曾怀疑系伪造。但当时有行内营业课放款员袁承基站渠办公桌旁，张君比以该伪票出示袁君，并向袁询问真伪，袁即主张付款。因之支票未经核对员袁祚府盖章，但支票后面所注明之第廿四号领款铜牌，只有核对员袁祚府和放款员袁承基二人才有权发出，该号铜牌在三天前即一度失踪，经一再寻觅，又在放款员袁承基办公桌上寻获。综合上述经过，断定二袁不无伪造支票嫌疑。

该行比将两袁函送警局刑警队究办，经该队侦讯，贵州省银行帐户支票簿，向例由核对员袁祚府领取分发各存户备用。但此八十号帐户支票簿领取时，系在本年六月间，在此期间，袁祚府正奉令办理发行该行所印银圆券辅币工作，对分发存户支票工作，即暂由放款员袁承基兼办。袁君很可能即在代理期间蓄意诈取款项，故于分发支票时窃取此五四七五三五号一张，留存至今骗取款项。加之失去之铜牌又在渠办公桌上寻回，而骗取款项时，又适站在出纳员张述宣桌旁，虽袁承基辩为系与出纳课商洽公事移站张出纳办公桌旁，但传询张出纳，则答并无其事。

刑警队以放款员袁承基犯罪证据确实，当即羁押。核对员袁祚府嫌疑较轻，取保候案。此一银行职员伪造支票骗取行内款项案件发生后，该行总经理赖永初已引咎面报谷正伦主席。□记者从该行人事方面负责人探询所得，不久该行全部职员公役等，均须加以甄别。此即为俗语"贼走了关门"。（九月二十二日）

《大公晚报》1949年9月26日，第1版

省行新制银元券业已在渝印就
将由赖永初携返　月底可出笼

（本报讯）贵州省银行前为适应本省需要，曾委托渝市某印刷公司代印二角、五角辅币券，及一元之银元兑换券，以便发行。该行总经理赖永初

氏亦赴渝督印及签署，已志本报：记者日前以于该行有关系人士处获息[悉]，此批委托承印之银元辅币券及兑换券，业已印就一批，式样极为美观，纸张亦甚精良，不日将由赖总经理携带返筑，意料本月下旬即可在筑市开始发行云。

《贵州商报》1949年10月12日，第4版

赖永初已返筑
省行银辅币券月底出笼　业已在渝印就即运来筑

（本报讯）贵州省银行总经理赖永初氏，前赴渝签盖该行委托渝中央印制厂所印之银元辅币券，及银元兑换券，刻已签盖完毕，赖氏已于前（十六）日午后由渝乘机返筑。据悉，所就之辅币券及兑换券样本及一部份，已由赖氏携来筑市，全部日内亦可空运来筑，月底即可正式与筑垣人士见面，此种券币票面计分一角、二角、五角等三种，印刷精良，式样美观，至于准备金问题，该行已准备充分云。

（又讯）该行赖总经理日昨分访有关人士交换发行辅币券意见云。

《贵州商报》1949年10月18日，第4版

黔省参会昨六次会　聆财政保安报告（节选）
潘伯奎赖永初阐述甚详

（本报讯）黔省参议会于昨（二十一）日上午九时举行第六次会议，计出席杜副议长、何参议员宪刚等六十四人，省政府潘厅长锡元、陆处长兆熊、谢处长杰民，中央银行潘经理伯奎，省银行赖总经理永初，杜副议长主席，如仪开会。旋由陆处长报告主计概况，就"一、该处由前会计、统计两处合并改组成立之经过，及今后之工作方针。二、省原预算之执行，及因币制改革上下半年度之划分处理情形。三、县市预算之监督执行，及上下半年度之划分处理情形。四、上下半年度帐务之划分、处理情形。五、提高稽查数额，与简化报销手续。六、办理各项统计工作情形。七、各级主计人员之任用，与主计人员风气之整饬"等项详细报告。

继由潘厅长报告"金融情形",略谓:"本省财政上一切,已详财政报告内,关于本省金融情形,兹请中央银行潘经理、省银行赖总经理、造币厂谢厂长分别报告"。词毕,首由潘经理报告,就一、中央银行在筑发行情形内,分法币、金圆券、银元券发行及收回数额,金元券收兑黄金数量,兑现黄金银元数量,银元券准备情形等;二、黄金牌价;三、一般金融状况等项分别说明。

次有赖总经理报告:"一、省行所属机构人事调整;二、业务盈亏;三、帐务处理;四、存放情形;五、银元辅币券发行情形;六、铸造铜元及发行情形;七、本省经济研究。"末由谢厂长报告造币厂准备经过。对"一、开始准备时间;二、拟具预算;三、购运应用机械;四、开工第一个月拨出银元数;五、铸造成本"等一一说明,至十二时散会。

《贵州商报》1949年10月22日,第4版

筑银元券即可应市

(贵阳通信)(一)贵州省银行总经理赖永初由渝返筑谈称:省行在渝所印银圆辅币券(二角、五角的)及银圆券(一元),不日即可由渝运筑,约本月底可以发行应市。(二)一切筹备就绪之黔省造币厂,因时局过分紧张,原定本月中开工铸造,现已无形中抛锚。(三)由港穗飞筑旅客,十七日查获私带逾格现钞旅客三人。被查封银圆券共为二万四千余元,一律送由省银行封存,规定仅准零星支用云。(十月廿三日)

重庆《大公报》1949年10月27日,第4版

二 档案史料

怡兴昌股份有限公司章程

(1946年)

第一章 总则

第一条 本银号以服务社会、扶助工商、流通金融、辅助建设为宗旨,遵照现行银行法及公司法、股份有限公司之规定组织之。

第二条　本银号名为怡兴昌银号股份有限公司，简称怡兴昌银号，呈请财政部注册，经济部登记。

第三条　本银号设总号于贵阳市，经董事会之决议，并于国内各地设立分支号办事处，但须呈请财政部核准，经济部登记。

第四条　本银号营业账目呈准登记日起定为三十年，期满后得由股东会作出议决呈请主管官署核准延长之。

第五条　本银号之公告除通函外并登载于贵阳市通行日报一种以上。

第二章　股本

第六条　本银号股本总额定为国币五千万元，分为五千股，每股国币一万元，一次收足。

第七条　本银号股票采用记名式，注明股东姓名、住址并记入股东名册。

第八条　本银号股息定为周年一分，惟无盈余时不得以股本支付股息。

第九条　股东应填具印鉴，交由本号收存，凡领取股息红利或行使其他一切权利时概以此印鉴为凭。

第十条　股票转让须向本号声请更名过户，登载股东名簿并填送新印鉴，如未履行此项手续，仍认原股东为股东。

第十一条　股票如有失减，应即向本号挂失，并自行登报声明经过，一个月后如无纠葛者，方得声请补发新股票。

第十二条　凡因继承关系须将股票更改户名时，应由继承人将股票与原印鉴及合法证明书交本号查核无误后方可更改。

第十三条　股东所存印鉴如有遗失时，应觅妥保填具保单向本银号声明遗失缘由，经审核无误方得更换新印鉴。

第十四条　每届股东常会前一个月内及股东临时会前十五日内停止股东过户。

第三章　业务

第十五条　本银号之业务范围如左：

（一）存款；

（二）放款；

（三）国内汇兑及押汇；

（四）票据承兑及贴现；

（五）买卖有价证券（但不得有投机性质）；

（六）代理收付款项；

（七）储蓄业务（厘定资本另订章程）；

（八）仓库业务；

（九）无其他银行订立特约事件。

第十六条　本银号不得经营有投机性质之业务及下列事项。

（一）买卖不动产但业务上必需之不动产不在此限；

（二）收买本银号股票并承做以本银号股票作抵押之借款，但因清偿债务收受本银号之股票应于收受后即处分之。

第四章　股东会

第十七条　本银号股东会常会及临时会两种，常会于每年总决算后三个月内由董事会召集之，临时会于必要时经董事会半数以上，或监察人之提议，或有账份总额二十分之一以上之股东请求时，由董事会召集之。

第十八条　股东常会之召集应于开会一个月前，临时会之召集应于开会十五日前，将开会之日期、地点及提议事件通知及公告各股东。

第十九条　股东会开会须有代表股份总数过半数者之股东出席方得开议，其议决以出席股东表决权过半数之同意行之，但变更章程、增减资本及解散或合并之议，依照公司法第二四六条及二六四条之规定分别办理。

第二十条　股东之表决权定为每股一权，但一股东而有十一股以上者，其超过之股份以两股为一权，不足一权者不计。

第二十一条　股东因事不能出席时，得备具委托书签名盖章委托代表人代表出席股东会。

第二十二条　股东会开会时以董事长因事缺席时由股东于常务董事或董事中推一人为主席。

第二十三条　股东会应置议决录载明会议日期、地点，到会股东人数，代表股数，表决权数，主席及纪录姓名，决议事项及其决议之方法，由主席签名盖章,连同股东出席签到簿及代表出席委托书一并存于本银号。

第五章　董事会

第二十四条　本银号设董事十三人组织董事会,董事由股东会就股东中选任之,凡属股东皆可当选。

第二十五条　董事任期三年期满得连选连任。

第二十六条　董事会设常务董事五人,由各董事互推,并就常务董事中推选一人为董事长。

第二十七条　董事长对内督导本银号业务,对外代表本银号。

第二十八条　董事会每两月开常会一次,遇必要时或有董事三分之一以上之请求得召集临时会议,均以董事长为召集人及主席,如董事长不能出席时,推常务董事或董事一人代理之。

第二十九条　董事会之职权如左:

（一）执行股东会决议;

（二）营业方针之决定;

（三）预算与决算之审定;

（四）各项章则契约之审定;

（五）省内外分支号及办事处之设立及裁撤之决定;

（六）本银号总经理、副理、襄理及重要职员之任免;

（七）股息红利分派之拟定;

（八）资本增减之拟定;

（九）全部业务之指导及监督;

（十）其他重要事务之审议与决定。

第三十条　董事会之议事经由董事长签名盖章存留备查。

第六章　监察人

第三十一条　本银号设监察人三人,由股东会就股东中推选之,凡属股东皆可当选。

第三十二条　监察人任期一年,期满得连选连任。

第三十三条　监察人得列席董事会陈述意见,但无表决权。

第三十四条　监察人之职权如左：

（一）检查本银号之业务及职员是否依照章程及股东会决议案办理；

（二）检查本银号一切账目；

（三）审核预算决算；

（四）其他监察事项。

第三十五条　监察人执行职权时其所察核之账册书表应签名盖章并应于股东会开会时提出报告。

第七章　职员

第三十六条　本银号设总经理、副理各一人，必要时设襄理一人或二人，由董事会任免之。

第三十七条　总经理承董事会之决议案处理，本银号全部业务由副理协助之，总经理因事不能执行职务时由副理代理之。

第三十八条　本银号设下列四课：

（一）总务课　管理人事文书股务等事项；

（二）营业课　管理存款汇兑等事项；

（三）会计课　管理账务审核决算等事项；

（四）出纳课　管理现金收付及保管等事项。

各课设课主任一人，办事员、助理员、练习生若干人，课之下得视事务上之需要分股办公，秉承总经理、副理、襄理之令，分办各项事务，各课主任由总经理提请董事会任用办事员、助理员、练习生，俱取得股东担保，填具保证书，经审核由总经理任用之。

第三十九条　本银号设稽核主任一人及稽核若干人，审核总分号一切账务及视察各分支机构业务及其主任人选，由总经理提请董事会任用之。

第四十条　本银号设秘书一人至三人办理本号机要事宜，由总经理遴选提请董事会任用之。

第四十一条　本银号设专员若干人，办理研究设计事宜，由总经理遴选提请董事会任用之。

第四十二条　本银号选任之董事、监察人、董事长、常务董事及总经理均应报请财政部、经济部备案。

第八章 决算及纯益分配

第四十三条 本银号决算每年分前后两期，前期决算截至六月底止，后期决算截至十二月底止，后期决算为全年总决算。

第四十四条 本银号每年总决算后应由董事会造具下列书表，由总经理签名盖章于股东常会前三十日交监察人审核后提请股东常会请求承认，呈请财政部、经济部查核并依法公告之。

（一）营业报告书；

（二）资产负债表；

（三）财产目录；

（四）损益计算书；

（五）公积金及股息红利分配之议案。

第四十五条 本银号每年决算所获纯益除摊提折旧外，先提百分之十为公积金，次提应纳税款，再提股息，其余用百分法分配如下：

（一）股东获利百分之六十；

（二）董事、监察人酬劳金百分之五（总经理、副襄理如为董事不得分此酬劳金）；

（三）发起人特别利益百分之三（按发起人平均分配）；

（四）总经理、副襄理酬劳金百分之十（按每年薪金总额比例分配之）；

（五）全体员工奖金百分之十（按全年薪金总额比例分配之）；

（六）员工福利金百分之十。

前项公积金为预备资本之损失及维持股息之平均不作别用。

第九章 附则

第四十六条 本银号办事细则及议事细则另订之。

第四十七条 本章程自呈准主管官署核转财政部登记之日起实行后，如有应行修改之处由股东会依由决议修改呈请主管官署核准备案。

第四十八条 本章程如有未尽事宜悉依公司法股份有限公司规定办理。

第四十九条 本章程订于三十五年七月十九日。

发起人：戴世隆、赖永初、杜衡庐、周良知、李受益、何瑞图、叶屏、钱惠群、王汝霖、许耀卿、刘克中、赖贵山、何纵炎、张叔静、杨秀芳、

赖世才、游艺陞、赖雨生、赖世昌、刘瑞龄、戴绍民、赖世华、胡玉华、刘德芳、刘家龙

摘自台北中研院近代史研究所档案馆藏档案，档号：18-23-01-26-24-001

怡兴昌银号股份有限公司出资人姓名籍贯住址已交数目清册（1946年）

号次	姓名	籍贯	住址	认新/旧股数目	已交股款	合计
1	戴世隆	麻江	贵阳市中华南路144	700股	700000元	700000元
2	赖永初	贵阳	贵阳市南明东路9	400股	400000元	400000元
3	杜衡庐	同上	贵筑县花溪朝阳村	300股	300000元	300000元
4	周良知	麻江	同上	400股	400000元	400000元
5	李受益	贵阳	贵阳中华南路46	125/275股	125000/275000元	400000元
6	何瑞图	同上	贵阳南明区平垻路11	100股	100000元	100000元
7	叶屏	同上	贵筑县花溪朝阳村	100股	100000元	100000元
8	钱惠群	上海	贵阳南明区	100股	100000元	100000元
9	王汝霖	江苏	同上	100股	100000元	100000元
10	陈克泰	湖南	贵阳中华南路46	375/25股	375000/25000元	400000元
11	刘伯刚	贵阳	同上	250/150股	250000/150000元	400000元
12	杜仲猷	同上	同上	125/275股	125000/275000元	400000元
13	禹俊珪	同上	同上	250/150股	250000/150000元	400000元
14	许耀卿	浙江	贵阳市银行公会	100股	100000元	100000元
15	刘克中	麻江	贵阳城基路58	500股	500000元	500000元
16	蔡联臣	贵阳	贵阳中华南路46	350/50股	350000/50000元	400000元
17	赖贵山	同上	贵阳南明西路7	100股	100000元	100000元
18	何纵炎	兴义	贵阳中华门外城基路	100股	100000元	100000元
19	张叔静	贵阳	贵阳南明东路9	400股	400000元	400000元
20	杨秀芳	同上	同上	400股	400000元	400000元
21	赖世才	同上	同上	400股	400000元	400000元
22	张文开	同上	赤水县复兴镇	100股	100000元	100000元

续表

号次	姓名	籍贯	住址	认新/旧股数目	已交股款	合计
23	游芝陞	同上	贵阳中华南路5	100股	100000元	100000元
24	赖雨生	同上	贵阳南明西路5	125/75股	200000元	200000元
25	何是侬	桐梓	贵阳海马村28	25/75股	100000元	100000元
26	赖世昌	贵阳	贵阳南明东路9	400股	400000元	400000元
27	刘瑞龄	同上	同上	125/275股	400000元	400000元
28	戴绍民	同上	贵阳中华南路144	375/25股	400000元	400000元
29	刘德芳	贵阳	贵阳中华南路144	275/125股	400000元	400000元
30	胡玉华	同上	同上	400股	400000元	400000元
31	赖世华	同上	贵阳南明东路9	400股	400000元	400000元
32	刘家龙	麻江	贵阳城基路58	500股	500000元	500000元

摘自台北中研院近代史研究所档案馆藏档案，档号：18-23-01-26-24-001

怡兴昌银号股份有限公司改选董监名单及职员名册（1946年）

职别	姓名	籍贯	持有股数	当选权数	选任日期	备注
董事	戴世隆	麻江	700股	5005权	三十四年十月廿六日	
	赖永初	贵阳	400股	5005权	同上	
	杜衡庐	同上	300股	4800权	同上	
	周良知	麻江	400股	4800权	同上	
	李受益	贵阳	400股	4800权	同上	
	何瑞图	同上	100股	4595权	同上	
	叶屏	同上	100股	4595权	同上	
	钱惠群	上海	100股	4390权	同上	
	王汝霖	江苏	100股	4185权	同上	
	陈克泰	湖南	400股	4130权	同上	
	刘伯刚	贵阳	400股	4130权	同上	
	杜仲猷	同上	400股	4075权	同上	
	禹俊珪	同上	400股	4075权	同上	

续表

职别	姓名	籍贯	持有股数	当选权数	选任日期	备注
监察人	许耀卿	浙江	100 股	4335 权	同上	
	刘克中	麻江	500 股	4130 权	同上	
	蔡联臣	贵阳	400 股	3925 权	同上	
董事长	戴世隆	麻江				当推为董事长
经理	赖永初	贵阳				董事兼任

摘自台北中研院近代史研究所档案馆馆藏档案，

档号：18-23-01-26-24-001

永兴联合实业股份有限公司章程
（1947年）

第一章　总则

第一条　本公司依照公司法股份有限公司之规定组织之，定名为贵阳永兴联合实业股份有限公司。

第二条　本公司以联合国内工商实业人士发展生产贸易为宗旨。

第三条　本公司以经营五棓子颜料、燃料、桐油、茶油、菜油、工业器材为主，并兼营衣着用品、花纱布匹、美种烟叶、猪鬃山货等进出口贸易为业务。

第四条　本公司营业年限自呈准登记之日起定为三十年，期满得由股东会议决呈请主管官署核检延长之。

第五条　本公司暂设总公司于贵阳，设分公司于沪、汉、粤、渝、昆等地。

第六条　本公司之公告以登载于总公司所在地之通行日报及通函行之。

第二章　股份

第七条　本公司资本总额定为国币一万万元，分为一千股，每股国币十万元，先收半数即行开业。

第八条　本公司资本总额有增加之必要时应由股东会议决增加之，原股东有优先认股权。

第九条　本公司股票概用记名式。

第十条　本公司股息定为周年二分由盈余项下拨付，如为盈余不得以股本支付股息。

第十一条　股东应填具印鉴交由本公司收存，凡提取红利及与本公司有书面事件时概以此印鉴为凭。

第十二条　股东转让原有股东有优先购买权，并须向本公司书面声明请更名过户，经审查注册后始得正式过户另发新股票，如未履行此项手续，仍认原股东为股东。

第十三条　股票如有遗失或数减时，须先向本公司挂失并自行登报三天，声明作废经过三个月后别无纠葛始得觅具妥保声请补发新股票。

第十四条　凡因继承关系须将股东更改户名时，应由继承人将股票及合法证明书提交本公司查核无误方可更改。

第十五条　换发或补发股票得酌收工本费，应账之印花税票由股票自备。

第十六条　自通告召集股东会之日起至全股东会议之日止，在此期间内停止股票之过户与补领。

第十七条　股东退票须于年终决算三个月以前书面向董事会通过并另行征股补足，得按该年度决算之盈亏数自予以退股，公积金部份作票权论，倘董事会不能另行征股补足时，则由申请人自行觅主声请过户，否则不能退股。

第十八条　股本亏蚀至总额三分之一时应召开临时股东会决定业务方针。

第三章　股东会

第十九条　本公司股东会分常会、临时会两种：

甲、常会。每年召开一次，于总决算后三个月内由董事会召集之。

乙、临时会。如董事会或监察人认为必要时或有股份二十分之一以上之股东请求时由董事会召集之。

第二十条　股东常会之召集应于一个月前，股东临时会之召集应于十五日前，将日期、地点公告并用书面通知各股东。

第二十一条　股东会非有本公司股份总额二分之一以上之股东出席不得开议，非有出席股东表决权过半数之同意不得决议，但关于修改章程、增减资本或解散合并之决议应依公司法第二四六条及第二六四条之规定办理之。

第二十二条　股东不能出席股东会时得出具委托书委托代理人代表出席股东会。

第二十三条　股东之表决权定为每股一权，但一股东而有十一股以上者，其十一股以上之股份以两股为一权，二十股以上之股份以三股为一权，三十股以上之股份以十股为一权，其不足一权者不计。

第二十四条　股东如有提议事项应于开会前五日提请董事会审查后编入议事日程。

第二十五条　股东开会时由董事长主席，董事长因故不能出席时由常务董事公推一人为主席。

第二十六条　股东会开会前五日内董事会应将监察人已查核之各项书表及报告书陈列于公司，以便股东随时查阅。

第二十七条　股东会对于前条各项书表有疑义时得选举检查人检查之。

第二十八条　股东会根据监察人或检查人之报告，如发现董事会提出之各项书表有错误或弊端时得修正或纠正之。

第二十九条　股东会决议事须作成决议录列记会议时日地点、主席姓名、出席股东人数、代表股份总数及所请事项，由主席签名盖章，连同签名簿、代表出席登记书一并保存于本公司。

第四章　董事及监察人

第三十条　本公司设董事会由股东会就股东中选任董事七人组织之，董事任期三年，连选得连任。

第三十一条　董事会设常务董事会，由董事中互选常务董事三人组织之，再由常务董事中互选一人为董事长。

第三十二条　董事会每三个月或六个月开会一次，常务董事会每月开会一次，均由董事长主席，董事长因故不能出席请由常务董事互推一人为主席。

第三十三条　董事会非有董事过半数之出席不得开会，有决议以出席董事过半数之同意行之可否，同数时取决于主席。

第三十四条　董事会之职权如左：

1. 对外代表本公司；

2. 总经理协理之聘任及解任；

3. 召集股东会议；

4. 业务方针之决定；

5. 预算、决算之审定；

6. 股本增减之拟定；

7. 纯益分配之拟定；

8. 章则契约及其他重要事项之审定。

第三十五条　本公司设监察人三人，由股东会就股东中选任之，任期一年，连选得连任，并由监察人中推选常务监察人一人召开监察会议及处理监察日常事务之责。

第三十六条　监察人得列席董事会议，常务监察人并得列席常务董事会议。

第三十七条　监察人之职权如左：

1. 审核预算及决算；

2. 审核簿册文件；

3. 请求董事会报告业务情形；

4. 认为必要时召集股东会。

第三十八条　监察人不得兼任公司董事及职员。

第三十九条　董事及监察人如有缺额未及补选而有必要时得以同属被选次多数者选补之，以补足原任董事或监察人之任期为限，但董事缺额达三分之一时应即召开股东临时会选任之。

第五章　职员

第四十条　本公司置总经理一人秉承董事会之命经理本公司一切事务，协理一人或二人协之，均由董事会聘任之。总经理因故不能执行职务时由协理代理，协理有二人时由董事会指定一人代理之。

第四十一条　本公司得分处呈办事，视事务繁简各置经理或襄理或主任一人主管，人员由总经理提请董事会通过聘任之，以下职员由总经理任用报董事会备案。

第四十二条　分公司置经理一人，办事处置主任一人，由总经理提请董事会通过聘任之。

第四十三条　董事会办事细则由董事会订定之。

第六章　决算及纯益分配

第四十四条　本公司营业每年六月底核算一次，十二月底决算一次，在决算时董事应造具左列各书表，由总经理签章，经监察人审查后提请股东会承认并依法公告之。

1. 营业报告书；

2. 资产负债表；

3. 损益计算书；

4. 财产目录；

5. 公积金及纯益分配之议案。

第四十五条　本公司年终决算除各项用费及折旧坏账，如有纯益先提法定公积金百分之十，再提股息二分暨应缴之所得税、利得税外，其余按百分比分配如左：

1. 股东红利百分之七十；

2. 董监酬劳百分之五；

3. 职工红利百分之十五；

4. 职工福利百分之五；

5. 社会事业补助金百分之五。

第七章　附则

第四十六条　本章程未尽事宜悉俟公司法及其他有关法令之规定办理之。

第四十八条　本章程自经股东会通过并呈请主管机关核准后施行，修改时亦同。

第四十九条　本章程订于中华民国三十六年八月二十三日。

摘自台北中研院近代史研究所档案馆藏档案，档号：18-23-01-26-31-005

大兴实业股份有限公司股东会决议录
（1947年11月20日）

地点：贵阳本公司

出席股东：共计二十二人代表股份一千股

主席：赖永初

主席报告：本公司今日到会股东人数、代表股数、表决权数均已足法定额，可以正式开会。

董事会提议：本公司设立登记各项文件费款前经呈请经济部前奉批以设在上海之大兴贸易股份有限公司之各期业务相同核与公司法第二十六条抵触，将"大兴"二字改订，等因奉此。兹拟改订为贵阳永兴联合实业股份有限公司，请到会股东表决案。

众皆赞成通过。

董事会提议：本公司前计业务似有未妥，拟改订以经营五棓子颜料、燃料、桐油、茶油、菜油、工业器材为主，并兼营衣着用品、花纱布匹、美种烟叶、猪鬃山货等进出口贸易为业务，请到会股东表决案。

众皆赞成通过。

董事会提议：本公司名称业务既经变更，理应将章程重行修改由主席将章程草案逐条复读。（章程另附）

经众讨论略加修改全文通过。

启会

主席　赖永初

摘自台北中研院近代史研究所档案馆藏档案，档号：18-23-01-26-31-005

大兴实业股份有限公司股东名簿

号次	姓名	认股数目（股）	认股金额（元）	已交股数（元）	未交股数（元）	股数合计（元）	住址	股数缴纳日期
1	赖永初	500	50000000	25000000	25000000	50000000	贵阳南明东路9号	36年8月22日
2	李受益	100	10000000	5000000	5000000	10000000	贵阳三民路117号	同上
3	刘伯刚	100	10000000	5000000	5000000	10000000	贵阳大公巷5号	同上

续表

号次	姓名	认股数目（股）	认股金额（元）	已交股数（元）	未交股数（元）	股数合计（元）	住址	股数缴纳日期
4	禹俊珪	50	5000000	2500000	2500000	5000000	贵阳□□路15号	同上
5	陈厚光	30	3000000	1500000	1500000	3000000	贵阳护国路216号	同上
6	罗文彬	30	3000000	1500000	1500000	3000000	贵阳中华南路64号	同上
7	蔡联臣	20	2000000	1500000	1500000	2000000	贵阳黔云路42号	同上
8	欧阳次举	20	2000000	1000000	1000000	2000000	贵阳醒狮路56号	同上
9	徐道勇	20	2000000	1000000	1000000	2000000	贵阳富永路10号	同上
10	江兆麟	20	2000000	1000000	1000000	2000000	贵阳中华南路46号	同上
11	何克潜	20	2000000	1000000	1000000	2000000	贵阳大公巷5号	同上
12	何振家	20	2000000	1000000	1000000	2000000	贵阳大公巷5号	同上
13	陈虚谷	10	1000000	500000	500000	1000000	遵义何家巷1号	同上
14	刘仲远	10	1000000	500000	500000	1000000	贵阳齐家巷16号	同上
15	刘季钦	10	1000000	500000	500000	1000000	贵阳三块田49号	同上
16	刘裕成	10	1000000	500000	500000	1000000	贵阳中华南路54号	同上
17	万经才	5	500000	250000	250000	500000	贵阳中华南路46号	同上
18	沈光厚	5	500000	250000	250000	500000	贵阳中华南路46号	同上
19	邓人树	5	500000	250000	250000	500000	贵阳中华南路46号	同上
20	王治齐	5	500000	250000	250000	500000	安顺太和街	同上

续表

号次	姓名	认股数目（股）	认股金额（元）	已交股数（元）	未交股数（元）	股数合计（元）	住址	股数缴纳日期
21	王绍齐	5	500000	250000	250000	500000	贵阳富永路47号	同上
22	袁礼成	5	500000	250000	250000	500000	贵阳公园路35号	同上
合计		1000	100000000	50000000	50000000	100000000		

摘自台北中研院近代史研究所档案馆藏档案，档号：18-23-01-26-31-005

大兴实业股份有限公司选任董监名单

职别	姓名	持有股数（股）	当选权数（权）	选任日期
董事	赖永初	500	333	36年8月23日
	李受益	100	333	
	刘伯刚	100	318	
	禹俊珪	50	303	
	陈厚光	30	278	
	蔡联臣	20	273	
	罗文彬	30	273	
监察人	徐遒勇	20	313	36年8月23日
	江兆麟	20	308	
	何克潜	20	276	

摘录自台北中研院近代史研究所档案馆藏档案，档号：18-23-01-26-31-005

贵州省银行关于总经理交接的通知（节选）
（1948年7月30日）

奉总经理谕，本人因病辞职。业经董事会议决，改聘赖永初先生继任。兹定于八月一日星期日上午交接。希本行同仁，于是日上午九时半，莅行参加等因。特达查照为荷。

此致　启　卅七年七月卅日

会计处并请告知各同仁

摘录自贵州省档案馆藏档案，档号：M56-1-667

贵州省银行关于赖永初接任总经理的通知（节选）
（1948年8月3日）

遵义、安顺、毕节、思南、柳州、威宁、盘县：

本行刘总经理熙乙，及原任业务部经副理，均奉准辞职，由赖总经理永初接任，并兼业部经理，派游芝陞、王克新为副理，特达并希照常推进业务为要。民国卅七年八月三日。

文别通函。送达机关省府。

本行遴聘赖永初为总经理，已于八月一日到行视察行情查照由。

民国卅七年八月三日。

接奉贵州省总银行董事会惕产字第一号聘书，遴聘赖永初为本行总经理等因。选于八月一日到行视事，除呈报并分函外，理合具文，为特函知并希查照　此致。

贵州省政府主席谷、省内外各分支行处信托部、省内外各同业、贵阳市银行工会、省内有关机关、各县政府。

贵州省银行以递省政府，令于八月一日正式依法改组，新任董事长杜惕生氏协同新聘总经理赖永初于是日上午十点，前经请行接收事产，由刘总经理熙乙，并□□主责人员分别介绍。并由贤交人、现任董事刘汉清、杨汝南、伍靖远及监察张彭年、杨文泉同时前往。会同前文一面分别并函各机关同业云。

摘录自贵州省档案馆藏档案，档号：M56-1-687

贵州省政府关于贵州省银行改组的训令（节选）
（1947年8月16日）

事由：为指定谢厅长耿民为贵州省银行董事长，检发该行章程令仰知照由。

另贵州省银行董事长刘熙乙、查贵州银行改组为贵州省银行。前经令派该员为该行董事在案。兹接本府财政厅谢厅长耿民由京来电，"以关于改组贵州省银行一案，经与财部主管相商，据云该行董监事人选，应送部核，派董事长仍应保留"等语，除指派谢厅长耿民为该行董事长，并由府开具董事长及各董事监察人名单，检同该行章程，咨请财政部分别核派，以专责成外，合行检发该行章程一份，令仰知照此令。

附检发贵州省银行章程一份。

主席杨森

摘录自贵州省档案馆藏档案，档号：M56-1-853

贵州省银行章程（节选）
（1947年8月）

第一条 本章程依照36年4月29日国民政府公布省银行条例并参酌本省实际情形订定之。

第二条 贵州省银行（简称省行）隶属于省政府财政厅。

第三条 省行资本在县市公股未参加以前，已核改前贵州银行之资产为其资本所需，收赔前贵州银行商股本费用，由省府垫付之。

第四条 省行之业务如左：

1. 一、代理省库。二、经理省公债。三、存款。四、放款。（以贷予省内农林渔牧工矿等生产事业及公用事业为原则）五、贴现及押汇。六、汇兑。七、储蓄业务。八、信托业务。九、其他财政部许可之合法银行业务。十、代理政府或自治团体之其他委托事项。

2. 前项第七款之业务应呈财政部核准。

第五条 省行得受中央、中国、交通、农民四行委托代理各项业务。

第六条 省行不得经营左列各项业务。

一、无确定、担保之放款透支及保证。二、买卖或承受非营业用不动产。三、直接经营各项事业。四、法令禁止经营之其他银行业务。

第七条 省行暂设董事7人，以财政厅长、建设厅长并由省政府聘派，省内富有经济、财政、金融学识之专家5人组织董事会，指定财政厅长为董事长。

第八条　省行暂设监察人二人，以审计部贵州省审计处处长及省府会长充任之。

第九条　省行设总经理一人、副总经理二人或一人，均为专任职，由董事会遴选之。总经理总理全行事务并对外代表本行，副总经理辅助，总经理办理行务。

第十条　董事会之职掌如左。一、资本增减之审定。二、分支行处设立或废止之审定。三、业务计划之审定。四、预算决算之审定。五、盈余分配之审定。六、对外重要契约及委托受托事项之审定。七、抵押品及担保品处分之审定。八、主任以上重要职员任免之审定。九、各项规章之审定。十、总经理提议事项之审定。

第十一条　监察人之职权如左。一、稽查账目。二、检查库款。三、审核预算、决算。四、监察本行职员及业务。

第十二条　省行每年决算两次，以六月终为半年，决算期十二月终为全年结算期，每全年决算应造具左列各项表册，经董事会议决，监察人审核后呈报财政厅查核备案并公布之。一、营业报告书。二、资产负债表。三、财产目录。四、损益表。五、盈亏拨补表。

第十三条　省行年度决算有盈余时，除依法纳所得税利得税外，所有盈余，如历年有积亏时应先填补，再提10%法定公积金，20%特别公积金，次按约定利率拨付公息，再有余额照左列百分比例分配之。一、员工奖励及董事监察人酬劳20%分配数。员工占18%，董事监察人占2%，但员工奖励不得超过各员工全年薪给的1/4，照最高额分配有余时应购入特别公积金。二、福利基金10%。三、股份红利40%，股份、红利按股份比例分配之。四、地方公益事业经费基金30%。前项法定公积金累计数，如已达资本总额时得减低所提成数，特别公积金以提至累计数达到资本总额1/2时为止。

第十四条　省行及分支行处至组织由省行斟酌实际情形订定之。

第十五条　本章程未经规定事项，悉依省银行条例之规定办理。

第十六条 本章程自公布日施行，俟颁布公股参加后即行修正。

摘录自贵州省档案馆藏档案，档号：M56-1-853

贵州省银行现况报告（节选）
（1947年8月）

一 改组经过

查本行前身为官商合资组织之贵州地方银行。自民国30年8月15日开业以还，已有6年历史。资金原为600万元，嗣经二次呈准增加，共为2000万元。本年财政部公布省银行条例，应改为贵州省银行，经贵州省政府转呈、财政部电咨催促，转饬限期改组。当由前谢董事长耿民赴京，迭与财政部洽商改组办法，积极筹备关于原有商股，依照规定应即完全退出，先经董监联席会议议决，由官商股各推股东代表协商退股办法，所有商股一律于本年6月底退出并提报36年5月15日第5次股东会议议决通过，即席推刘熙乙、谭沛霖、赖永初、伍效高四股东代表商股，与省府指定之官股代表、财政厅谢厅长耿民（召集）、民政厅袁厅长世斌、建设厅何厅长辑五、财政厅陈主任秘书先烔，几经会商协议，关于商股之增值，应以贵州银行所有固定资产、固定价格为计算标准。即由商股与行方分别估价结果，协议商股收购价格照40倍计算，复由省政府指定何厅长辑五、杨会计长文泉、谢厅长耿民，暨函请审计部贵州省审计处刘处长懋初、贵阳中央银行潘经理承炯开会评议，佥谓商股股票收购价格照40倍计算，尚属合理。经提省府第1233次常会议决通过，电请财政部备案，当时省政府已依照省银行条例，省银行之资本由省库拨给，并由县市公库参加公股，其董事及监察人亦应由县市参加，但县市参加公股其公文之通转、款项之筹集，均于短时间所不能办竣，在此过渡时间势不能不变通办理，以免影响本行业务，爰由省政府饬据财政厅、建设厅及会计处拟定改组办法三项：

一、先行改组贵州省银行定于7月21日成立。二、所需收购商股费用国币三亿九千八百八十二万元，再由省库垫付，待县市公库参加后再行归垫。三、依照新颁省银行条例，并针对本省现实情形，拟定贵州省银行章程于7月18日提交省政府第1227次常会议决通过。

一面复派谢耿民、何辑五、袁世斌、李寰、葛覃、陈光甫、刘熙乙为贵州省银行董事，办理接收改组事宜。又派会计长杨文泉暨聘请审计部贵州省审计处刘处长懋初为监察人，令行贵州银行遵办。新章程末条定明本章程自公布日施行，俟县市公股参加后即行修正等语。旋经各董监举行第一次联席会议议决，遴聘原任总经理刘熙乙为总经理，孙伯陶为副总经理，所有贵州银行一切移交事宜，责成刘总经理接收。并由谢董事长耿民、何董事辑五、刘监察人懋初、杨监察人文泉监交，一嗣以谢董事长辞职，由省政府派财政厅刘厅长汉清继任，复由刘董事长会同监□现省银行改组及退出商股暨指派董监，遴聘总副经理各案，经省政府先后电咨，准财政部财钱丁字第35636号代电，以"查修正省银行条例之实施步骤，尚在通盘所拟中，前据各省行请再予修正，并经转呈行政院核转立法院审议在案、该贵州银行商股既已退出，为维持行务起见，所有该行先行改称为贵州省银行，及由省政府暂先指派董事七人、监察人二人，维持两节，特予备案"，仍俟依法改组时再行调整。至该行所需收购商股费用法币三亿九千八百八十二万元暂由省库垫付，俟县市公库参加后再行归垫一节，业准另拟办法送部，当俟另案核复等由，转知下行，现交接事宜已监盘会报，并举省政府指令准予备案，所有应退商股之增值款，亦经分别退讫，取据存查有案。（各县参加公股数字已见财政报告，目下已缴参加本行公股者，计天柱县应缴五百万元，业已全数缴清；贵阳市应缴一千万元，仅据缴半数五百万元；山县应缴五百万元，已奉省府令知，但并未收到，正函催中）

二 明年计划

本省地瘠民贫、生产落后，众所周知，无需赘言，主席杨公对于本省建设具有决心，手订五年计划，期于逐步进行，使贵州生产得以开发，工商业得以振兴。俾施于地瘠民贫之环境，一跃而跻富强康乐之地位。凡我黔人，尤宜同心拥护赞成协助，乐观厥成，本行为省银行，负有调剂地方金融、扶助实业发展之使命，此实主席建设新贵州计划中最重要之一环，自应勉力以赴，期于达成任务，裨益地方。惟欲达成上述任务，首先必须稳固行基、开拓业务，然后充裕资金，从事于经济建设，但在此通货膨胀日甚一日，社会游资均趋向货物之囤积，地下钱庄到处皆是，商业行庄又辄以高利吸存相号召，本行格于法令，未能效尤，与之颉颃，故于存款之吸收，在目下实非易事，即使高利吸收存款，然以成本过高，则放款利率势必与之俱高，以□贷放于工矿事业，亦非各项事业所能负担，殊失扶助实业发展之本旨。除存放两项而外，目前经济金融瞬息万变，盱衡事势，惟有汇兑业务，尚可获得较为优厚之利益，故于三十七年度业务收益方面，当以汇兑为主。根据以上所述，存款吸收虽有种种困难，但仍应勉力以赴，俾资营运。至本省特产之出口，足以抵补漏卮，实为目前急要之图，自应尽力办理押汇业务，予以鼓励，既可避免助长囤积之嫌，且使货畅其流，以期发展地方之经济。另为稳固行基起见，更拟增购营业用房产债券，保持货币之价值，爰就各点拟定37年业务中心目标四项：

1. 努力吸存充裕资金，从事本省之建设；
2. 发展汇兑，增加收入，维持行方之开支；
3. 举办押汇，鼓励本省特产之出口；
4. 增购房产债券，奠定今后之基础。

以上四点为明年度经营业务之最要者，然此非可跃而跻，必须分为数个阶级，循序实施，始能达到目的，惟此后经济金融之动荡演变至何种程度，实难逆料，究竟能否如期以偿，自亦未敢臆断耳。以上计划，不过为普通业务，倘若分支行处之增设，信托业务之发展，则或因法令之限制，或以地方条件选择之困难，要当因时制宜，随时策动。

摘录自贵州省档案馆藏档案，档号：M56-1-853

三　个人回忆

贵州省银行与贵阳市银行前职员张文骏记述的怡兴昌银号（节选）

一　怡兴昌银号的成立经过

该号初为贵阳富商戴蕴珊独资创设，于民国29年（1940）元月开业，资本额为法币十万元，地址在今之中华南路。次年，戴因被黔政当局以

"囤积居奇"罪名逮捕监禁,该号声誉因此受到极大影响。根据当时贵阳区银行监理官办公处的工作报告中说:"该号自本年2月24日后即无营业,自应依照公司法施行法第三十条之规定于一个月内向所在地主管官署登记,宣告停业。该号之所以未如此办理者,不处理政府不准新设行庄,一旦停业,恢复为难,但在政府(立场)势难任其长此不生不死状态之中。加以该号资本不过十万元,历史浅而规模小,亦无所俾〔裨〕益于社会;主持现既乏人,内部又公私不分,且独资经营。前此虽为法令所不禁,但财政部近来修订法规,已有取缔独资开设行庄,必须改为股份有限组织之拟议。基于上述,似可责令停业,并限期两个月内增资改组为股份有限公司组织,依法呈财政部核办,如不遵限办理,应即停业清理。"(据省档案馆旧档53宗316卷内容整理)该号接到上述命令后,于32年(1943)下半年由戴蕴珊之子戴世隆与周良知、周仲卿、谢根梅等人协商确定,① 遵照财政部命令,按公司法改组该号名称为"怡兴昌银号股份有限公司",积极筹备改组事宜,分别招股,召开股东大会。同年十月十八日由股东会选出了董监事。董事为周良知、宋筱堂、陈荣卿、周仲卿、戴世隆、谢根梅、刘克中等七人。监察人为游芝陞、黄杰烋、赵元卿等三人。常务董事为周良知、宋筱堂和周仲卿。由周良知担任董事长,周仲卿担任经理,谢根梅任副理。改组后的怡兴昌银号资本金额增为法币200万元,每股1000元,共为2000股。以戴世隆所入的550股和周良知的500股合计,即占资本总额的50%强。其次100股至150股计三人,刘克中150股,陈荣卿和谢根梅各为100股,50股以上的计有宋筱堂、周仲卿、游芝陞、黄杰烋、黄元卿等五人(据省档案馆旧档60宗7320卷整理)。以上股东的投资,合计为1650股,为法币165万元,这些人既是大股东又是董监事,控制了该号的经营管理权。又据该号呈贵州建设厅文云:本公司股本为国币二百万元,全数俱由发起人认足,不另外招股,拟具营业计划及发起人名单及认股数目呈送。发起人为:宋筱堂、陈荣卿、周良知、周仲卿、游芝陞、谢根梅、冉济川、黄杰烋、戴世隆、戴绍华、刘克中、戴绍民、赵元卿等十三人。经过当时

---

① 此处回忆有误,戴世隆并非戴蕴珊之子,"世隆"是戴蕴珊之名。——编者注

政府规定设立金融机构程序，民国33年（1944）4月18日呈财政部于同年5月24日核准发给银字第844号营业执照。该号遂于民国33年8月正式开业，办理商业银行一般业务，以存、放款为主。至于汇兑业务则是以后同省外之昆明、上海，信托公司和省内之几家县银行订立通汇合约互通汇兑，代收付汇款，从中收取手续费。

二 该号的改组情况

抗日战争末期，祖国大好河山富庶地区大半陷于敌手，国民党政府的财政收入锐减，为弥补预算赤字，滥发钞票，导致物价飞涨，法币不断贬值。该号原筹资金200万元，已不敷周转，该号股东咸认为必需增加资金，才能使业务有所发展。民国33年（1944）9月8日，由周良知召集临时股东会议，除原有股东出席外，赖永初以列席人参加了这次会议。这次会议通过了三项议程：一、增资800万元，连原资金共为1000万元；二、呈请（核准）增资时，拟就银号改为"怡兴昌银行"；三、股票转让过户事宜，限一个月内办理清楚。同年9月15日该号又召开一次股东会议，这次出席股东变化很大，计为：戴世隆、赖永初、杜衡庐、李受益、周良知、何瑞图、叶屏、钱惠群、王仕霖、许耀卿、刘克中、赖贵山、何纵炎、张淑[叔]静、杨秀芳、赖世才、游芝陞、赖雨生、赖世昌、刘瑞龄、戴绍民、赖世华、刘德芳、胡玉华、刘家龙等，公推杜衡庐为临时主席，纪录人为黄逸仙。这次会议一为主席报告增资为法币1000万元，新增股数亦已认足，旧股东少数转让者，过户手续亦经办妥，呈报改组为"怡兴昌银行"（这一申请，未获批准）。二是决定将已拟好的怡兴昌银行章程分别呈报有关部门，关于业务问题，仍照原计划项目办理。

民国34年（1945）10月16日召开的股东会，由戴世隆主席，改选董监事，董事达十三人之多，计有戴世隆、赖永初、杜衡庐、周良知、李受益、何瑞图、叶屏、钱惠群、王汝霖、陈克恭、刘伯刚、杜仲猷、禹俊珪。监事三人，他们是：许耀卿、刘克中和蔡联臣。戴世隆被选为董事长，并选任董事赖永初为该号经理，原任经理周仲卿以另有他就解聘。（据省档案馆旧档60宗7320卷组写）从这次股东会的名单看，赖氏家族占六人之多，戴氏家族则由三人减成一人，赖永初从列席人一跃而成董事，更进而充任掌握实权的经理，戴氏独资创建的怡兴昌银号遂转移到赖永初手中。

三　该号第二增资

据该号向本省建设厅呈报增资为法币5000万元一文中称："……原有资本仅200万元，不敷周转，曾于同年（33年）9月，呈由前财政部贵阳区银行监理官办公处转呈财政部增足资本为一千万元。时值黔南事变发生，黔局动荡不宁，因此未及办理变更登记换领执照。不久胜利复员，资金需要加大，所增资本仍不敷甚巨，复于25年（1946）6月8日经股东会议决，再度增加资本4000万元，连原有资本共5000万元，分为5000股，每股1万元，一次收足，新增资本已由各股东认购足额。……"文中又称："同时申请设立上海、汉口、长沙三分号，以宏业务，当于36年（1947）1月25日奉财政部36年1月18日京钱字6226号批示核准，颁给银字第1745号营业执照。"关于设分号问题，只被批准在汉口和长沙两地各设一个分号。增资以后，该号业务范围也扩大了，计有：一、存款，二、放款，三、国内汇兑及押汇，四、买卖有价证券，五、票据承兑及贴现，六、代理收付款项，七、储蓄业务（拨定资本另订章程），八、仓库业务，九、与其他银行订立特约事件。股息定为周息一分。规定股东红利60%，董监事酬劳5%，发起人特别利益5%，经襄理酬劳10%，员工福利10%，每年决算所获盈利，除摊提折旧外，先提公积金10%，次提税款，再提股息，其余分配如上。

该号增资为5000万元，又在省外设有两个分号，业务范围比原有项目扩大得多，虽无银行之名，事实上是一家已具规模的商业银行了。赖初永〔永初〕充任经理之后，增加了一个襄理，系任公伟充任，其职责是主管业务经营。后来任公伟于34年（1945）9月辞职，由赖永初兼代这个职务，业务上较有起色。在贵阳市金融业中，能站稳一席之地，因赖所经营的工商业和与贵阳市知名的工商界人士的交往是分不开的。赖与冯程南、蔡森久、伍效高、张荣熙、张慕良等人交往密切，业务上彼此支持。接着贵阳市银行成立，赖获充任该行第一任经理，又与市长杨森接近，1947年杨森调任重庆市长，邀约赖去担任重庆市银行的经理。不久贵州省主席谷正伦又叫赖回黔担任贵州省银行总经理。数年之间，赖以一普通商人跻身于金融业，竟平步青云，踏进仕途，可谓红极一时，究其原因主要靠他担任怡兴昌银号经理起家，因此对这块发迹地，他是紧紧抓住不放的。在他相继担任省市银行的经理和总经理后，仍然是怡兴昌银号的经理，将该号作为一个中心据点。

该号的章程规定发起人要享受特别利益5%，这是一般商业行庄少有的。为了享受这种利益，赖也不愿放弃这块阵地。

四　增资前后的业务发展状况

该号未增资前民国33年（1944）度的营业计划中说："……市内银行虽有多家，除国立银行各有专业目标外，其余商业银行率多注重大数资金之存款，对本市目前经济金融状况之趋势及扶助小工商业之发展，仍尚未注意及之，本银号有鉴及此，今后营业方针，拟设法吸收社会游资，以相当小额方式扶助小工商业为目的。……"存款预计吸收1000万元，股本现已收足100万元，因创业伊始，尚无公积金，运用方式则以5万元以下之小额放款为主。关于损益概算：资本200万元，开办费付出20万元，实存180万元，吸收存款1000万元，放款月息3分，收支两抵，可盈余673000元。该号1945年度决算，除股息外，（周息1分）纯益1601853.50元，照章进行分配。1946年度决算，纯益13653198.42元，亦照章进行分配。

根据贵阳市中央银行检查课1945年10月9日检查该号的业务情况，摘录于下：

"同业存款26户，为本埠同业，共9884132.62元。内另户9户，共9092121.42元。普通往来户17户，共792011.20元。其另户系拆款性质，利息比往来户为高，月息1分至4分5厘，通拉在4分之间，往来户周息7厘至1分2厘，外埠同业存款（系与昆明上海信托公司订有通汇合约，就该公司存款内代付汇款），结余合计4118.74元，月利2分，透支额为200万元。甲种活存306户，60727817.64元，大部为工商企业存款，周息2分。乙种活存31户，3636761.32元。本系仅开出两号，为来人即期，共900000元。定存只有两户，31000元，月息6分。存放回业，30385887.30元，存放外埠同业仅有一家，系昆明上海信托公司，52455.56元。贴现只三户，

10800000 元。活存透支计两户，730899.79 元，月利 9 分。定期放款 9 户，17600000 元，月利 8~9 分。"这些记录，反映该号当时的经营情况：第一，该号规模不大，存户仅 300 余户，外埠同业往来也不多；第二，定存与利息差额为 3 分；第三，活透及定放利息均为 8~9 分，足以说明法币在是时的贬值情况。

该检查报告又说："查该号于去年八月开业，未匝月而黔桂紧张，根本无业务可言，自大局抵定，市面恢复，又感资本不足，现观最近营业，似尚未脱离线［钱］庄范畴，不能与一般银行等量齐观。吾国银号钱庄业务，表面上虽似乖理，而支持者非当地土著即钱业老手，对于各界情形及工商企业，目光较锐，观察较深，证之该行放款虽多而愆期甚少，坏帐绝无，似亦难能可贵。查该号资金来源，系仍存款为主，去路的放款为大宗，出口押汇在上期尚有可观，近为派员押运，费用浩繁，暂行停放。其存款来源，大部为本埠工商企业，与该号有旧，截至查帐日各种存款为 74252830.32 元，约当负债总额 189%，其放款总额为 65469242.34 元，足见该号以存放为大宗，并非虚语。"此段文字，为之申论有以下几点：第一，该号在是时的业务况状是与旧式钱庄业务差不多。第二，贵阳市在当时公私银行有二十多家，竞争激烈，该号放款不但未发生坏帐，而且"愆期甚少"，原因是"目光较锐，观察较深"之故也。换句话说，即是对客户情况是经过调查研究过的。第三，承做押汇业务，原来尚著成绩，本期暂行停做是因运输费用增大，如果承揽这一业务，似无盈利可图，从中可窥见通货逐渐膨胀之后，钞票发行量增大，在运输问题上彼时也成问题了，这当然对货畅其流起了相反作用。（本节据省档案馆旧档 53 宗 388 卷录述）

由于该号现存于省档案馆之卷宗，只能查悉 1947 年以前的部份资料，极不完整并缺乏连贯性，该号原始帐据又未找到，故不能将该号业务活动全貌叙述无遗，实属憾事。

结束语

我国未有新式银行之前（我国第一家银行——通商银行，成立于 1897 年），约在 1900 年前后，全国通商口岸及内地较大城市，均有钱庄设置。

在我省的几个大城市，像贵阳、遵义、安顺等地区，亦不例外，也有类似钱庄的银钱掉换店、摊及钱庄的设立，只是其规模赶不上其他省区而已。贵阳怡兴昌银号成立初期，是独资经营，其业务与旧式钱庄差别不大，以后该号改为股份有限公司组织形式，几乎全体股东名之曰发起人，这些发起人在该号章程中规定可享受特别利益，可得净盈利润的5%，还规定：如果发起人转让其股金过户他人，以后还可以享受这项利益，不因股金转让而消失。这样的规定，尚残存行会形式的痕迹。

抗日战争后期，大片河山沦于敌手。当时被称为大后方的贵阳市，商贾云集，该号适于此时增资扩大业务范围，占了地利与人和上风，竟能在二十余家银行争夺金融市场的情况下生存下来。抗战胜利之后，该号五十万法币资金，因币制改革，仅折合金元券十余元，1948年国民党政府再次改革币制发行银元券，所有资金全部蚀光。直至贵阳市解放后，该号才摆脱了困境，逐步清理债权债务手续后，始告停业。原在该号工作过的一部份职工进入人民银行，重新为人民服务，有的还成为骨干力量。

摘自张文骏《贵阳怡兴昌银号概况》，政协贵阳市委员会文史资料研究委员会编《贵阳文史资料选辑》第17辑，内部出版，1986年，第97~106页

赖永初关于任职贵阳市银行与重庆市银行的回忆（节选）

杨森以贵州省政府主席兼贵阳市市长。当时我在贵阳市银行当总经理，该行是官商合办，杨森代表官股兼董事长，因此与杨常有见面的机会，在经济上时有往来。欧茂堂（省保安处军需）是杨的心腹走卒，与我交往颇密，因此把杨森的赃款存在恒兴酒厂（我私人开办的）生息。1947年法币贬值日愈加剧，欧茂堂即来索还存款。当时恒兴酒厂的资金均购存茅酒原料，一时无款归还。我与欧协商将存款折合黄金300两，仍存恒兴生息。1948年杨森调任重庆市长时，欧茂堂又来索取。当时因法币一月数次贬值，我所经营的几个商号和厂、矿几乎将要倒闭，无法拿出300两黄金，只好再与协商展限。杨森也看到我实在拿不出钱来，同时又是私人存款，也不便即刻采取高压手段。但是我负着这300两黄金的债务，总是惴惴不安。心想，杨森是有名的军阀，如果到期不还，必然要以恶辣手段对付我。不料

杨于临走时，命欧茂堂来对我说："主席想请你到重庆去干重庆市银行总经理，嘱我来征求你的意见。"我想：我与杨森并无特殊关系，他为什么对我如此垂青呢？必然是为这300两金子，想把我拉到重庆去，一方面给他当走卒去搜刮民财，另方面可以就近收回他的存款。我踌躇了一下后，也作了打算：自己经营的工商业很难维持现状了；同时，新任贵阳市长张致祥急于想派他的心腹谢叔奎〔夔〕任贵阳市银行总经理，风声已传到我的耳中，倒不如随杨森赴渝，趁机去捞一把。因此，我对欧茂堂说："主席对我如此关心，我愿追随主席到重庆效劳。"杨森离筑后，我即向张致祥辞职，赴渝任重庆市银行总经理。

我到重庆未及三个月，即接谷正伦来电，命我返筑任贵州省银行总经理。同时何辑五也有信来，大致说：他把我介绍给谷主席，谷同意任我为贵州省银行总经理。我接到谷、何的来信后，思想上矛盾重重，因为这时重庆市银行的情况，已经不是三个月以前的情景了。杨森把他的亲信都安插进来，许多重要事件不容我作主，如果再干下去，将来恐怕不好收场；若长期呆在重庆，私人在贵州的工商业就无法兼顾，权衡轻重，我又何苦恋栈呢？但谷正伦是众所周知的杀人不眨眼的屠夫，在他手下做事，若不按他的心意办事，身家性命都难保险。在此进退维谷的情况下，我打算向杨森辞职，到武汉去暂避一下，搞我的私营工商业。于是我以重庆市银行的工作一时不能丢手为词，复电谷、何，表示不能返筑就任。不料谷又来信，一定要我转贵阳，何辑五也有信来说："你如果坚决不愿任贵州省银行经理，谷主席嘱我转达，请你把贵州的资财、房屋、家眷，都搬到重庆去。"形势咄咄逼人，不由我不惶恐起来。正在忐忑不安之际，又接宋述樵（宋是贵州选出的立法委员，我与宋无特殊关系，因我的学徒姜廷玉与宋是亲戚，经姜介绍，与宋见过两次面）由南京来信，大意说：他在南京与谷正伦会晤时，介绍我任贵州省银行总经理，谷已同意，要我即刻返筑。宋的这封来信，把我的胆子壮大了，心想：宋是现任立法委员，谷正伦既然买他的账，我就有了"护符"，同时有宋作背景，将来遇到棘手的事，还可以请他撑腰。因此复信与谷、何，表示愿意返筑就任此职。

摘自赖永初《我所知道的贵州省银行》，政协贵州省委员会文史资料研究委员会编《贵州文史资料选辑》第2辑，贵州人民出版社，1979年，第243~256页

贵阳市银行前职员张文骏的记述（节选）

贵阳市银行系在1947年3月间筹建的一家官商合办的银行。1947年7月18日正式开业。笔者于1948年8月曾在该行工作直到解放，对该行的概况知道一些，草成此文，供编纂金融史志的同志参考。由于时隔三十多年，回想往事，实难周详，该行从成立之日到1948年上半年的具体情况，我未亲自参与，故只能从有关文献中查阅，并请该行成立时即入行工作的人员和与该行首任经理赖永初熟识的、现仍健在者交谈，经提供资料后写成此文。自知挂一漏万，谬误难免，尚祈知情的同志予以指正，使历史事实更臻完善。

贵阳市银行筹设经过

该行筹备处于1947年3月7日成立，地址在市政府财政局，由兼市长杨森指定市政府主任秘书齐卫莲任主任。参与筹备会的人员，计有：刘先识、徐礼周、瞿江、张荣熙、东方白、徐礼和、赖永初、王绍珊、胡光烈、黄明生等十一人。根据国民党《县（市）银行法》第一条及第六条之规定，议决贵阳市银行由政府以公款与民间合资设立，商股不得少于二分之一。预定资金总额为法币六千万元，故应招商股股份三千万元。以每股股金定为一十万元计，共招商股三百股。随即在报上刊登招募商股启事：凡愿投资者，可自本（3）月20日起，至4月25日止，先行来处（设财政局内）填具认股书，径向股款代收处交款，以便早日开业等语。至同年6月，商股即认定足额。由于法币不断贬值，以后又增资为二亿五千九百万元，每股仍为一十万元，由市政府认购一千二百九十五股，余为商股。7月6日在市府大礼堂召开股东大会，选出董事十五人，监察七人。7月8日召开第一次董监事联席会议，由兼市长杨森指定齐卫莲、胡光烈、刘先识三人为公股董事；商股方面，经选出赖永初、伍效高、徐礼和为常务董事；公推兼市长杨森为董事长。常驻监察人，经决定由徐礼周担任；董事会秘书，决定

由黄明生担任。该行商股股东人数为102人，按照每户股金多少，计算入股权额：20股额的，权额为15；15股额的为12；10股以下的，与入股额相同。

该行第一届公私股董监名单如下：

公股董事：杨森（省主席兼市长）、谢耿民（财政厅长），东方白（警察局长），刘先识（市府民政科长）、何辑五（建设厅长）、齐卫莲（市府主任秘书）、曹儒森（市府教育科长）、徐礼周（市府会计室主任）。

商股董事：赖永初、张荣熙、黄长祚、吴禹亟［丞］、王绍珊、伍效高、徐礼和。

商股监察：孙伯陶、冯程南、夏少锡、胡怀邦。

1948年5月，杨森调离贵州，市政府改组，市银行亦于同时改选董监事，新任市长张致祥任董事长。常务董事为徐泽庶、赖永初、孙明远、伍效高、张光禄、徐礼和。董事为刘汉清、何辑五、黄长祚、张荣熙、王贵璠、王绍珊、张安庆、吴禹亟［丞］。常驻监察为徐礼周。监察为汪铃、胡怀邦、黄荆芬、孙伯陶、夏少锡、冯程南。

依照该行《章程》第三十八条规定：市银行设经理一人，综理行务，副理一人协助之。第三十九条规定：于经、副理之下设置总务、业务、会计、出纳、公库五课，每课设主任一人（后来有的课设有副主任一人），办事员、助理员各若干人。全行实际工作人员，约四十人左右。经董事会确定聘任赖永初为经理（1947.3～1948.5），任公伟为副理。朱晓云、王克新为襄理。各课主任由经理提名派充。会计主任原为荀乘六（后为董承典），副主任陈庆祥；营业主任原为王克新，王升襄理后，主任一职改由王玉衡接充；出纳主任张述宜；总务主任由朱晓云兼；市库主任先由张述宜暂兼，后由邹祖彬担任。

人事安排妥当以后，即于1947年7月18日，在本市正新路租用产权属尚节堂的一幢临街房屋开业，该房为一楼一底的砖木结构，十分狭窄。

照该行《章程》第十三条规定，营业范围如下：一、收受存款；二、有确实担保品为抵押之放款；三、保证信用放款；四、汇兑及押汇；五、票据承兑及贴现；六、代理收解各种款项；七、经理或募公债公司债或农业债券；八、经营仓库业务；九、保管贵重物品或有价证券；十、与其他银行订立特约事项，以及第十五条规定，受政府之委托代理市级公库。

首任经理赖永初

市银行成立时，贵阳市已有银行二十六七家之多，由于法币通货恶性膨胀、物价狂涨，在存货不存钱的思想指导下，所有公私银行彼此争夺市场游资十分激烈。市银行在此时成立开业，要开展业务，困难自然很大。赖永初未担任市银行经理之前，曾经用钱庄性质"赖兴隆"字号的名义，吸收存款，其后，他又在1944年接充"贵阳怡兴昌银号"经理，故对于银行业务的经营发展并非外行。也知道，在当时的金融业，已伴随着法币贬值，处于风雨飘摇状态中，前途十分艰难。不过，他似乎有信心在这当中获得好处。他认为：第一，他在贵阳市所熟识的工商界人士中，大多数均系拥有资财或经营工商业务且有相当声誉者，这些人会为他捧场；第二，他是贵阳市参议员，以此身份结交各界上层人物，对银行业务直接或间接能起到维护、促进、发展的作用；第三，市银行代理市库，这就比除了"中、中、交、农"四行及省银行以外的其他银行，多了一笔长期供给流动资金的渠道。此外，他本人还经营着几个工商企业，这些企业与市银行可以彼此互相依赖和利用。由于具备这些有利条件，因此市银行成立以后，到他调去接任贵州省银行总经理以前，在一年另两个月的时间里，市银行居然跻身于金融市场争夺战中而有所发展。俗话说："多财善贾，长袖善舞"，这对赖永初来说，一点也不错。

市银行成立一年后之业务概况

（1）存款。活期保持在二十亿元左右，开户数达700多户，多半为公司行号，定期约有四〔亿〕至五亿元之间（存款以一至三个月为多）。市库存款经常有五十亿元以上，多时则达八十亿至一百亿元。此项存款，全为无息存款（市库收入计有：课税收入，如屠宰、娱乐、营业、房捐、筵席等捐税，并以娱乐税为主，约占全年税收百分之九十以上。支出方面：则为各机关学校生活补助费以及薪津支出等，全年约占总支出的百分之十）。下表为该行周年纪念册载市库收支数字：

科目	各项收入	各项支出	余额
	46年7月20至 47年6月25	46年7月22至 47年6月25	
收入总存款	13244648557.56	11076123596.00	2168524961.56
普通经费存款	11076123596.00	10844859330.43	231264265.57
国地共分税	10448670022.50	3979005262.00	6469664760.50
合计	34769442176.06	25899988188.43	18869453937.63

（2）放款。定期放款计分：定期质押、定期使用、信用透支、外埠同业透支等。最多时达九十余亿元，月息为七分至三十分不等，户头有300多户。按行业划分放款对象计：商业占50%、工业占30%、农业占2%、交通运输占10%、文教占8%，其中商业放款所定时间较短，全为半月至一月期限。

（3）"对本存款"的举办。因通货膨胀，法币贬值，人们不愿将余资存入银行生息，实因利率太低之故。该行为求扩大定数额，于47年10月举办半年期的"对本存款"，存户约有400户左右，存款总额达四亿元左右（月息约在22分上下），成绩尚佳。惟以市场日拆利息日高，存户到期后即不愿续存，均纷纷提取。该行虽因应市场日拆高涨情况，拟改为存期三个月，即可获得对本，仍无成效，具见币值低落之速，已使国民党政府的金融业务濒临崩溃边缘了。

（4）"小本低利贷款"之举办。这是该行在1947年11月开办的。这种贷款的对象，完全是小商小贩，数额甚小，每笔不超过十万元（以当时物价腾贵，这个数字是十分微少的，而且期限不长，只有一月半月时限）。该行系地方银行，不能不举办这个项目，以资点缀。虽是这样，在当时的放款利率，月息一般为18分的情况下，此种放款月息仅收12分，对小本经营的商贩来说，也起到一些调剂作用。

（5）汇兑业务。该行在各地无分支机构，在省内仅与安顺、遵义、兴义和平越（现名福泉）等县银行，订立通汇条约，互汇金额不大。

（6）举办"纪念存款"。系该行纪念开业一周年时，标榜"提倡节约储蓄，便利社会各界人士，稳妥优利"的一种吸收存款办法，实际上即是三个月期的对本存款。例如，存入一百万元，三个月到期，本利可得二百万元。在48年7月18日开始办理，凡以法币一百万元以上数额存入者，不论公私团体或个人均可开户，还申言满足一千户为止。该办法又说：到期后可继续转存，存户存款后欲先期提取者，未满一月者不计利息，存期在一月以上者，按月息20分计算。这项办法在当时实属创举，可是在物价疯狂高涨的情况下，这个办法收效极微，并未达到主观愿望（如实现这一存款办法，可吸收法币一十亿元，相当于市库的存款数量）。

（7）发行"礼券"。在办理"纪念存款"的同时，又发行一种"礼券"，这种礼券的面额，计有法币50万元、100万元、500万元、1000万元四种，为不记名、不挂失证券。购券人可随时购买、随时取本，但不得作交易上使用。所谓其优点是：礼券从发售日起，满一月兑取，50万元面额者，可得本利60万元；100万元面额者，可得本利120万元；500万元面额者，可得本利600万元；1000万元面额者，可得本利1200万元。不满一月者不计息，一月以上不满二月者，作为一个月计算。从发售之日起，以一年为期，逾过一年即不再计息；未满一月者，可凭券取本；已满一月者，可凭券支取本息；不欲取本者，亦可凭券取息。用这个办法发行的"礼券"，实际上也是一种定期存款方式。解放前有些银行信托部和大百货公司等商店发行的"礼券"是可以购买物品的，而且可以享受优待价格，一般为货价的九五折。可是该行发行的"礼券"，不得作交易上使用，说明有名无实，不过是一种变相吸收存款的方式而已。

从以上吸收存款方法看，该行是煞费心思的，也可见当时金融业竞争的激烈。各银行钱庄虽都千方百计去吸收存款，无奈法币贬值过速，人们对它已丧失信心，最后仍不免白费心机！

此外，赖永初为培训从业人员，由该行与怡兴昌银号、新黔公司合办了一个"业余讲习班"，调训这几个单位的初级办事人员。

省、市银行从业人员大换班

1948年8月，贵州省银行总经理刘熙乙辞职，省主席谷正伦委派赖永初接任该行总经理。赖遂把市行职工全部调到该行接事，所遗市行经理一职，由贵州省银行信托部经理谢叔夔接任。赖、谢两人商定彼此互换班子；

原市行人员接管省行信托部工作，信托部人员则接管市行工作，这种大换班的方式，在当时政府机关因主管人新旧交替，所谓"一番水一番鱼"，是没有什么奇怪的。可是在金融行业方面，因新旧交替而作这样的大变动，是比较突出的，也是绝无仅有的奇事。

谢叔夔接任市行经理以后，人事安排如下：襄理兼课主任三人：雷仕祥兼营业主任，丁廷彦兼会训主任，张文骏兼总务主任。另派刘体常为市公库主任，余平为出纳主任。1949年初，增设副理一人，由张光禄充任。

业务经营方面，与赖任时一样进行。进入1949年，法币的急剧贬值情况，已将近崩溃边沿，业务清淡而开支增大。在此险象环生的形势下，谢叔夔为求生存，在中华北路成立了一个"城北办事处"，由高万村充该处主任，希望开辟一个"新阵地"以挽救危局。无奈在经济上已濒于总崩溃的形势下，业务上仍一筹莫展，维持人员开支，已逐渐捉襟见肘。在法币改为金圆券行使时（法币三百万元折合金圆一元，该行原来以法币为本位计算的全部资本，只折合金圆86.33元），业务益形不振，营业收入不足以支付职工薪津，遂只有走"裁员减薪"一途了。被裁减的近十人，只好另寻谋生之处。同时"城北办事处"，因业务无法开展，也只得结束了事。在职未动的人员，也感到有"朝不保夕"之势。金圆券发行后不久，较法币的贬值更快，导致物价一日数涨，市场一片混乱，人心惶惶。眼看金圆券行将失去流通作用，人们自发地在交易上行使银、镍硬币。国民党政府的行政院，被迫于49年6月25日，宣布银元一元，等于金圆券五亿元（当时重庆在6月21日的银元一元的黑市价，已达到二十五亿元）。因此，贵阳市的广东街（今中华北路中段）及黑羊井（今中华中路大十字附近一段），形成了金银黑市买卖市场，人群蚁集，道途几为之塞。银元互敲叮珰声，终日盈耳不绝。除了一元银元及半开（云南省造的半元银币）以外，还有镍辅币等上市掉换。金圆券与这些硬币和黄金的比值，由买卖双方自行议定。消息灵通的富商大贾，乘机兴风作浪，投机倒把，从中剥削升斗小民，一般人民群众无不叫苦连天。在这样的形势下，银行业务几乎完全停顿。

摘自张文骏《贵阳市银行简史》，政协贵阳市委员会文史资料研究委员会编《贵阳文史资料选辑》第14辑，内部出版，1984年，第130~140页

赖永初关于贵州省银行的回忆（节选）

贵州银行于 1940 年以官商合办的形式组织成立；1947 年发还商股，收归官办，改组为贵州省银行；1949 年贵州解放后结束。该行成立初期，我是负责筹备人之一。1948 年 8 月到解放前夕，我任贵州省银行总经理，其中内幕，知道的较多，现将我亲身经历的一些事实逐一回忆，叙述出来，以供参考。错误之处，希熟悉该行内幕的读者，予以补充纠正，以使史料更臻翔实。

贵州银行的产生及其与贵州企业公司的关系

贵州银行，是适应贵州企业公司的需要而产生的。1938 年吴鼎昌任贵州省政府主席时，企图以官僚资本操纵全省工商业，利用贵阳市长何辑五（贵州兴义人，何应钦的胞弟）的地域和人事关系，拉拢贵阳市一部分商人，以官商合办形式，组织贵州省企业公司，何辑五任董事长，彭湖任总经理。彭是宋子文的亲信、吴鼎昌的代理人，他在吴、何两人的指使下，总揽公司全权，操纵一切；商股部分的董、监事不过备员而已。

贵州企业公司的经营范围，包括工商业，而其重点则以办工厂、开矿为前提。该公司有政权作背景，进行非法经营，大规模地偷税漏税。而当时日货禁止入口，违禁偷运者，即被没收（没收的日货均发交企业公司出售）。但是，该公司则凭借特权，从香港等地大量买进日货（如轮胎、五金器材、日用百货、奢侈化装品等），在市场上销售，获得不少暴利。因此，企业公司成立不久，即收买、开办了不少厂、矿（如贵阳烟厂、水银厂、煤矿、锑矿、伐木公司等，都是该公司较大的企业）。但是资金有限，国家银行虽然可以贷款，而按照规定，巨额资金，须有银行作担保（以吴鼎昌为首的官僚资产阶级集团，本来可以利用职权无限制地向国家银行贷款，但在手续上，总有些不方便），因此，以吴鼎昌为首的官僚资产阶级集团，便积极谋划组织银行，来作企业公司的周转金库；而这个银行，又必须是官商合办的，方能充分利用。于是，由何辑五出面，因何绍周（何辑五的侄儿）的关系，拉拢了当时贵阳市的大商人、贵州省临时参议会议员戴蕴珊（戴与何绍周有经济关系），于 1940 年夏，在临参会开会期间，书面提案，建议以官商合办形式，组织贵州银行。

提案经议会通过后，咨送政府执行，筹备成立。按官股六成、商股四成的比例，征集股金（股金总额大致是50万元至100万元，具体数字记不清）。商股部分，由孙伯陶（孙是何辑五的忠实走卒）负责征集。贵阳市商人鉴于以往的经验教训：凡与官府合股经营任何企业，无论投入资金多少，都是"肉包子打狗，有去无回"，多数不愿投资。孙伯陶奔走了不少时间，征集商股，仍然得不到要领。何辑五看到征集商股事将成僵局，又授意孙伯陶以威胁、利诱种种方式，向商界进行压迫、说服、拉拢，继又派其心腹走卒徐礼和协助进行，结果戴蕴珊、戴子儒、刘熙乙、邓若符、孙蕴奇、赖永初、伍效高等都参加了银行筹备工作；官股方面派陶玄九（企业公司的副经理）、彭湖（企业公司总经理）加入，组成贵州银行筹备委员会。商股征集足额后，银行即正式成立。

戴蕴珊自命是贵阳市商界的老前辈，又是银行的创始人，满以为总经理一席"非我莫属"，于是他在筹备会议上，强调"官股任董事长，商股任总经理"，以为必然可以得到工商界的支持和政府的同意。讵料选举结果，周贻春（当时任财政厅长）当选了董事长，钱景星（吴鼎昌的亲信，企业公司监察，江苏人）为总经理，孙伯陶为协理，戴蕴珊仅得到一个监察（按规定，官商合办的企业，官股部分的负责人由政府指派，商股部分则由股东大会选举。但是所谓选举，不过是形式，实际上银行负责人名单，都是由政府内定的）。揭晓后，戴还不识时务，在临参会喋喋不休，指桑骂槐地说吴鼎昌、何辑五等把持垄断。吴鼎昌知道了（省临参会的秘书长杜协民，是吴鼎昌派来的驻会侦探，及时把戴蕴珊的牢骚话告知了吴鼎昌），即给他记下"一笔帐"。1941年春，贵阳市粮价陡涨，戴蕴珊积存田租谷300余担，不拿出来平粜，吴鼎昌即借此题目，给戴加了一个"囤积居奇"的罪名，将其逮捕。戴失自由后，省临参会议长平刚写信与吴鼎昌说情，不料吴置之不理。吴鼎昌对戴蕴珊施此手段的原因，一方面是压服贵阳市工商界，不敢与贵州企业公司竞争；另方面是给省临参会以有力打击，"杀鸡吓猴儿"，使当时所谓敢于说话的人们，自觉地收敛"风头"，不敢再与政府对抗。吴鼎昌这一着棋果然下准了，自戴蕴珊入狱后，不独贵阳市工商界对贵州银行与贵州企业公司不敢作任何干涉，即省临参会的议员们，也

"三缄其口"了。1943年秋，戴蕴珊正在狱中生病，我去找郑道儒（吴鼎昌的秘书长），请其再去说情，吴鼎昌虽然允许戴取保出外就医，但为顾全省临参会的面子，嘱郑转告我，须请平刚写封信去。我与戴是儿女亲家，不能不再替他奔走。但平刚坚决不肯再向吴鼎昌写信，我又托人婉言去对平说了几次，并由戴的家属亲自去央求，以五十两陈年烟土"敬献"，平始写了一封信给吴鼎昌。戴出狱后，我也送了郑道儒100瓶茅酒作为报酬。从此，戴蕴珊即埋头去经营他的工商业，不敢再议论贵州银行的事了。

贵州银行成立后，即成为贵州企业公司的御用工具，除该行活动资金与吸收的存款都供其使用外，又替该公司作担保人，向国家银行贷进大量资金；同时还以银行名义与贵阳市私人银行拉借现款，给它扩大业务。

1945年抗战胜利的前半年左右（吴鼎昌将要离职时期），贵州企业公司即积极准备收场，除厂、矿不动产之外，所有资产、物资（大量的、价值高的）都被以吴鼎昌为首的官僚资产阶级集团用种种方法化公为私，盗窃殆尽。吴鼎昌走后，企业公司的主要负责人彭湖、陶玄九等均借故离职而去。据一般估计，吴鼎昌等在贵州凭借企业公司搜刮的物资，不下大洋几百万元。他们给企业公司留下来的资产，只是一些带不走的机器、房屋和不值钱的、数量小的商品而已。

杨森时期刘熙乙接办及改组为贵州省银行的经过

1945年，杨森继任贵州省政府主席。周贻春、钱景星都离职而去，贵州银行董事长一席，随即由新任财政厅长刘汉卿继任，总经理一职则尚虚悬。刘熙乙看到有机可乘，先结识了夏炯（杨森的亲信），由夏介绍，送了杨森一辆新式小轿车为晋见礼品。之后，刘又多方夤缘，当上了贵州银行总经理。从此，刘即大肆活动，结交杨森的左右亲信。杨即倚刘为心腹，把他私人经营的重庆市大川银行都交给刘主持，派刘为该行董事长。

刘熙乙既博得杨森的信任，即肆无忌惮地套取贵州银行的资金，经营其私人开办的聚康银行、济时商号、利民盐号，把持"永岸"和"仁岸"的食盐；凭借杨森的权势，搞违法生意（刘与杨森的侄儿杨汉域合伙，套取贵州银行及各分支行处的资金、存款贩运鸦片）。何辑五自吴鼎昌离职后，权势已远不如前。刘熙乙恃杨森为护符，也对何不大买账。何冷落向隅，不觉恼羞成怒，嗾使其心腹爪牙孙伯陶、徐礼和出面，揭发刘熙乙的贪污舞弊行为；又指使银行里面因分赃不均，对刘熙乙不满意的某些职员，联名向司法部控告。据闻：司法部曾行文到贵州，命杨森把刘熙乙押解赴南京审讯，因杨多方为之回护，事遂渐寝。但是银行的黑幕已经揭开，风雨满城，刘熙乙也感到有些自危了。同时，杨森调任重庆市长、谷正伦继任贵州省政府主席的消息，刘亦耳有所闻，于是向杨森建议，趁杨政权在握，把贵州银行收归省办。杨森也为了预防交卸时的风波，遂以行政命令把贵州银行收归省办，发还商股（按贵州银行成立时，法币与大洋的使用价值相埒）。1947年退还商股时，每元法币只值大洋一角左右了。商人吃了大亏，但在杨森的权势压力下，只有自认晦气，敢怒而不敢言。从此贵州银行改组为贵州省银行，工商界更无权过问了。

杨森与刘熙乙勾结，利用贵州银行大发横财。据我所知，他们营私舞弊的方法，除套取资金作非法经营之外，更主要的是利用法币日益贬值的机会，图谋暴利。法币由数月贬值一次，随后一月一次乃至数次。当时银行贷款、收款都是以法币为本位，如果向银行贷出1万元，随手转换为银元（或者置产业），旬日或一月以后，仅需以买进银元的一小部分，再转换法币，即可以将1万元的贷款本息还清。众所周知，刘熙乙自1930年以1500元（刘由毕节运到贵阳鸦片五担，每担1000两，出售后，本利共获大洋1500元）的资本起家，未及十年，即积资百万，可见其勾结官僚，大发横财是无孔不入了。

刘熙乙发了横财后，又进一步走向政治舞台，他以金钱支持廖兴序（立法委员），并在南京替他搞政治活动，其弟刘毅远当选了国大代表，从此名利双收，在贵州称"一等绅士"了。

我接办贵州省银行的经过

……

1948年8月，我接办了贵州省银行，该行的基金计为法币2000万元。此时反动政府在恶性通货膨胀，无法支持的情况下，遂采取饮鸩止渴的办法，改变币制本位，美其名曰"金元券"，规定法币300万元折合金元券1元。该行基金法币2000万元，遂折成了金元券六元六角六分。在我接办之初，就遇到这个情况，不觉有些发愁，心想：凭这六元六角六分金元券的基金，如何来开展业务？虽然该行在省内省外还有不动产（房屋等）及政府、机关、私人的存款，不动产是不能动用的，存款到期，存户就要取去；而总行及各分支行处职员480余人，每月薪俸支出需要金元券15000余元，都是以存款支付，长此以往，万一"定期存款"不能保持正常时，银行除了垮台之外，别无他途。我把上述情形告诉了董事长杜惕生，拟请政府增加基金。杜说："如果银行有钱，谷胡子（当时一般人都叫谷正伦为谷胡子）也不会叫你来干了，我劝你不要去碰钉子，好好的干罢，干得不好，谨防脑袋搬家。"杜惕生这一席话，虽然好像是开玩笑，但我听罢之后，不觉毛骨悚然。于是尽力设法，凭借省银行这块招牌，把贵阳市省级机关暂时不用的各种公款，都吸收进来，按"定期""活期"开户（"定期"部分开始是没有息金的，我接办三个月后，财政厅长潘锡元提出：省府的定期存款须照银行规定给息金。"活期"部分始终无息）。流动资金就无形增加了，我看到银行业务已经展开，即决定开放省内外汇兑，同时还把尺度特别放宽，只要事主稳当，先给他开出汇票，半月或一月再向汇款人索取现金，汇款人照认日息或月息（此时银行利息没有固定标准，开始是八分到十分，后来到大加二、大加三，三个月对本对利。同时到期不还，又将息作本，息上加息）。银行除收汇费之外，又额外收进一笔很可观的高利贷息金。有时资金周转不灵，又可以凭借政府的权威和省银行的招牌，向国家银行暂时挪用（利息极低）。结果，不仅把现状维持下来，每月都还有一些盈余。

解放前夕的贵州省银行

谷正伦初到贵州执政时，冠冕堂皇地以"清廉正直"相标榜，什么为"桑梓服务"呀，"澄清吏治"呀，"严惩贪污"呀，等等好听的话，应有尽有。实际呢？要钱的手段更高明。这里仅举一例，就可以揭开他的假面具，露出其真面目。贵州省银行代理省金库，财政厅收入的各项捐税，都是存在该行。这些存款是分别"流动""定期"等科目开户作账。"定期"部分，是按期计息的，每月（利息）至少有四五千元（大洋），划入"特别户"，都是谷正伦提去，作为所谓特别开支。……

1949年春，谷正伦命省银行发行辅币券，数量为30万元（最高券额五角，最低一角），成立保管监察委员会，由省府聘任省、市参议会议员杜叔机、黄长祚、陈职民、张荣熙、华问渠等为委员。辅助券发行后，虽然没有基金可以兑现，但是数量不大，同时又可以用来交纳各种捐税，因此还能够暂时维持信用。而谷正伦看到辅助券比银元券吃香，又派苟乘六（省银行稽核主任）、蒋琢璋（省银行会计主任）赴重庆续印100万元，同年8月印完，谷即命发行。当时解放大军已逼近贵州，我恐怕一旦发生战事，市民必然要来兑现，省行无基金，我就倾家荡产也应付不了（因为券面盖有我的私章，故有所顾虑），同时又怕发行后，转成大洋，谷正伦就要来提去。因此以编号、加盖印章来不及为借口，一再延宕，直到贵阳解放时，就把它截角销毁了。

1949年9月的一天早上，潘锡元与蔡豇云（省新闻处处长，谷正伦的机要秘书）到我家里来说，奉谷正伦之命，叫我把省府寄存省行出纳处的黄金2200两（这项黄金，是政府陆续没收得来的，谷正伦等企图把它卷入私囊，所以不作为正式存款）换成大洋，运到兴仁。当时贵阳市银根很紧，无法掉换。我对潘、蔡说："兴仁靠近云南，不如运到昆明去换，昆明我有行庄，只需派一妥人，把金子运去，即能办到。"潘、蔡同意了。第二天，蔡豇云又来对我说："这项黄金现在是交给你处理，请你换一张私人存条，抬头开'蔡豇记'。"又说："这是很秘密的事，请你保密。"我心想：黄金是国家的，为什么存条要开"蔡豇记"的抬头呢？究竟他们要什么花招？继又转念：反正金子在我的手中，随你们怎样搞吧。我把存条换给蔡豇云后，决计把这笔黄金扣起，但又考虑到：万一谷正伦变了卦，又来把黄金提走，我的存条收不回来，又怎么办呢？于是我一面把黄金运出，放在家中，一面与谷正伦说："我已把黄金运到昆明去了，存条在蔡处长的手中。"谷说："我知道了，你发个电报去，叫他们（指我的昆明庄号负责人）赶快换成大洋，专车运到兴仁。"谷又说："政府决定迁往兴仁，过几天就走，你去准备一下，把银行重要物资先运走，你就负责押运。"我说："银行里面还有许多手续，时间太匆忙，恐怕来不及。"谷说："时局紧张了，你加把劲吧。"我辞谷回来时，心里在想：这2000多两黄金，怎样安排呢？私人的财产怎样转移呢？30万元辅币券，是我经手发行，怎样收回呢？我既不走，贵州省银行的责任，完全由我负，如何去保护它？这一系列的问题，萦回在脑子中。继而又想：共产党占领了大半个中国，如果像特务们所宣传的"共产党看到有钱的人就杀"，那么，上海、广州、武汉的资本家不少，为什么没有一人逃到贵阳来呢？难道他们都被杀光了吗？（当时解放区的消息被封锁得很紧，一点实况都不了解）我想到这里，恐惧心理已渐渐消除，心里在打算：与其同他们去流亡，倒不如不走。我下定决心后，任凭谷正伦怎样催促，我只以银行的手续一时不能结束为词，拖延时日。

贵阳解放前十数日，省府及直辖各机关、学校、保安团都来省行提款作逃亡费。当时库藏空虚，我私人借出去的20余万（大洋）元，因搞鸦片生意亏了大本，无款归还，又不敢对谷正伦说，恐怕他逼我归还，同时我看到贵阳即将解放，也不愿意掏腰包来偿还这笔借款。但是到省行提款者"车马盈门"，已有岌岌不可终日之势，无钱应付，就下不了台。于是，我把"护身符"宋述樵找出来（此时宋已由南京逃到贵阳），请他去对谷正伦说，由谷以"绥靖主任"名义向中央银行贵州分行暂借20万元，说明抵作中央津贴贵州的保安经费。谷同意后，我即到中行交涉借款。当时中行门外聚集千余人争取以"银元券"找该行兑现，因此，紧闭铁门，不敢开门营业。我从后门架梯逾墙而入，找到该行副经理（姓名忘了）借到了"银圆券"20万元，才把这一难关渡过（谷正伦逃往兴仁的第二天，保安处长韩文焕又来省行逼款，把库存"云南半开"5000余元提出，席卷而去）。

谷正伦于逃往兴仁的前两天，他把我找到省府说："你如果必需后几天走，可以把家眷先送到重庆，明天蔡处长（孤云）送家眷走，可以一道去，有武装兵护送，途中比较安全。"为使谷不怀疑，只好答应。我的家眷启程的第二天，谷即逃往兴仁，临行时，又派人来催我，速把银行的物资、账册、契约带往兴仁。谷到兴仁后，又派贵阳市警察局长张安庆回来找我，张到镇宁，听到贵阳已经解放，始返兴仁而去。

……

摘自赖永初《我所知道的贵州省银行》，政协贵州省委员会文史资料研究委员会编《贵州文史资料选辑》第2辑，贵州人民出版社，1979年，第243~256页

贵州省银行与贵阳市银行前职员张文骏关于贵州省银行的回忆（节选）
谷正伦主黔时期的贵州省银行

①人事变动：1948年4月，省主席杨森调任重庆市长，由谷正伦接任贵州省主席，1948年7月，谷派杜惕生为贵州省银行董事长，刘熙乙、孙伯陶辞职照准，派市银行经理赖永初为总经理，唐伯珩为副总经理。董监事及总行部、室负责人大部更换。

②赖永初接任总经理后的业务状况。1948年1~7月份，该行作出一份业务情况表，因币制已为"金元券"，存款总金额为金元券381779381816.01元，放款为3675291835.95元，汇出款116370222770.57元，汇入款44205576464.72元。1948年下半年，由于金元券比法币贬值更快，市场交易买卖双方除以金元券计价外，又同时以银元计价。该行往来户同样以金元券和银元与该行往来存取。故该行从1948年5~7月份即以两种账册分载往来户存取不同的货币，至8月份后才单以银元为计算本位。1948年5~9月份以银元为本位的业务概况、存款3086473.99元，放款1493705.00元，汇出汇款498557.30元，汇入汇款757975.28元，开支27558.63元，盈余14124.81元。代理省库1948年7~9月份科目明细表汇集收支情况（以银元为单位）。收方计有营业税、地价税、烟酒税及中央补助等项，共为536396.32元，付方为行政、文教、卫生等支出，总数亦同收方数字（包括库存金额206.74元在内）。

③1949年10月31日，已临近贵阳解放前夕，该行向省政府呈递工作报告中说："本行1949年上期1至6月份业务，时值改行金元券……此时期中，总分支行处，一面必须与行政需要配合推进业务，一面又须顾及本身开支，虽竭尽心力，而所获盈余，因受金元券逐月贬值影响，员工所得薪资不能维系（生活），又不得不照政府规定勉为调整应付。总务费亦增大，事实上开支无法再减，故上期除开支外，分支行处共结损金元券2099291387238.62元，按政府规定：金元五亿元折合银元一元，共损银元46525.61元，惟两次印刷辅币券，共垫付银元73187.80元，对资金营运不无影响。"[见该行民国三十八年（1949）省税永字第128号呈省政府文件]不难看出，贵州解放前夕，该行已面临内外交困境地！在此时期，赖永初

搞得焦头烂额,所幸他本人有自己的企业,如出产"赖茅"的茅台酒厂等,广有资财,能引导全行员工支持到最后时刻,亦非易事。

④发行银元辅币券:从市场使用银元以后,缺少银辅币,交易零星找补必然发生,民间以往收藏的当五十、当十文制钱及法币的镍质辅币即纷纷出笼,权充银元辅币使用,这些过去使用的辅币,要多少才折合银元一元,掉换率十分混乱,特别是政府发行的银元券一出笼,市场上即以镍辅币照面值作银元的辅币使用,贵州省参议会平刚议长提出批评,认为如不解决银元辅币而以镍币充数,岂不是将银元券又贬为法币?这一意见,激发了谷正伦和省银行必须发行银元辅币券,始能安定市场交易秩序。该行原拟发行银辅券一百万元,结果因政局日非,只发行了二十六万元的一角券。该券发行以后,因随时可以凑足十角,向该行兑取一块银元,也可以银元向该行换取一角券,一时市场尚称方便。除该券以外,该行与青山矿业厂订制面值半分的铜元 100 万枚后因半分币不大适用,而且造价高过面值,实铸 216000 枚即行停铸,半分币流通后不久,市面即很少见到,大多为民间收藏,或毁后制造器皿了。

贵州银行时期和改为省行后对职工的福利设施

①贵州银行时期:正值抗战最艰苦时期,法币贬值,物价飞涨,职工薪金所得法币难以养家活口,该行为使职工生活上有所补助,每月除原工资外,按职级每人发给三至五市斗米的津贴,照当月米价发给现金。办一个消费合作社,对职工平价供应日用必须品,如毛巾、牙膏、肥皂等等,其价格低于市价十分之一左右。职工有余钱存入本行,可以优于往来存户的利息,职工中如有婚丧嫁娶无力措办的暂时困难,据实酌给补助或借支解决。该行与聚康银行、永岸盐号等企业合办一份综合性的期刊,名曰《励行月刊》,由刘裕运任该刊社长。编委会为一时知名学者及参加机构的个别负责人,《力报》社长李思齐、主编顾希均被聘参加编委,该刊发行至十八期时(1947 年)因《力报》被查封。李、顾两人被逮捕,牵连该社,被勒令停刊。从该刊内容看,除大量的经济论著报导和介绍业务发展情况文章外,有一"同仁园地"专栏,职工可根据所长,任意写不同形式不同风格的文章,对职工文化活动有所帮助。

②赖永初任省银行总经理时期：在消费社增设了食堂部及澡堂部，指派专人负责，对职工福利又增添了服务项目。

摘自张文骏《贵州省银行演变述要》，政协贵阳市南明区委员会文史资料研究委员会编《南明文史资料选辑》第6辑，内部出版，1988年，第43~46页

贵州省银行前职员袁树三的回忆（节选）

1947年，省行遵照省府令，改组成立"贵州省银行"，将商股全部退出。刘熙乙为了装潢门面，请于佑［右］任署名书写贵州省银行总行及信托部的招牌。改组不久，风闻杨森将调任重庆市长，由谷正伦接任省主席的消息，刘不愿随杨去渝，曾嘱孙伯陶写信给谷，想在谷到任后继任下去。殊知杨森调任的消息，人已尽知，想谋取总经理职位的，大有人在。结果是赖永初取得了这个职位。

赖永初系学徒出身。他对经营商业很有办法，凡有利可图的生意，他都会做，开设"怡兴昌银号"、"茅台酒厂"（称为"赖茅"）、"赖兴隆钱铺"等企业。各项业务，获利很多。他得悉刘熙乙行将下台的消息，即大肆活动。由于他的学徒姜廷玉与龙里籍的"立法委员"宋述樵是姨表兄弟，适宋回黔，便走宋述樵的门路，得到他的大力支持，当上了省行总经理。

本来，在旧社会我国银行业工作人员的职业是较有保障的，领导人更易时，不能随便撤换职工，所以有"铁饭碗"之称。但赖永初由贵阳市银行经理改任省行总经理后，同原任省银行信托部经理、后任市银行经理的谢钟［叔］夔商妥，将信托部全班人员，随谢调去市行，而将原市行的人员调信托部，并委任姜廷铭为信托部经理。1948年8月1日赖又下条撤换会计、出纳两课正副课长何竹书、刘宝琴、范莹恩、余平等人。当条子交到人事处，处长林子贤颇为愤怒，大骂赖永初不懂行规。全行职工也十分气愤，纷纷聚集在"贵州大楼"会议室质问赖永初，请赖收回成命。否则全体职工罢工。当时赖只得好言解释，敷衍一番。后赖又派人去找董事长杜惕生。杜即传话给赖，要他召集全行课长以上的人员开会，凡

被撤换的人，仍留行内另委同级职务。要赖向林子贤和职工们表示道歉。经过一两小时的折腾，这个上午未能开门营业。此事被省府情报处和刘熙乙风闻，即派前任会计处长任可知到行查询。当时未让任明了真相，只说是"钥匙被接任的人带走，无法开门营业，并不是闹罢工"。任回报后，情报处也就据以转报，瞒过了谷正伦。此后也不敢让谷知道，因怕影响与赖、杜等的关系。

在赖尚未到行接任之前，刘熙乙探悉赖将带来许多人员接替经理、副经理及各处处长，乃先授意副总经理孙伯陶、秘书处长金泽沛、稽核处长高万村、会计处长任可知及业务部经理、副襄理徐洁三、胡大尧、雷仕祥、熊其懋等一律辞职。赖因得以安顿了他的亲友和有关方面介绍来的人员，并在秘书处内增加秘书四五人。笔者当时任文书课长，随赖来的人员中有位叫张伯诚的，他先来课里探问文书处理程序等情况，暗示将接任文书课长。后因笔者去"大楼"开会，碰见张文开和罗增映，我和他俩原系好友和贵大的同学，于是由张暗向赖说项，赖立即找我谈话，提出保证文书课决不变动一人，要我转告课里同事，安心工作。其时我们正忙于会办留任交代，表面上看来没有参与罢工，其实因业务上不开门营业，文书课也就无公可办了。

省行副总经理一职，由谷正伦委任唐伯珩接办，负责审核文书稿件。赖委张文开为秘书处处长、苟〔苟〕乘六为稽核处处长、蒋琢璋代理会计处长（须报准由省会计处正式任命）。调原稽核处副处长周仲卿为信托部副经理。并加派花金聘、陈自强为副经理。这些人员有的是兼差，只具虚名，干领薪水。这样的特殊待遇，当时不是省行独有，司空见惯，也不觉奇怪了。总行业务部的人事变动，与其他部处不同，除原任经理、副经理已辞职外，赖自兼业务部经理，派游芝升〔陞〕、王克新为副经理。撤换出纳、会计两课正副课长及少数办事员。派陈明和为会计课长，陈培元为出纳课长。

蒋介石发动内战以后，军事方面处处失败，金融市场也随之紊乱，币值无法稳定。临近解放的两年中，由"法币"而改为"金圆券"，更由"金圆券"而改为"银圆券"。赖永初到省行，正是使用银元之际。人民喜用银元。当初人们还用硬币到中央银行换取银圆券使用，但辅币不多，零星找补不便。省行负责人有鉴于此，经呈准省政府发行五角"辅币券"三十万元，派员赴重庆印制运筑，加盖印章后发行。在省行内专门组织成立辅币券监督发行保管委员会，由省政府聘请杜叔玑［机］（省参议会副议长）、华问渠（参议员）等5人为委员，每日到行监督发行和查核库存。五角辅币券上面，由董事长杜惕生和总经理赖永初签盖图章。赖在发行之初，曾向人夸口说："本人签发的辅币，到哪天都负责全部收回，绝对不留骂名。"因此，辅币券虽没有充足的基金，但因代理省库，赖的家底较厚，头寸调拨灵活，当时向行里兑现尚不成问题，所以信用较好。用烂的亦可向银行掉换，省行曾经报准省府派员会同监督烧毁过一批。因之，辅币券同大洋一样好用。1949年秋，谷、杜、赖等曾派苟［荀］乘六、蒋琢璋赴渝加印5角券100万元。同年8月运到贵阳。时值解放大军已经南下，快到邻省，银行开门后挤兑的人很多，赖永初不敢盖印续发，于解放前全部销毁。

摘自袁树三《贵州银行业概述》，政协贵州省委员会文史资料研究委员会编《贵州文史资料选辑》第15辑，贵州人民出版社，1984年，第183～186页

贵州省参议会前议员蒋相浦回忆辅币券发行情况（节选）

成立"贵州省银行辅币券监察委员会"。1949年夏，国民党政府的钞票一再贬值，由金圆券改发银圆券，但辅币券供应不上，谷正伦叫贵州省银行（总经理赖永初）印发辅币券三十万元，票面分为五角、二角、一角几种，以贵州省银行库存银元（硬币）作底金，允许人民持辅币券到该行兑换银元。为了欺骗人民，谷正伦指示成立一个"辅币券监察委员会"，以示"慎重"。聘请工商界负责人和省参议会驻会委员担任监察委员。省参议会方面是杜叔机、蒋相浦、杨干民三人，工商界方面是陈职民、张荣熙。开始一段时间，我们每天下午都会同有关人员到省银行检查发行数额，核对库存银币。人民持辅币券来该行，还可以照样兑现。后来时局紧张，人民兑换情况亦随之紧张，经常发生挤兑现象。及至反动政府崩溃时，人民兑换银元到手的还好，兑不到的辅币券统统变成废纸。存在省银行的银元则

为谷正伦、韩文焕等所掠走。（据当时任省府秘书的刘宝贤事后告诉我，光是谷正伦下条子叫他到省银行提出的银元就有五万元，换成四百两黄金。）谷正伦等逃亡的前几天还送给平刚两千元、杜叔机一千元、黄国桢一千元、季天行一千元，作为"疏散费"。（这笔钱是钞票，不是银元。也是刘秘书奉谷命亲自送到各家去的。）

摘自蒋相浦《贵州省参议会亲历记》，政协贵州省委员会文史资料研究委员会编《贵州文史资料选辑》第7辑，贵州人民出版社，1981年，第198~199页

民国贵州财政厅长潘锡元关于贵州省银行发行辅币券的回忆（节选）

谷正伦任贵州省政府主席之初，忙于布置人事。在军事方面，首先是撤换了保安第二团团长、前任主席杨森的侄儿杨汉烈，接着就撤换了保安副司令马守援，代以他的安顺同乡韩文焕；由韩布置党羽掌握了全省武装力量。在行政方面，开始时仅更换了秘书长和田粮处长，其余各厅、处长，多系贵州同乡，少数外省人因各有其政治靠山，均未更换。至于原任的专员、市长、县长，或则更换，或则调动，全部布置了他的人。另外就是改组了贵州省银行董事会，以曾任何应钦军政部军需署副署长的杜惕生任董事长，贵州大商人赖永初任总经理，他的亲信、曾任湘西警备司令部军需处长的唐伯珩任副总经理。由于他在就任初期首先布置人事，因之在1948年的七个月中，一切行政事务，均率由旧章，没有什么多大变动。

……

由贵州省银行发行银元辅币券。1949年夏季，国民党政府因金元券贬值过甚，改发银元券，但辅币券一时供应不上，社会上周转发生困难。谷就以此为借口（中央不准地方政府发行辅币券），叫贵州省银行印发辅币券数万元。但自己没有准备金，恐怕辅币券发出后，随银元券贬值。于是采取掉换办法发行。持银币（大洋）一元，可到贵州省银行掉换一角辅币券十张；持一角辅币券十张，可随时到贵州省银行兑回银币一元。另外还组织了一个发行辅币监察委员会（委员由工商界负责人和省参议会驻会参议员担任），每天检查发行数额，核对库存银币。从表面上看，这种做法纯系为了便利商民，

银行不但没有赚钱反而赔出印刷费,实际上这是一种对人民的欺骗。反动政府的计划,是先用这种骗局取得人民的信任后,即大量发行。在第一批辅币券发行后,果然人民都受了骗。这种辅币券一直通行到重庆,群众称为"赖家票子"(因为券上印有贵州省银行经理赖永初的签章)。省政府跟着就令贵州省银行大量印刷钞票,计分一元、五角、二角、一角四种,共计数十万元。因解放军进军神速,尚未发行,反动政府即行崩溃,危害尚小。但第一批掉换辅币券的,则为省政府掠走,人民手里剩下的只是一堆废纸。

铸造银币(大洋和辅币)和铜币。1949年下半年,中央银行发行的银元券,天天贬值,商民争存大洋。中央银行兑换大洋数量日减,甚至有时停兑,因之挤兑大洋和黑市买卖大洋风气盛行,社会秩序无法维持。省政府为了稳定币制,更大地欺骗人民,配合着辅币券的发行,设厂自行铸造银币。过程是:华家(CC分子华仲麟)盐号一个帐房先生对我说,黔元纸厂(华家的纸厂,原为周西成时代的造币厂)后院,存有周西成时代造币机一台,虽只有机身,但装配起来可以铸造大洋。我将这个情况向谷反映,并说:如果能够自铸大洋,作为发行辅币券的基金,则辅币券的信用就更加巩固了。谷赞成这个意见,于是决定成立造币厂。以合作管理处(已奉命裁撤)处长谢杰民(CC分子)任厂长,开始筹备铸造银币。并责成贵州省银行经理赖永初,负责收购白银,供给造币厂作原料,铸出的银币交贵州省银行作发行辅币券的基金。在贵州解放前夕,已铸出少量"金筑"银币和五角辅币(币面一面是"金筑",一面是"甲秀楼")。据说谷逃到兴仁,曾使用出一部分。另外是由贵州省银行经手铸造铜元,负责铸造的是"青山化工厂"(经理胡青山)。当时因怕贬值,定的重量过大,群众使用不便,发出数量很少。

摘自潘锡元《谷正伦在贵州几项反动的财经措施》,政协贵州省委员会文史资料研究委员会编《贵州文史资料选辑》第1辑,1980年,第183~190页

丁编
赖永初与民国贵州教育、社会事业

编者按 本部分辑录了赖永初对贵州教育、社会事业的投资、经营情况。赖永初在黔所办教育事业主要包括建立永初教养院、永初中学和中正中学（旧州中学），参与的社会事业主要包括任职社会救济事业协会、响应政府及民间团体进行捐款等。

本部分选取的史料中，报刊史料主要包括永初教养院、永初中学创办、招生情况的新闻报道；档案史料主要包括赖永初关于建立永初教养院及永初中学的规划方案呈文、永初中学校董会章程、永初中学校友会章程、中正中学校董会座谈会记录等；个人回忆与史志记录主要包括永初中学前教员的回忆、地方文史资料及革命史料有关永初中学地下党组织和革命烈士情况的记述、黄平乡绅关于旧州中学的回忆，以及旧州中学创校纪念碑文等。

一 报刊史料

赖永初紧要启事

鄙人于四月九日在四川泸州合江重庆旅行途中遗失腰圆〔间〕黑色牛角私章一颗，内腔镌宋体"赖永初"三字，外腔镌有英文译曰"贵阳赖永初"，无论何人拾得此章，概不生效，除在重庆登载《时事新报》《扫荡报》声明作废外，特此慎重声明。

《贵州商报》1941 年 4 月 30 日，第 1 版

赖永初君创办贵州私立永初教养院

战时儿童之福音

贵阳商会常务委员赖永初君，富于爱国思想，对于各项爱国运动，如寒衣捐、出钱劳军、献机运动等，无不热心参加，尽力赞助，凡地方教育、实业，尤乐为提倡，不遗余力，近更鉴于倭寇之肆残侵略，我国多数儿童，在战争炮火乱离中逃亡来黔者，举目皆是，又有阵亡将士之遗孤、出征军人之子弟，及地方贫苦孤儿，均为未来国家之主人翁，有急待设法救济教养之必要，遂拟创办一私立儿童教养院，以培护民族幼苗，教养兼施，侧重生产事业，造就时代技术人材为宗旨，定名为贵州私立永初教养院，招收儿童三百名，教养期间定为十年，此项经费，纯由赖君个人力筹负担，其一切计划简章，均依照行政院规定难区儿童救济教养实施方案拟办，闻已将计划简章呈由主管机关转呈省党部拯[振]委会暨各上级机关核示备案，至设置场所，经择定太子桥鸡扒坎一带，短期内即可望建筑成立云。

《贵州商报》1941年5月28日，第2版

赖永初创办儿童教养院

（本市消息）贵商会常务委员兼贵州商报社副社长赖永初氏，平日对社会公益夙具热忱，抗战以来，捐募甚多。近拟捐资创办一贵州私立永初儿童教养院，并发表书面谈话，略谓：儿童为国家将来主人，亦为社会未来中坚，天真活泼，纯洁诚笃，若善养而善教之，譬如出土幼苗，灌溉施肥，培护得宜，则成乔木，建栋梁，当可预期，但或则以家境清贫，失学堪虑，或则以监护无人，流浪形骸，多少可造天才萌芽即被摧毁，直接为个人生长命运之不幸，间接实国家社会之损失。永初睹此情状，时怀杞忧，默察现势，已难再缓，谨就心力所及，聊以贡献，只冀造成人才服务社会，此永初教养院创设之动机，亦即永初个人之志愿也。本院拟设于近郊，招收清贫儿童，期以十年，凡关于衣食住行，管教养卫，均由本院任之，务与家庭隔离，养成团体生活，设工厂以资实习，授学科以长识见，有卫生设备以增进健康，有体育训练以锻炼体格，六年以后，授以专科，

十年期满，即成一有用之才，区区之意，尚祈邦人君子、海内贤达，有以教之云。"

贵阳《中央日报》1941 年 6 月 4 日，第 2 版

儿童教养院创办人赖永初访问记

幼吾幼以及人之幼。——孔子

自本报上月刊布赖永初氏创办儿童教养院的消息以后，已引起社会上各界人士的注意，大家对这一新兴的社会事业，均感到极大的兴趣，而期待着短期内得以实现。记者为明了详细情形，昨特赴县商会访晤赖氏，因为他现在担任贵阳商会的常务委员兼贵州商报社副社长以及黄平中正中学和本市若干学校的校董，再加上自己经营的各种事业，因此，他每天相当忙碌，昨天的会晤可说是一个很巧的机会。

关于创设教养院的旨趣，赖氏昨发表一书面谈话，略抄如下："儿童为国家将来主人亦为社会未来中坚，天真活泼，纯洁诚实，若善养而善教之，譬如出土幼苗，灌溉施肥，培护得宜，则成乔木建栋梁，当可预期，但或则以家境清贫失学堪虑，或则以监护无人，流浪形骸，多少可造天才，萌芽即被摧毁，直接为个人生辰命运之不幸，间接为国家社会之损失，永初观此情状，每欲对此辈可爱之小朋友，稍尽扶养培护之微责，怀此心愿，已数年矣，只以绵力薄弱，未能实现，今幸能如愿以偿，永初本非富有，只以差堪温饱而已，能有一分余力，即当贡献社会，此举不过抛砖引玉，想不乏同情之士，一切贡献，尤有超于永初十百倍者，尚祈邦人君子、海内贤者，有以教之。"

至于该院将来教养的方针，系照赈济委员会规定之灾难儿童感化教育训练实施纲要拟定为（一）培育健全体格，（二）养成善良德性，（三）培养国家民族意识，（四）授予基本知识，（五）训练生活技能。此种办法乃熔学校家庭于一炉，两方优点兼而有之，再注重合理之管教养卫，每一儿童均可具备健全的知识技能。

谈到该院的内容，赖氏说可分为三部分，即学校，工厂，农场。学校为速成中学，工厂分为纺织、酿造等项，农场分造林、种植农作物等项，

工厂方面已购有新式铁质织布机二十余部，农场方面则在花溪采定土地二百余亩。闻赖氏对于农工学各业均有心得，将来在其主持擘画之下，定能收获很好效果。现院址已择定次南门外太慈桥阁老寨赖氏祖坟余地，面积约占三十余亩。并已成立该院办事处于盐行路，积极筹备进行。至于院址建筑设备等，均已有通盘计划，除建筑礼堂、教堂、教室、阅览室、陈列室、宿舍等外，并将设置运动场、游泳池、花园、菜圃等，规模宏大，设备完美，估计建筑费约需三十余万元。

关于该院的经费，赖氏说由渠独立筹措，总额约需一百万元左右，将来设一董事会保管，无论何人均不得拉扯动用，务使能永久存在。

最后，赖氏谈到将来收容儿童名额，定为三百名，每人均须经过他自己考查，取舍标准极为严格，必须视其能否在院受训十年及其堪否造就而定。至于训练程序，前六年为普通速成中学教育，后四年为专门研究。十年中均系半工半读性质，如此工读并进，始能造就健全人才，使其不但具备普通知识且有专门技术，成为真正有用之才。

对于赖氏此种"幼吾幼以及人之幼"的精神，实数难能可贵！我们相信这一事业必能顺利进行，以底于成。当记者辞出时，脑中已浮现出一个儿童教养院的轮廓——小天使的乐园。

《贵州日报》1941年6月5日，第3版

赖永初捐资五十万元办儿童教养院

（贵阳五月二十六日通信）本市富商赖永初氏，近为培养儿童起见，特捐资五十万元作基金创办儿童教养院一所，定名为"永初教养院"，收容一般贫苦儿童施以教养。闻现已拟定计划，呈请有关机关备案，并闻已觅定湘雅村附近为院址，全部工程约于二月内完成。

桂林《大公报》1941年6月5日，第4版

教养儿童与抗战建国
为赖永初氏创办儿童教养院作

"教养儿童"，这个问题，在我国抗战前就已注意，然而，那是滞缓

的、零星的，同时又是理论的，而很少真正有规模的计划。在抗战以后，社会、政治、经济、教育，都提示了质的变化，由于战争的影响，家庭破碎，父母离散，颠沛流亡，辗转道途，尤其是，一般儿童失教失养，甚至沿门求吃，其困苦情况，实不可以言语形容，因此教养儿童成为一个严重的问题。

　　本来我国对于教养儿童，老早就有提倡，远在古代亦已实行，文王发政施仁，必先鳏寡孤独，昔贤所谓"幼吾幼，以及人之幼"，礼运篇所谓"人人不独亲其亲，不独子其子，使老有所终，幼有所长，鳏寡孤独，皆有所养"，这都足证古代先哲施行仁政，必须惠及儿童、教养儿童的表示。在平时，各省市当局，对于教养儿童的机构，如育婴堂、贫儿所、托儿所等等，设立未尝不多，可是这些，大家不过看作很单纯的慈善机关、救济机关，或实验机关，没有正正式式的，以为是一个重要的教养机关，一方面固由于办理的不善，而社会的忽视，要亦一大主因。坐使教养儿童的结果，变成养而不教，或教而不才，甚至养也不成，儿童的死亡率便令人可惊，诚言之痛惜，所以到了战时，虽有儿童保育事业的倡导和推进，还觉得需要格外的努力。

　　谁都知道，儿童是民族的新生命，是人类文化的创造者，因此任何强盛的国家，对于儿童，没有一个不重视于教养。试观美国，1900年公布贫穷救济法案，目的即在教养贫苦儿童，以及工厂女工的儿童；德国1927年公布儿童保护法，并规定儿童救济费和孤儿院的设置。可知欧美先进国家，对于儿童教养如何积极办理的一斑。

　　我们中国，是三民主义的国家，因为七七事变，日本帝国主义者疯狗般的侵略，燃起了我们神圣抗战的火花，在烽烟到处迷漫中，侵占区域以及接近战区地带，妇孺儿童，或被残害，或被掳掠，甚被敌国运去施以奴化教育，以达其"以华制华"的恶计，这些事实上，告诉我们，教训我们，儿童在国家的立场上，在社会的地位上，并不渺小，并不减于青年成人之下，故我人目前欲争取民族生存和保卫中华民族的万代延续的艰巨工作，同时又本着人类求生存和保卫的本能，来教养这些民族的新生命——儿童，当然，再也重要不过了。

贵阳商会常务委员兼本报社副社长赖永初氏，平素对于国家建设、社会事业，热忱赞助，人所共知，当无待笔者赘言。这次，鉴于抗战三年半来，教养儿童需要的迫切，有作大规模的有计划的长期实施的必要，乃慨然尽其所能、斥其私资，设一私立永初教养院，并遵照振委会规定灾难儿童感化教育训练实施大纲，订立目标为：一、培育健全体格；二、养成善良德性；三、培养国家民族意识；四、授予基本知识；五、训练生活技能。至于招收儿童，分为地方贫苦孤儿子女，阵亡将士之遗孤，以及出征军人之子弟，期以十年教养，使成建设新中国的一支生力军，和民族国家未来的新斗士，这种伟大的工作，在这长期的抗建声中，实具有远大的眼光，盖惟有这种十年的教养，授予儿童的生产知识与技能，才能造就为国家为民族有用的人才，以冀达成政府对于儿童教养所希望的目标，我们于钦佩赖氏维护民族幼苗，与作育英才的精神和毅力之余，当更希望这个教养儿童的事业，贡献于抗战建国，将有重大的收获。

《贵州商报》1941年6月11日，第2版

赖永初招待新闻记者

（本报讯）贵阳商会常务委员兼本报副社长赖永初氏，为创办"贵州私立教养院"事，特于本月五日下午四时，在南门外观凤台私第，招待本市新闻记者，到二十余人，直至七时许，主宾尽欢散云。

《贵州商报》1941年6月11日，第2版

黔省党部嘉勉赖永初

（本市消息）贵阳商会常务委员兼商报副社长赖永初，独资创办儿童教养院，热心教育，勇于服务，省党部特予嘉勉。

贵阳《中央日报》1941年6月29日，第3版

黔商赖永初创办永初教养院

招收儿童三百名

（贵阳通讯）贵阳市商会常务委员兼贵州商报社副社长赖永初氏，对爱

国义举、公益事业夙具热忱,社会共仰。最近复拟斥其私资,创办贵州私立永初教养院,招收儿童三百名,教养十年,造成时代技术人才,已将计划章程呈请主管机关并转备案,闻贵州省党部已指令嘉勉。

昆明《中央日报》1941年7月6日,第2版

黔商赖永初创办教养院

(本报贵阳通讯)贵阳市商会常务委员兼贵州商报社副社长赖永初,最近拟斥其私资,创办贵州私立永初教养院,招收儿童三百名,教养十年,造成技术人才,已将计划章程呈请主管机关备案,闻贵州省党部已指令嘉勉云。

桂林《扫荡报》1941年7月7日,第3版

省商联合会代表参观永初教养院

(本报讯)此次贵州全省商会联合代表大会出席各代表,于大会闭幕后,特往参观贵阳市商会常务委员赖永初君私人捐资创办之"永初教养院",各代表对于赖君之热心教育,培植民族幼苗,深为钦佩云。

《贵州商报》1942年11月11日,第2版

永初教养院院址已落成　建筑用去百六十万

(贵阳五日电)此间名流赖永初氏捐资创设之永初教养院,经年来之建筑,共已用去百六十万元,现院址落成,短期内即可开始招生。

《滇西日报》1943年1月6日,第1版

永初教养院建筑完成

(贵阳五日电)此间赖永初氏捐资创设之永初教养院,经年来之建筑,共化去一百六十万元,现已落成,短期内即可开始招生。

《声报》1943年1月6日,第2版

贵阳赖永初捐巨资创设教养院

(中央社贵阳昨日电)此间赖永初氏捐资创设之永初教养院,经年来之

建筑，共花去百六十万元，现已落成，短期内即可开始招生。

《武汉日报》1943年1月6日，第2版

赖永初氏捐资兴学

（中央社贵阳五日电）赖永初氏捐资创设永初教养院，经年来之建筑，共费百六十万，现已落成，短期内即可开始招生。

桂林《力报》1943年1月6日，第2版

幼有所养　永初教养院四月间招生

（本报讯）贵阳市商会常务委员兼本报社长赖永初氏创立之永初教养院，兴工建筑以来，全部校舍已大致完成，现于该院附近遍植树木三千株，并积极布置一切设备等，预计本年四月间可开始招生，将招收穷苦无力儿童一百余名。

《贵州商报》1943年1月15日，第2版

永初中学定期招生

（本市消息）本市赖永初君，因鉴于战时儿童亟待救济，在本市次南门外太慈桥创办一私立儿童教养院，已次第完成。现决提前办理私立中学一所，定名曰"私立永初中学"，本年暑假起即招新生。必要时附设职业科，授予专门学术。

贵阳《中央日报》1943年7月10日，第3版

永初中学介绍

当你乘车或漫步在贵惠公路线上时，离开贵阳市几公里地，在太慈桥那地方，你就会看见靠着左旁的一座整齐的房屋，高大的门墙上书着"永初教养院"几个大字，那便是本市市商会常务委员，纱商业公会主席赖永初先生独资捐修的建筑。

赖氏近年以来，对社会教育事业极为热心，各种战时捐输，莫不慷慨解囊，过去对黄平中正中学就捐了一笔相当的款。后来赖氏因为见于战事发生以来，儿童同时遭受很大的蹂躏与损害，他们跟随着家人或独个儿的

流浪在祖国的原野上，这些儿童不仅活泼天真，具有一颗纯良的心灵，而且他们的爱国热忱并不亚于成人。比如抗战初起时，很有名的几个战时儿童工作团体，如"孩子剧团""西安旅行团""儿童剧团"等，他们在流浪中曾为祖国流了不少的血汗。这些在战时失了家的儿童，他们都是下一代的主人翁，他们今天失掉了慈爱，失掉了接受教育的机会，不仅是他们的不幸，也是国家民族未来的损失。赖氏为尽自己对国家民族抚育幼童的力量起见，所以他毅然决然的捐资数百万元来创办这一所私立的儿童教养院。

该院自开始建筑以来，大礼堂、教室、办公室、图书室、仪器室、实验室、教职员宿舍、浴室、厨房、饭厅等，均已先后落成，建筑形式极为新颖壮丽，花圃等布置亦别出心裁，并养有鱼塘大小十余口，不仅是一个相当完善的儿童教养院，简直和一间中等学校无异。

太慈桥既不在市区，离开市区也不很远，环境清新幽静，而无都市靡靡之声，实在是一个研究学问的好地方。

赖氏另一方面为提倡生产事业，供给教养院一部分物资起见，又在太慈桥过去二十余里左右的风景区——花溪附近开辟了一所八百余亩大的农场，种植各种果树几万株，兼及畜牧事业，从"第一农场"命名看来，赖氏还将继续开辟第二、第三……农场哩。

办理儿童教养自然不是一件简单的事，儿童既然是国家民族未来的新生命，我们自然要悉心培养，同时教养院的性质当然与普通小学不同，对于一个儿童的教养，不仅"教"，也不仅"养"，而且管、教、养、卫全部包括在内。这样一来，自然需要大量的物资供给，赖氏因见于现在的环境，物资供给极端缺乏，许多东西就地即无法采购，如果向外购取，不仅困难重重，而且非短期所能办到，要是设备不周，猝尔开办，不惟空负虚名，无补于国家与儿童，抑且有违初意，近经筹备会议详为讨论，以该院已筑成之房舍，颇为适合一中等学校之用，决先办一中学。

□年来本市小学毕业人数剧增，省垣各公私立学校大多流散外县或乡间，有时许多小学毕业生要想考入附近市区之中学，甚感困难，同时见于国家积极需用人材，所以决定将已经筑成的教舍，提前开办私立完全中学一所，以免荒废时间，并以奠定升入专科初基，已定名为"私立永初中学"，自本年暑假起，即开始招收高、初中新生各一班，教学内容以生产教育为原则，必要时将附设职业科。

据该校负责人谈，刻已筹备就绪，并拟呈请政府批准，至于应用图书、仪器、标本等，已派人分向桂林、昆明、重庆等地采购，教师亦大致聘定，均系国内外各大学毕业，富有教学经验或专门者。

学生方面，如系来自战区或游击区域，以及抗战阵亡将士之遗孤，出征军人家属子弟，确系清寒优秀者，仍本教养兼施之初衷，予以优待，免收一切学杂等费，并订有各种奖励办法，以符提倡教育之旨。

《贵州商报》1943年7月21日，第2版

永初中学招生

（本市讯）本市赖永初创办之教养院，提前开办完全中学，已志前讯，兹悉该校大批图书、仪器、标本，已分别自桂林、昆明、重庆等处购齐，并呈准于本学期起招收高一、初一男性新生各一班，定于本月八、九、十、十一日报名，十三、十四两日考试云。

《时事导报》1943年8月1日，第3版

永初中学开始招生

（本市讯）本报社赖社长创办之教养院，提前开办完全中学，已志前讯，兹悉该校大批图书、仪器、标本，已分别自桂林、昆明、重庆等处购齐，并呈准于本学期起招收高一、初一男性新生各一班，定于本月八、九、十、十一日报名，十三、十四两日考试云。

《贵州商报》1943年8月4日，第3版

永初中学投考者踊跃

（本报讯）永初中学因环境优良，设备充实，基金充足，教师多学者专家，以故目前开始报名以来，前往投考者异常踊跃，惟学生宿舍仅完成一工字形之建筑，本学期专招男性新生云。

《贵州商报》1943年8月11日，第2版

贵阳一周

筑垣富商赖永初，新近创办永初中学，教员待遇约二千元，为此间中等教员待遇之最高者。

重庆《大公报》1943年8月22日，第3版

永初中学招男女生

（本报讯）本市私立永初中学，近以大批图书、仪器、标本均已运到，并聘定名教授多名，闻该校在本月二十与二十一两日，先招初一上下男女新生与跳级生，俟二月十一、十二两日，再招高一上下男女新生与跳级生云。

《贵州商报》1944年1月15日，第3版

永初中学招生

（一）学额：初高中——上新生各五十名，——下插班生各三十名（专教男生）。（二）资格：初一上新生须完全小学毕业，初一下插班生须初一上肄业期满，高一上新生须初中毕业，高一下插班生须高〔一〕上肄业期满（同等学力不收）。（三）报名日期在二月六、七、八三日。（四）报名手续：（1）缴验证明文件；（2）最近二寸半身像片两张；（3）报名费二十元。（五）考试：日期二月十一、十二两日。（六）报名地址：贵阳次南门外太慈桥本校或中华南路恒兴酒厂（招生简章函索附足邮资邮寄）。

贵阳《中央日报》1944年1月31日，第1版

永初中学校董会商今后拓展计划

（本市消息）筑市私立永初中学五日午举行校董会，到校董周达时、黄国桢、萧蔚民等十余人，由校长赖永初介绍向该校学生训话后，即举行校董会议，由赖校长报告一年来校务进展情形，旋即讨论今后拓展计划。

贵阳《中央日报》1944年5月6日，第3版

丁编　赖永初与民国贵州教育、社会事业

永初中学上演《秋子》　请看日本风之大歌剧

（本报讯）贵阳市商会赖常务理事永初，独力创办于太慈桥之永初中学，自去岁开办以来，成绩极佳，颇获社会好评，最近该校为赞助修建营房，即于日内在筑市省立民教馆剧场上演大歌剧《秋子》，该剧内容描写讨伐侵略理想之幻灭，场面伟大，服装新颖，全部日本服装，均系新制，耗资在五十余万以上，由韦布导演，麦放明等主演，届时必有一番盛况云。

《贵州商报》1944 年 7 月 19 日，第 3 版

贵阳私立永初中学添招初一上新生

查自湘北战事发生以来，贵阳市人口日增。本校为免战区学生失学起见，特再添招初一上新生五十人，即日起开始报名，廿七日截止，廿八日上午七时半起考试。报名地点：太慈桥本校及城内中华南路恒兴酒厂。其他高中班次尚有缺额亦可报名。报考应考科目及办理入学手续等详见简章，函索即寄。

贵阳《中央日报》1944 年 8 月 16 日，第 1 版

永初中学添招新生一班

（本报讯）永初中学以战区疏散来筑青年日多，为谋救济起见，特添招初一上新生一班，又该校现增聘刘晴皋为副校长，赵统祥为教务主任，刘晴皋兼教导主任，并增聘刘敬常、杨雨春、车小舟、李淑允等为专任教员。

《贵州商报》1944 年 8 月 23 日，第 3 版

文化动态

……筑市永初中学前拟公演歌剧《秋子》，嗣因故流产，却又积极进行，筹备演出。

贵阳《中央日报》1944 年 11 月 13 日，第 4 版

永初中学学生投笔从戎

（本报讯）本市私立永初中学，对于知识青年从军，经已扩大发动，参加学生甚形踊跃，兹有该校高中部品学兼优之学生邱均藻、杨勋槐等十余

人,已分别考取空军、炮兵等学校及鸿翔部队,于十日教职员生在该校大礼堂召开征选大会,由该校赖校长略赠川资,并由自治会各赠送签字横额一幅,以壮行色,情绪至为热烈云。

《贵州商报》1944 年 11 月 18 日,第 3 版

傅厅长巡视永初中学

王亚明讲收复区文化　勖青年肩负建国重任

(本市消息)黔教育厅长傅启学,昨晨巡视本市永初中学,并对学生训话,除于为学做人各点详予训示外,复于目前国际形势及国内政治各方面,阐述甚详,全校师生极为感奋。又该校并于昨晨十时,敦请校董王亚明氏到校训话,关于收复区文化教育现况,暨青年今后肩负建国重任,多所勖勉云。

贵阳《中央日报》1946 年 4 月 11 日,第 3 版

永初中学旅行六冲关

(本市消息)私立永初中学,于昨晨九时旅行六冲关,全体师生步行,一律着军履,精神抖擞。该校董事长赖永初,并邀请省党部委员黄国桢、刘羽亮,市参议员刘锦森、徐泽庶等,及各报记者十余人前往,午后三时许,该校假圣母堂表演唱歌、舞蹈、钢锯等节目,极为精彩,四时许聚餐后,始尽兴返地。

贵阳《中央日报》1946 年 4 月 19 日,增刊第 2 版

永初农场植果树万余株　两年后可应市

(本市消息)黔商业界闻人赖永初,在花溪开办之永初农场,计地一千二百余亩,全由荒地开垦,经时三年,刻已种植梨树、苹果等一万余株,预计在两年后即可大量出产水果应市云。

贵阳《中央日报》1946 年 4 月 20 日,第 2 版

永初中学明晨举行第一届毕业典礼

(本市讯)永初中学订于七月六日上午十时举行高初中第一期毕业生典礼,兹探得是日各项程序如次:上午十时正,典礼开始,恭请杨主席、傅

厅长及各机关首长训话，十二时参加来宾及全校师生野餐，二时起由银行业公会平剧社暨新声、庆筑等戏院参加表演余兴。晚八时该校师生举行萤火会，又闻是日陈［除］柬请各机关首长莅临指示外，并欢迎六区区民自由参观，日来该校师生颇为忙碌，届时想必有一番盛况云。

《民报晚刊》1946年7月5日，第1版

私立永初中学今举行毕业礼

（本市消息）本市永初中学订于今日上午十时举行高初中第一期毕业典礼，闻恭请省府主席杨森、教育厅长傅启学及各机关首长临校训话，十二时举行野餐，二时起由银行业公会平剧社，□新声、庆筑等戏院参加表演余兴。晚一时该校师生举行萤火会，并将欢迎六区区民自由参观云。

贵阳《中央日报》1946年7月6日，第3版

私立永初中学昨举行毕业典礼

（本市消息）私立永初中学昨举行首届毕业典礼，计到黔省政府主席杨森，省党部主任委员周伯敏，省参会议长平刚，及校董会董事王亚明、黄干民暨来宾二百余人，由该校长刘晴皋主席，报告该校举办经过。次由杨主席训话，阐明教育在建国中之重要及应注意使体力与学问平均发展，造成建国有用人材。旋由周主委阐述十年树木、百年树人之意义。再次由平议长讲演学生要有正确思想，并以南开学校为规范，望永初仿行。复次由校董会董事长赖永初致词。末由学生代表陈远程致答词，旋即由杨主席颁发毕业证书。礼成后并摄影，聚餐。

贵阳《中央日报》1946年7月7日，第3版

永初中学昨祝校庆

（本市消息）私立永初中学，昨上午十时，在太慈桥该校举行四周年校庆，到黔垣文化教育各界、中小学单位代表，及该校全体教职员、学生约四百余人，并举行各项体育活动暨成绩展览，及音乐话剧及游戏表演，招待学生家长参观，情形甚为热闹云。

贵阳《中央日报》1946年12月2日，增刊第2版

私立永初中学特筹组校友会

（本报讯）贵阳私立永初中学以举办已逾四载，为使毕业同学研究学术、联络感情起见，特筹备发起组织校友会，并指定中华中路怡兴昌银号，□宏图，及太慈桥该校内叶素华处登记云。

《贵州商报》1947年9月26日，第3版

贵阳永初中学校友会筹备会通告

启者，本会定于本月二十一日上午九时在太慈桥母校举行成立大会仪式，十一时半摄影，十二时聚餐，下午六时于贵阳市政府礼堂举行游艺晚会，除分别通知外，特此登报公告。

此致

全体校友

贵阳《中央日报》1947年12月21日，第1版

私立永初中学校友会昨成立

（本报讯）私立永初中学校友会昨（二十一）日在太慈桥校址礼堂举行，计到该校赖董事长永初、张校董荣熙□及来宾多人，由郑文光主席，开会如仪后，旋通过会章，后开始选举理监事，结果赖永初当选理事长，李昌宗等当选理事，郑文光等当选监事，会后并摄影，聚餐。

（又讯）下午六时，该会复于市府大礼堂举行游艺晚会，到各界来宾四百余人，由该校同学及筑市某学房联合演出《黄鹤楼》《起解》《辕门斩子》戏剧，成绩尚佳，颇获观众好评，至十一时始行散会。

《贵州商报》1947年12月22日，第3版

过户启事

兹将自置一九四一年份万国牌卡车一辆，牌照号码（一九——二七四五）号，引擎号码（二三九九四六二）号，现归福利运输商行营业，除向

有关机关申请过户外,特此登报申明。

永初中学、福利运输商行　同启

贵阳《中央日报》1948年10月30日,第1版

永初中学校庆昨举行纪念会(节选)

(本市消息)昨为贵阳私立永初中学第六届校庆纪念,该校于上午九时举行年度训话,十时举行庆祝大会,到会参加者有该校董事长赖永初、傅厅长启学、黄主委干民、冯主任程南等及全体教师、校友、学生、来宾共三百余人,由赖董事长永初报告办学经过及今后努力方针……均极详尽。继由校友致词献礼,会后合影,十二时聚餐,下午一至四时举行各种表演、比赛,只[直]至八时举行游艺晚会,节目甚多,颇为一时之盛云。

贵阳《中央日报》1948年12月2日,第4版

社会救济事业协会昨日午正式成立

张荣熙、赖永初等当选理事　即日起积极展开救赈工作

(本报讯)贵阳市社会救济协会于昨(二)日下午三时在市府大礼堂举行成立大会,到会员计有五十余人,由张荣熙氏主席,并由省民政处派罗科长指导致训词,继即选举理监事,开票结果当选理事有张荣熙、汪玲、张致祥、徐礼和、傅明轩、刘锦森、贺良玶、陈智众、赵振一、赖永初、冯程南、柴晓莲、史上达、韩文华、杨君诚等十五名,候补理事有邵沥耕、孙达五、李保善、陆继斌、徐延栋、谈沛霖、吴禹丞等七名,监事有蒋萍、胡危舟、邓乃昌、袁德性、张星槎等五名,候补监事有孙竹葆、朱广炳等二名,旋于七时许宣告散会。

(又讯)贵阳市社会救济事业协会业于昨日成立,兹悉:该会之主旨在发展救济事业,赈济灾黎,并拟定救济办法约分三部份。(一)关于临时灾害救济部份。视其灾情轻重,发食米或赈款,办理紧急救济,并觅定房屋成立灾民临时寄宿所,俾资寄宿,由会商请有关机构举办灾民职务介绍等项。(二)关于难胞及流亡学生救济部份。甲、过境者,凡属难胞及流亡学生过境,经验明身份及每日每人酌发赈米或赈款以维生活,并由会代其洽

介车辆免费搭乘离筑,再觅定房屋办理难胞寄宿所,如难胞或流亡学生离境时,由会酌发食米或赈款充作旅费。乙、留住本市者,验明身份后,每日每人酌发食米或赈款以维生活,但至多不得超过规定期。设立难胞寄宿所,供给寄宿,但至多不得超过规定期。分发来筑寄读之学生,可由会酌发食米或赈款以维生活,但其所寄读之学校开学后,该会救济即予停止。失业难民,可由会洽商有关机关办理职业介绍,或洽请省市银行举办难胞小本贷款。(三)及其他各项救济部份云。

《贵州商报》1949年8月3日,第4版

永初中学嘉惠学子

本期免收学费　并拟订学生通宿通膳办法

(本报讯)本市永初中学为现任贵州省银行总经理、本报发行人赖永初氏独资创办,迄今历有年所,成绩斐然,近来赖氏有感于优秀青年,每因用费过高,家庭无力负担,以致失学者日众,赖氏为提高该校学生素质,减轻家长负担起见,日前特谕该校,本期新旧各生,一律免收学费。闻该校已分别函知各生家长。又该校本学期除男女兼收外,为便利本市学生就学,已拟订本市学生通宿、通膳办法,并闻正与贵州公路局接洽,为该校学生加开公共交通车班次,并予优待云。

《贵州商报》1949年8月15日,第4版

响应自经捐献　赖永初慨捐巨产

业已开具清单函送捐委会　筑自经捐献工作积极进行

(本报讯)贵阳市自卫经费捐献委员会,自奉到省捐献会核定本市应行捐献人士名单后,经分别致函各捐献人限期缴纳,并经全体委员开会议决,集体走访各捐献人劝导如期捐献。业志本市各报,顷悉该会各委员已于昨日下午访问部份被提名捐献人士,说明捐献委会及政府民意机关对于此项捐献所抱决心,盼各户均能按期缴纳,表现爱国爱乡热忱,所得反应一般均极良好,且有表示明后日即将带到款额送缴者。闻捐献会近正考虑另订一种对各捐献人奖惩办法,以期此项救国保乡捐献运动能完满达成目的。

市捐献会主任委员张市长暨各委员亦咸具将此项运动贯澈到底之决心，务期达成所负任务以副各方人士热望，日内仍将积极完成各捐献人户访问云。

（又讯）贵州省银行赖总经理永初，为响应谷主席、何厅长等捐献自卫经费号召，特于日昨致函市捐献委员会慨捐所有贵筑县属农场产业一份，计水田一百四十三坵，熟土二十辐，山土五辐，竹山两座，瓦屋七间，产业执照及老契一并随函送会，该会当予接受，兹将赖总经理原函志后：

敬启者：窃准贵会为适应戡乱国策起见，特发起自卫捐款运动，爱国热忱，至堪佩仰。我主席谷公，首捐巨产，指导于前，厅长何公继续响应于后，义声远播，全省钦崇。永初家本中赀，财非富有，但念救国即是救家，破产始能保产，既受主席精诚之感召，何能无动于良知。惟永初经营商业蓄积之余，自置有贵筑县属厂黄坝产业一份，计水田一百四十三坵，熟土二十辐，山土五辐，竹山两座，瓦屋七间，一庄一所，并无他产夹杂，在当时去价四万数千元，此实永初多年之血汗，始能获致，本拟开成农场，作将来养活之计，今国难当头，卫乡在急，岂容爱惜，兹拟将该业全部一并捐献贵会，检同该业新老契，开单具函，送请贵会查收，并乞赐据为荷。此据

贵阳市自卫经费捐献委员会

赖永初上

三八，九二一（正）

《贵州商报》1949年9月22日，第4版

私立达德中学建永初篮球场

（本报讯）本市私立达德中学自撤回城区复课后，校务发展甚速。前因学生日渐增多，校舍渐感不敷，民国三十五年，曾由现任省银行总经理赖永初氏，捐赠土地一方，以为该校运动场之用。顷悉该校为纪念赖氏此种义举起见，特将该项土地修建篮球场一座，命名永初球场，于日前并建有脚高七尺、宽三尺、厚八寸之石碑一座，由本市名书法家包宇氏题为"永初球场"四个大字，以资纪念云。

《贵州商报》1949年11月3日，第4版

二　档案史料

赖永初关于报送教养院院址计划书（节选）
（1941年11月）

呈明前拟在太慈桥创设私立儿童教养院一案，所有院址已商得医学院同意，将原征地段划出一百一十亩零四分九厘四毫，并派员会同勘定界限，谨绘具图说填具征地计划书，暨土地所有权人姓名、地亩表各二份，呈乞。

钧府秘书室函示

钧谕：以院址有涉医学院征用土地范围，俟呈请省政府核示后，再为函达，各等因，奉此。窃查医学院原征用土地三百七十余亩，因呈教育部转呈行政院奉令"有所征该地面积，应转饬依据实际需要，尽量缩减征用，并优予给发地价，以重民生"等因之规定。同时李院长以教养院之设，实关重要，遂将原征地范围内自前禁烟督察处监运所修建之房屋起，至太慈桥大河止，一段地面，完全划出让作建筑教养院院址之用，并派员会同勘测，划清界限，计东北抵医学院征用土地，南抵河，西沿贵番公路为界，测量面积共计一百一十亩零四分九厘。此地亩内除胡继善堂祖与前禁烟督察处监运所修建办公房屋之地基，六亩一分八厘四毫连同该姓所有墓地二亩四分三厘，一并捐作教养院院址外，其监运所房屋，自移交税务局接收后，该局以距离过远，管理不便，呈报财政部一并移作教养院之用，曾奉部令核准，经税务局函知，亦照接收在案。其余各该地所有权人姓名地亩，谨依照土地法第三百五十四条与土地法施行法第八十二条之规定，援照医学院原案征收，理合填具征收计划书暨征地图及土地所有权人姓名地亩表各二份，具文呈送。钧府鉴核存转，并恳援案牌示各该所有权人知照，以凭给价收用伏候批示祇遵，实沾德便。谨呈贵阳市政府市长何。

贵州私立儿童教养院设立人赖永初

摘录自贵阳市档案馆藏档案，档号：48-1-103

赖永初为拟缓办教养院先行创设私立中学给贵阳市政府的呈文（节选）
(1943年5月27日)

事由：呈明前拟创办之教养院因采购物资一时设备不及拟提前创设私立中学内有清寒优秀学生仍予教养无施之待遇祈，鉴核转呈示遵由。

窃永初于民国三十年鉴于战时儿童亟待救济，遂以私人名义，不惜巨资先后买获贵阳市区太慈桥土地六十余亩，原拟创设一私立儿童教养院，培养民族幼苗，曾于是年四月十五日根据法令，拟具计划简章，呈由前贵阳县长张转呈。各上级机关并于同年七月七日呈报钧府查核备案在卷，历时两年，现已将大礼堂、办公室、图书室、仪器室，及学生宿舍、教职员宿舍、教室、饭厅等次第修建完成，并开凿养鱼塘三口，本拟即时开办，因教养院对于儿童须负管教养卫之全责，必需大量物资，方能源源供给，如被服一项，现本省物资缺乏，由外采购，势非短期所能办到，若设备未周，遂而设立，不惟徒负虚名，抑亦有违初志，兹经筹备会议，佥以教养院既因一时设备不及，而筑成之院舍，甚适合中等学校之用，且现在本市及附近小学毕业人数激增，省中各私立中学，大都疏散外县及各乡区，而一般小学毕业生，欲求升入较近之中学，每感不便，复鉴及总理实业计划，需用三千万专门技术人才，与总裁最近手著《中国之命运》，昭示吾人，实业计划实行之最初十年，应需二百四十六万具有专门知识之中坚干部，是则吾黔对于中等学校之设立，在今日实为不可缓之图。筹议再四，乃决议将已筑成之院舍，提前办理中学一所，定名为私立永初中学，自三十二年度第一学期起，即招收高初中男性新生各一班，同时仍以生产教育为原则，将来并拟附设职业科，授予专门学术，以宏造就。其学生中之有来自战区或沦陷区，以及阵亡将士之遗孤或出征军人之子弟，若果清寒优秀，仍本教养兼施之初衷，予以特殊之待遇，免收一切学杂等费。至于创设程序，悉尊教厅部颁布之有关法令办理，除依法先由设立者聘请相当人员组织校董会，拟具章程，另文呈请立案外，理合将决议缓办教养院、现行创办私立中学缘由具文申明，是否有当，伏乞钧府鉴核，转呈省政府教育厅核示，以便遵办。

谨呈贵阳市政府市长何

设立人　赖永初

摘录自贵阳市档案馆"民国贵阳市教育局全宗",档号：13-2-15

贵州省政府关于永初教养院呈报拟将该院改办私立中学的训令（节选）
（1943年6月1日）

贵州省政府训令

（教一字第二八二号）

事由：教育厅案呈私立永初教养院呈报拟将该院改办私立中学一案令仰遵照由。

令贵阳市政府：

教育厅案呈：贵州私立永初教养院设立人赖永初本年五月二十七日呈称，"窃永初于民国三十年鉴于战时儿童亟待救济，遂以私人名义，不惜巨资先后买获贵阳市区太慈桥土地六十余亩，原拟创设一私立儿童教养院，培养民族幼苗，曾于是年四月十五日根据法令，拟具计划简章，呈由前贵阳县长张转呈。各上级机关，并于同年七月七日呈报钧府查核备案在卷，历时两年，现已将大礼堂、办公室、图书室、仪器室、及学生宿舍、教职员宿舍、教室、饭厅等，次第修建完成，并开凿养鱼塘三口，本拟即时开办，因教养院对于儿童须负管教养卫之全责，必需大量物资，方能源源供给，如被服一项，现本省物资缺乏，由外采购，势非短期所能辨别，若设备未周，遂而设立，不惟徒负虚名，抑亦有违初志，兹经筹备会议，佥以教养院既因一时设备不及，而筑成之院舍，甚适合中等学校之用，且现在本市及附近小学毕业人数激增，省中各私立中学，大都疏散外县及各乡区，而一般小学毕业生，欲求升入较近之中学，每感不便，复鉴及总理实业计划，需用三千万专门技术人才，与总裁最近手著《中国之命运》，昭示吾人，实业计划实行之最初十年，应需二百四十六万具有专门知识之中坚干部，是则吾黔对于中等学校之设立，在今日实为不可缓之图。筹议再四，乃决议将已筑成之院舍，提前办理中学一所，定名为私立永初中学，自三十二年度第一学期起，即招收高初中男性新生各一班，同时仍以生产教育为原则，将来并拟附设职业科，授予专门学术，以宏造就。其学生中之有来自战区或沦陷区，以及阵亡将士之遗孤或出征军人之子弟，若果清寒优秀，若经考察属实，堪资造就者，仍本教养兼施之初衷，予以特殊之待遇，免收一切学杂等费。至于创设程序，悉尊教厅部颁布之有关法令办理，除依法先由设立者聘请相当人员组织校董会，拟具章程，另文呈请立案外，理合将决议缓办教养院、现行创办私立中学缘由，具文申明，是否有当，伏乞钧厅鉴核批示祗遵。"等情到府。该教养院是否呈准有案，其历年经办业务概况如何，仰该市政府迅即查明呈复，以凭核办！此令。

　　主席　吴鼎昌

　　摘录自贵阳市档案馆"民国贵阳市教育局全宗"，档号：13-2-15

贵阳市政府关于私立永初教养院改办私立中学的指令（节选）
（1943年6月15日）

令贵州私立永初教养院筹备会：

　　本年五月二十七日呈一件呈照前拟创办之教养院因采购物资一时设备不及，拟提前创设私立中学内有清寒优秀学生仍予教养院兼施之待遇等。鉴核转呈示遵由。

　　呈悉，此呈提前创设私立中学一节仰候经转呈省府核示后，再行饬知。再该教养院之筹设，过去是否呈准有案，历年往办业务概况如何，并仰呈报，以凭核办。

　　此令

　　市长何

　　1943年6月9日

　　贵阳市政府

　　抄送：永初教养院

赖永初关于前拟创办教养院曾经呈报备案的复函（节选）
（1943年6月24日）

钧府三十二年六月十五日卅二己市教字第二七六九号指令开：

"本年五月二十七日呈一件呈明前拟创办之教养院因采购物资一时设

备不及拟提前创设私立中学内有清寒优秀学生仍予教养兼施之待遇，祈鉴核转呈示遵由。呈悉所呈提前创设中学一节仰候转呈，省府核示后再行饬知。再该教养院之筹设过去是否呈准有案，历年经办业务概况如何，并仰呈报以凭核办。此令。"等因，奉此。遵查教养院之筹设，系根据行政院施行抗建时期难童救济教养实施方案暨拯委会规定儿童感化教育训练实施纲要，参酌本省情形拟办，曾于三十年四月十五日将拟定计划简章奉呈。由前贵阳县政府转呈各上级机关备案，嗣钧府成立旋于同年七月七日补呈查核备案在卷奉批。呈件均悉仰候转呈。省政府核示后再行饬遵。等因，奉此。自应静候指示祗遵，故年来专从事建设工作并未办有何项业务，因教养院之设备需负儿童管教养术之全责，现感物资缺乏一时筹备不及，复鉴于本省有急需设立中学之必要，是以经筹备会议议决故有将修成院舍提前办理中学之请。兹奉省政府教育厅指令准如所请，现正遵照部颁修正私立学校规程组织校董会办理立案手续积极筹备，兹奉前因理合将前拟创办教养院经呈报备案及未办有何项业务缘由具文呈复伏乞钧府鉴核备查。

谨呈　贵阳市政府市长何

设立人　赖永初

摘录自贵阳市档案馆"民国贵阳市教育局全宗"，档号：13-2-15

贵州省政府关于永初教养院拟请改办为私立中学的指令（节选）
（1943年6月25日）

令贵阳市政府：

本年六月十五日呈一件"呈复永初教养院拟请改办为私立中学，饬查报一案"祈核示由。呈悉。该教养院准予改办为私立中学，惟仍仰转饬依照《修正私立学校规程》规定，迅办校董会立案手续为要！

此令

主席吴鼎昌

摘录自贵阳市档案馆"民国贵阳市教育局全宗"，档号：13-2-15

永初中学校董会呈报组织成立校董会（节选）
（1943年7月16日）

贵州私立永初中学校董会呈：窃查前由永初教养院筹备会呈拟将创办之永初教养院改办私立永初中学，恳祈核示一案，于本年六月十八日奉贵州省政府教育厅字第零九九四号指令开："呈悉。所请照准，仰即遵照。部颁修正私立学校规程第二章组织校董会，办理立案手续为要，此令。"等因，奉此。除由设立者永初为当然校董外，并聘请傅启学等十四人为第一届校董，业于本月八日在南明路第一号将校董会组织成立，当然互推永初为董事长，选聘李毓芳为本校校长，关于本校建筑，已由永初私人完成大礼堂一座，教室四个，学生寝室一大间，教职员寝室二十间，教职员会客室两间，物理、化学、生物实验室一大间，图书室一大间，办公室八间，厨房、号房、传达室各一间，厕所两间，所有一切校具、教具、图书、仪器、标本，以及各项体育设备，均由永初一人负责办理，所有本校资金，已由永初私人筹足一百万元，存储本市中华北路丰记香烟庄，以月息四分计算，年收息金四十八万，作为常年经费，平均每学期经常费二十四万元。现以三十二年度转瞬已届，正积极筹备开办，除遵照《修正私立学校规程》第二章各条所规定，拟定校董会章程，填具校董会立案呈报事项表，及本市中华北路丰记香烟庄存款证件一纸一并送呈贵州省政府教育厅外，理合将校董会章程及校董会立案呈报事项表各一份，连同资金一百万元抄件一纸，呈送钧府鉴核，伏乞准予备案，是为公便。

谨呈　贵阳市政府市长何

董事长赖永初

摘录自贵阳市档案馆"民国贵阳市教育局全宗"，档号：13-2-15

贵阳私立永初中学校董会章程（节选）
（1943年7月）

第一章　总则

第一条　本会定名为贵阳私立永初中学校董会。

第二条　本会会址在贵阳市次南门外太慈桥永初中学内。

第二章　组织职权、校董会任期及改选办法

第三条　本会以校董会九人至十五人组织之，内分文书、事务、稽核、设计等四股，每股主任一人，股员若干人。

第四条　本会职权如下：

甲、关于学校财务者

一、筹措各项资金；

二、保管资金及财产；

三、审核预算及决算；

四、其他财务事项。

乙、关于学校行政者

一、选任及改选校长；

二、处理非校务会议所能解决事件。

第五条　本会第一届校董会由设立人聘请十五人担任之，任期三年，如有会员出缺时，得由本会选举相当人员递补之，三年期满后每届得改选三分之一，连选得连任。

第六条　本会设董事长一人综理本会会务，开会时为当然主席，如因事未能出席时，得委托本会董事一人代理之。

第三章　会议

第七条　本会每年开常会两天，于一月与七月举行，由董事长定期通知文书股召集之，必要时得由董事长之决定或校董过半数之请求召开临时会议。

第四章　附则

第八条　本章程经转呈教育部核准备案后施行。

中华民国三十二年七月

摘录自贵阳市档案馆"民国贵阳市教育局全宗"，档号：13-2-15

中正中学校董会座谈会记录（节选）

（1946年7月10日）

校董会座谈会

时间：三十五年七月十日下午一时

地点：本校会议室

出席人：周达时、杜光武、王亚明、赖永初、任道安、张慕良、陈性谦

列席：戴质均、吴少峰、招北恩、常琅山、周文彬、孙宏成

摘自黄平县档案馆藏档案，档号：1-1-485

永初中学校友会章程（节选）
（1947年3月）
第一章　总则

第一条　本会定名为贵阳市永初中学校友会。

第二条　本会以研究学术，联络感情，发扬母校精神，促进团体及个人事业为宗旨。

第三条　本会总会设于贵阳太慈桥永初中学内。

第二章　会员

第四条　除本校校董及本校职教员为当然校友外，凡具有左列资格之一，经校友二人介绍者得为本会会员。

一、本校毕业同学；

二、曾在本校肄业同学。

第五条　本会会员对于本会之权利及义务如左：

一、参与会员各项会议之权；

二、选举及被选举之权；

三、对本会及母校贡献意见及应行兴革事项之权；

四、请求本会介绍职业或辅助升学；

五、会员得享本会范围内各项权利；

六、缴纳会费及临时捐输之义务；

七、遵从本会一切规章之义务；

八、遵从本会一切议决案之义务；

九、努力团结发展本会之义务；

十、互助合作援助会友之义务；

十一、本会会友因著作或发明享有报酬时有捐助所得十分之一之义务。

第三章　组织及会期

第六条　本会以会员大会为最高权力机构，平时以理事会代表之。

第七条　本会设理事九人，候补理事三人，监事三人，候补监事二人，由会员大会分别投票，用记名连选法选举之，以得票最多者为当选，并以得票次多者为候补。

第八条　理事组织理事会推选常务理事五人，并由常务理事中选理事长一人，综理日常事务。

第九条　监事组织监事会互推常务监事一人处理日常事务。

第十条　理事会下设三组由常务理事分担工作，各组执掌如左：

第一组　办理本会一切文书及会员通讯联络办法如左：

一、本会会员分散各地区者应即与本会通讯每月至少一次；

二、会员如有行动时于到远目的地后周内应即通知本会以便取得联络；

三、通讯内容：

A. 生活情形；

B. 工作近况；

C. 特殊事项；

D. 向本会及母校建议事项。

第二组　办理会员经济及有关会员福利事项。

第三组　办理本会会员会计庶务及不属其他各组事项。

第十一条　凡各地区有本会会员即设通讯处，如会员满三人以上之通讯处于会员中推选一人为主任干事，负责通讯一切事宜，特殊情形时得另推选之。

第十二条　理监事任期一年连选得连任。

第十三条　会员大会每年开会一次决定一切事项并举行改选事宜，其日期由理监事会决定，不能召集时由会员通讯选举代表举行会员代表大会。

第十四条　理事会每月开会一次，监事会每二月开会一次，于必要时得召开临时会议。

第四章　会费

第十五条　入会费每人五千元于入会时缴纳之。

第十六条　特别捐于必要时经理事会决定后由会员分别募捐之。

第十七条　常年经费由该届理事会酌定并一次缴清。

第五章　附则

第十八条　本章程如有未尽事宜由本次会员大会或会员代表大会修改之。

摘录自贵阳市档案馆"民国贵阳市政府全宗"，档号：9-1-34

三　个人回忆与史志记录

永初中学前教员李宗泽的回忆（节选）

（一）

永初中学是一所私立学校，校址在现在贵州省艺术学校所在地。董事长赖永初是当时贵阳金融界的头面人物，因此，国民党当局在对学校的用人行政方面，不便过多干预，对学校的控制也不像对公立学校那么严格。董事长和董事虽有权安排和推荐人员，但对教师的延聘和辞退大都取决于校长。所以，教师质量的好坏、政治倾向如何，很大程度上因校长而异。

1947年至贵阳解放期间，冯楠担任永初中学校长。他的前任姓刘，对学生的思想言行控制很严，一贯采取高压手段，曾将反对他的学生妄加罪名，送进警察局关押。学校没有半点民主气氛。冯楠任校长后，一心要办好学校，认真教书育人。为改变学校现状，他采取了一些有效措施。首先是更换教导主任和训育主任，重建教师队伍。聘请教育界的知名人士和思想进步的青年教师到学校执教。他们当中有的是大学教师，有的读大学时就参加过"中华民族解放先锋队"及其组织领导的抗日救亡运动。地下党员、团员在永初任教和工作的先后有五六人。这样的师资队伍，不仅教学业务强，对学生的思想启迪也极活跃。其次是实行民主治校。不搞个人独断专行，有事由校务会共同研究决定；改选学生自治会，让品学兼优的学生担任领导职务，改变过去由"三青团"控制和校方包办的状况；实行经济民主，让学生监督管理食堂，按期公布伙食账目，杜绝贪污、克扣学生伙食费等积弊；根据教师的教学专长，合理安排课程，保证教学质量。例如，教数学的有当年颇负盛名、人称"黄代数"的黄耀初先生；有以教学认真负责、要求严格，被学生称为"严老虎"的严馀春先生；还有留学美国的陈铭忠老师，以及黄志民老师等。思想意识较强的文史课程则由贾仁华、王立昭等老师担任，冯校长也亲自兼授历史课。

学校经过整顿，面貌为之一新。学生思想活跃起来，开展了多种多样的文娱体育活动。记得有一次学校排演一个有进步意义的话剧，校长和教师分别扮演剧中角色。给人印象最深的是把一头羊牵到舞台上，情景逼真，加强了戏剧效果，引得观众捧腹大笑，乐不可支。这些活动的开展，既活跃了思想，又丰富了生活，并增添了民主气氛，使学生深受教育和鼓舞，思想觉悟也得到不同程度的转变和提高。

然而，学校工作并非一帆风顺。国民党当局没有完全放弃对永初中学的控制，校内的"三青团"分子仍在活动。正当冯校长和老师们励精图治，把学校办得很有生气的时候，国民党贵州省党部向学校提出了带威胁性的警告：有人在永初中学宣传共产主义思想。董事长赖永初为此还找冯校长谈过话。为了避免学校遭受损失，从那以后，学校在某些事情的处理上，就尽量采取隐晦曲折的方法，以保持民主进步的校风。

（二）

解放前夕，白色恐怖笼罩山城，但在永初中学，由于进步势力占主导地位，政治空气较好，一些地下党、团员，如宋至平、张春涛、陈开秀、郭谨诚、柏辉文等就先后以之为掩蔽而进行革命活动。

宋至平、张春涛是1949年7月初到永初中学的。报到后，冯校长安排他们住进学校教职员宿舍。说是"赖大小姐"（赖永初的大女儿赖文华、地下党员戴绍民的妻子）介绍来的，没有引起任何人怀疑，谁也不了解他们的身份，八月初的一天，学校对面的太慈桥警察所所长，领着十几名特务和警察突然来到学校，守住教职员宿舍通道两头，进到宋至平和张春涛两人的房间搜查，折腾了半个多钟头，就将他俩押走了。事后知道他们是地下党员，宋至平以教师身份掩护，跟张立、张鸣正一起领导贵阳地下党、团的革命活动，被捕原因是：特务搜查一个进步青年家时搜到一张字条，是林茂德撤退时留给张凡的，要张到永初中学找宋至平。宋因此暴露。后，宋、张两人于1949年中秋节前一天夜晚被国民党特务秘密杀害。

陈开秀曾先于宋、张之前在永初中学工作过一段时间，是宋至平在贵阳建立"新民主主义青年团"时最早发展的团员。宋至平到校时，她已离开学校。1949年8月，大逮捕中，陈开秀不幸被捕入狱，贵阳解放前夕，在"双十一"惨案中壮烈牺牲。

郭谨诚在永初中学总务处工作时，沉着、机警，善于团结教师和同学。柏辉文在永初中学教务处担任一般工作兼图书管理，为人诚恳，工作踏实，与周围的老师、同学相处很好。1949年7月，两人先后被捕入狱。贵阳解放前夕，郭谨诚与宋至平等一道被害，柏辉文在"双十一"大屠杀中英勇就义。

为纪念这五位死难烈士，贵阳解放初期，学校还筹建了"五烈士纪念图书馆"。图书馆的书刊是发动老师捐赠的。冯校长捐赠了一部《鲁迅全集》和其他进步书籍。教师们也捐赠了不少书刊。后来学校合并，这批带有纪念意义的书籍便都散失了。

与此同时，有几位地下党员和读书会成员也以学校为联络点进行秘密活动。他们是贵大的邵冠群、周启知，师院的安天寿。

当时，我在永初中学任教，住在校里。邵冠群、安天寿等以亲友身份常来访我，我们利用校园僻静处讨论国内外形势和解放战争的进展情况，讨论"学运"、交换秘密书刊，交流学习心得。这些书刊中主要是：《新民主主义论》、《论持久战》和《群众》、《解放》杂志等。书刊数量不多，要让更多的人读到，必须周转快，重要的还得抄写。邵冠群曾连夜赶抄《新民主主义论》，供贵州大学的一些同学阅读讨论。

（三）

贵阳解放前夕，永初中学的师生紧密团结在一起，积极参加护校斗争和迎接解放。

临近解放的前几天，空气非常紧张。传闻四起：国民党八十九军马上就要破坏贵阳，先要炸毁电台，还要破坏工厂、学校，杀害革命者和民主人士……人心惶惶,不可终日。学校师生根据得到的消息和国民党反动派的所作所为,认为他们什么坏事都干得出来。特别是臭名昭著的八十九军军长刘伯龙,更是残忍成性,无恶不作。师生们预感到贵阳即将解放,当务之急是保护学校财产,不遭受敌人的抢劫和破坏。校长冯楠和几位老师商量后,召集全体教职员工和学生代表开会,讨论护校问题。在会上,群情激动,大家一致表示,护校是永初中学师生义不容辞的责任。接着研究了具体办法和分工,会议集中了与会师生的意见,作出以下几项决定:一、总务处负责储备粮食、蔬菜,保证护校师生员工的伙食供应。二、将师生员工分成若干小组,负责昼夜值班巡逻,注视敌人的动向。三、加强学校门卫,在紧急情况下敲钟报警,师生即奔赴各自岗位。四、与当时在太慈桥院址的医学院取得联系,有事互相支援。冯校长和推举出来的几位教师担任护校指挥。同时冯校长还召集学生开动员会。他讲了贵阳市当前的情况和八十九军要破坏城市的阴谋,号召大家组织起来,保护学校财产。接着,一位教师代表在会上说,如果敌人冲进学校向我们开枪,我第一个去抵挡敌人的子弹。同学们对他的讲话深受感动,精神振奋、斗志昂扬,都表示不惜牺牲、坚决保护学校。

  学校没有武器,只有童子军棍和石块。师生们决定用棍棒和石块跟拿枪的敌人进行斗争。每人拿着一根棍棒巡逻,在校内围墙脚堆放大量石块,如果敌人接近围墙,就投掷石块予以还击,万一敌人砸破校门冲进学校,就用棍棒和他们搏斗。这些行动,充分体现了广大师生为保护学校财产、迎接解放的勇气和决心。

  永初中学的师生一面护校,一面准备迎接解放。用什么来表达对共产党、解放军的热爱和感激之情呢?大家议论纷纷,出主意、想办法。有个老师建议做一面五星红旗。因为《新华日报》登载过"天安门升起了新中国的五星红旗"。大家认为很有意思,决定这样干。在解放军入城的前一晚,全体师生兴高采烈,边唱歌,边动手,利用学校红色大幕布制作五星红旗,通宵达旦,毫无睡意。五星红旗是什么样子?五星大小各按什么比例?位置如何安排?谁也说不准,只好按大家的理解:"譬如北辰而众星拱之",按四颗小星围绕一颗大星的推断来做。旗子的准确性肯定是很差的,但值得珍视的是在这面大五星红旗上，倾注了永初中学师生对新中国、对共产党、对解放军的无比热爱、无限崇敬之情。第二天清早，全体师生排着队，几十人抬举着这面特大的五星红旗，前往市郊油榨街迎接解放军。我们的队伍被指派为解放军入城部队的前导，大家激动得热泪盈眶，在群众的欢呼声中进入贵阳市中心。

永初中学是贵阳市第一所迎接解放军入城的学校，全体师生对此感到无比的高兴，并引以为荣！

摘自李宗泽《解放前夕的贵阳永初中学》，李嘉宁主编《永恒的记忆》，贵州人民出版社，2011年，第337~340页

民国时期贵阳市私立中学概况（节选）

民国时期，贵阳市（包括现在的郊区）私立普通中学先后存在过22所，为贵阳市公办中学的两倍。1949年贵阳解放前夕，有少数私立中学先后停办，尚余私立中学18所，是当时公办中学的3倍。于此可见，在贵阳市解放前的普通中学中，私立学校在数量上大大超过公立学校，其在教育史上的地位应予重视。

在这些私立中学中，办学成绩突出的要算清华中学。1943年，贵州省联合考试，清华及格人数比例居全省第二名，总分居全省第三名。大夏（伯群前身）中学成绩亦较好，1943年毕业生会考，大夏高中名列第四，初中名列第五。教会办的程万中学也颇有成绩，1948年省督学评价该校"办理极为认真，学生程度尚高"。1950年贵阳市文教接管部的一份《调查报告》也肯定该校"教学成绩尚佳"。此外，正谊中学也办得不错，解放前社会舆论和地方当局对该校的评价都是较好的。

从学校的经济条件看，比较充裕的是程万、永初。程万是天主教会捐资兴办的。1945年开办时，教会负责人给七十万法币作开办费，又拨乌当田六十五丘为基金。校长英锐良曾公开宣称："本校为筑市唯一不以学生学费而维持之学校"（按：应指私立）。永初中学开办时，建筑校舍约费300万元，设备费约100万元，创办人赖永初又以资金100万元发商生息，年息48万元，用作常年经费。1946年省督学在视察报告中称该校

"经费充足,教职员待遇较高",1950 年《调查报告》亦称该校"经济无问题"。至于其他私立中学,则经费困难,设备简陋者居多。此种情况,从民国末期省教育厅的视察报告中即可窥见一二。如:豫章"教师待遇过低",西南"教职员待遇菲薄",达德"经费困难,教员待遇过低",正谊"校舍场地狭窄,体育设备太差"。1950 年的《调查报告》谓宪中"无校产,少校具,不够办学条件",济群"校舍异常狭小",导文"经费困难"。由于经济的影响,一些私立中学较难聘到好教师,而且兼任教师占多数,很不利于教学。

摘自杨适《贵阳解放前后的私立普通中学》,政协贵阳市南明区委员会文史资料委员会编《南明文史资料选辑》第 7 辑,内部出版,1989 年,第 142~144 页

有关赖永初长女婿戴绍民烈士的记述

戴绍民,又名戴力,贵州省麻江县人。戴绍民 1925 年 2 月 9 日出生于贵阳,其父亲戴蕴珊是贵阳市有名的民族工商业家,岳父赖永初也是贵阳市出名的民族资本家,并在当地创办了永初中学。

戴绍民虽出生于一个富裕的家庭,但却勤奋好学,思想积极,追求进步。戴绍民年少时就读于贵阳私立正谊小学,时值九一八事变、上海"一·二八"事变相继爆发,中华民族处于生死存亡的关头。在民族垂危、国民党反动派步步退让的背景下,全国人民无比愤慨,抗日热潮不断高涨,加之学校进步教师的启发教育,使他从小就萌发了救国的宏愿。

1937 年抗日战争爆发以后,戴绍民先后在达德中学、贵阳中学、国立十四中等学校就读,受到了刘方岳、肖家驹、王启澎、聂汝达等进步教师的思想启蒙。1941 年初,国民党倒行逆施,发动了震惊中外的"皖南事变",贵州大学一批进步青年以戴绍民的家庭为掩护,继续进行爱国抗日活动。戴绍民与这些青年将所搜集、保存的革命书刊汇集到一起,在戴家设立了一个地下图书馆,供大家相互传阅与学习。1944 年暑假戴绍民参加了贵州大学在他家三楼举办的"文化补习班",该活动旨在引导大家走向进步的道路。同年秋,戴绍民考入贵州大学。1946 年 3 月,地下党

员彭骊云（西南学运领导人）等同志在戴家三楼与贵阳各大学学生举行会谈，分析时局发展，交流学运经验，戴绍民积极参与准备工作，并负责供应和掩护。

1946年秋，戴绍民转学至上海，考入大夏大学法学院经济系。当时上海学生运动正在蓬勃发展，上海各大学的学生积极地开展"反内战、反饥饿、反迫害"的斗争。1947年11月，大夏地下党在上级党组织的领导下，在思群堂（大礼堂）召开抗议国民党反动派无辜杀害浙江大学进步学生于子三的大会，戴绍民等学生利用墙报、标语等形式在校内外进行宣传，更好地发动了群众。同年12月，大夏大学召开抗议美军强暴北京大学女学生的大会，戴绍民担任学生会主席。由于与敌特进行了针锋相对的斗争，戴绍民等几位进步同学以"鼓动风潮、破坏学校秩序"的莫须有罪名被学校开除，最后学校在强大的舆论压力下，又恢复了戴绍民的学籍。

1948年底，贵州尚在国民党反动派的残酷统治之下，戴绍民与贵州籍的中共地下党员安毅夫、蔡之诚等同志商议，决定放弃去解放区的计划，从上海回到贵阳继续从事革命活动。戴绍民利用自己的便利条件掩护革命同志，中共贵阳地下组织负责人宋至平曾住在戴家，并利用他家屋后防空洞，刻印党的文件及刊物。地下党员岳景琮以及安毅夫也曾住过戴家，戴绍民不怕受到牵连，为这些革命同志提供了极大的方便。

1949年8月19日，戴绍民不幸被捕。在狱中戴绍民始终坚持革命气节，即使经历了严刑拷打，也未透露出任何党的机密。在贵阳解放前夕，1949年11月11日，戴绍民被国民党反动派残忍杀害于贵阳郊区马家坡，为革命献出了年仅24岁的生命。

摘自张天佩编撰《英年早逝存浩气　忠魂永守马家坡——记戴绍民烈士》，周桂发主编《上海高校英烈谱》，复旦大学出版社，2011年，第263~265页

有关永初中学教员宋至平烈士的记述（节选）

宋至平同志，中共党员，籍贯湖南。五岁时父母先后病故，随表哥家

长大，后以勤工俭学毕业于浙江大学。在白色恐怖下，为适应秘密工作需要，曾使用岳平、岳军、张志真、张志诚、宋学芬、宋春山等化名。他在革命斗争中久经考验，立场坚定，爱憎分明，学识渊博，精明干练，富有自我牺牲精神。

1947年底，宋至平同志受组织派遣，从川东到黔北开展黔东北地区的工作。1949年3月中旬来到贵阳，不幸于7月底在永初中学被捕，两月后被敌人秘密杀害，时年约36岁。

……

早在1945年，宋至平就化名岳慕先，在平坝县中当教师，以教书为掩护，从事革命工作。平坝地下新青团员中，有几个就是他在平中的学生。其中的黄恒德同志，在四年后又受他直接领导。1949年3月，宋从黔东北来贵阳后，仍以教书为掩护，在永初中学当教师。同在永初中学工作的张春涛等也曾是他的学生。

……

1949年2月，钱瑛同志从香港派张立同志与在贵州的刘镕铸同志组成"贵州工作组"，由张立负责，并回贵州开展工作。

宋至平离开松桃到重庆，没有找到张立仍返回德江。张立于1949年2月底从香港回到贵阳后，得知宋至平到重庆找他未遇，即写信通知宋至平速到贵阳。宋在德江等地传达了贵州工作组的指示后，于1949年3月中旬到贵阳。他在黔东北负责领导工作的时间，约为一年又两个半月。

根据华南局对贵州工作的指示，贵州工作组一方面研究部署城市工作，一方面积极进行武装游击区的善后事宜。对城市主要抓社会调查；做好统战工作，指导方兴未艾的学运和正在形成的工运；建立和发展地下团，团结教育青年扩展进步势力、壮大革命队伍。宋至平到贵阳后，根据贵州工作组的部署，立即开展工作。在同各个联络人（点）接上关系后，采取单线联系，分别定时定点听取汇报，检查和布置具体工作。他在贵阳的公开身份是永初中学的教师。在短短的几个月中，他在进行社会调查、建团、干部思想教育、扩大进步力量等方面，作了不少工作。

这年的年初，中央已做了建立青年团的决定，贵州工作组分配宋至平抓青年工作，油印了《团章》，秘密发给发展对象学习。宋至平亲自抓了普陀路和猪市巷两个联络点发展团员的工作，平坝的建团工作，也是他在贵阳布置给黄恒德进行的。

宋至平工作严肃、认真、细致、具体。他在对我进行个别谈话时，对我的家庭各方面的情况问得很仔细，并要求写出详尽的自传交给他。而且先通过张立的交通员岳景忠给我布置一些具体工作，借以进行考查和考验。当他知道我弟兄姐妹都是印刷工人时，便把调查贵阳各大印刷厂的任务交给我，而且把调查登记方法交代得很具体、稳妥：对设备情况，要分别登在三份纸上，第一份只写顺序号，第二份只写设备名称，第三份只写数量，并分三次交岳景忠转给他。又通过郭瑾臣（奉调回筑工作，组织上安排住在我家），布置曹志轩（当时在《中央日报》印刷厂当工人），把报社相当于"内参"的清样每期打一份交给郭瑾臣。他曾经要黄先和（在《贵州商报》任编辑的地下党员）介绍他到《贵州商报》做了一个月的临时校对工作，据报社人员反映，他的工作又快又好，工作很负责。而且在打临工的这短短时间里，也不放过社会调查和发展进步力量的机会。

至平同志善于做思想教育工作，一有机会就帮助同志提高思想觉悟和认识水平。有一次黄先和向他诉说对黎明前的黑暗深感苦闷的心情。他说："我们需要的是坚韧不拔、锲而不舍的精神。组织上要求我们长期隐蔽，储备精干，迎接解放，没有坚持的精神是办不到的。说困难，还有比在农村搞游击战争困难吗？任何事业都是靠一点一滴的搜集情况，储备一切人力物力以期一成的。"他对准备吸收入团的同志进行个别谈话时，总是亲切地进行革命教育、精辟地讲述革命道理。至平同志还动员黄先和利用一切社会关系，搜集情况。

宋至平同志负责贵阳工作的时间虽短，成绩是显著的，接触过他的同志，对他都有极好的印象。他高度的革命自觉性、组织纪律性和勇于挑重担，不畏艰险，富于自我牺牲的精神，实在令人景仰，令人感动！

6月，敌人开始大逮捕，用追查社会职业来源的手段，搜捕我地下工作人员。省工作组为保存实力，储备精干，决定转移。宋至平极力主张张立同志撤离贵阳，自愿负担起留贵阳的重任。七月中，张立离开贵阳，贵阳的工作及黔北地区的联系交由宋至平负责。

张立撤离贵阳约半月后，宋至平和张春涛、郭瑾臣一起，于七月底在永初中学同时被捕。被捕时，他把一份来不及销毁的秘密材料吞进肚子里。在狱中两个多月，他一直没有放弃党的工作，没有放松对敌斗争。

摘自曹志文《宋至平烈士自川入黔后的革命活动片段》，政协贵阳市委员会文史资料研究委员会编《贵阳文史资料选辑》第10辑，内部出版，1983年，第155~161页

《新黔日报》载永初中学教员宋至平烈士传略

宋至平（化名岳平、岳慕尹、岳军、宋学昭、宋若春、宋学芬），笔名赵明诚，湖南湘阴人。幼年家境极其贫寒，母亲曾留学日本。至平幼年受母亲影响很大，有一次曾对他说："只有共产党才会成功。"自此之后，虽生活困苦，环境艰巨，亦不忘此语。父母在至平幼年即逝世，至平为其姑母所收养，并供给求学。抗日战争初期，在贵州遵义卒业于浙江大学国文系。此后即开始其职业生活，曾在开阳、安顺、平坝及四川重庆等地任教。四九年夏，就贵阳永初中学教员，一至被捕。

至平原在岳池作地下工作，1947年到贵阳东部地区工作。其主要任务为开展川湘黔边区革命工作。四七年冬在德江县属十字关及杉园等地，以教私塾为掩护，在青年农民中进行教育工作，训练农民干部。次年在至平领导下，黔东北农民运动普遍开展，在抗丁抗征斗争中教育了不少农民。四八年十二月松桃方面计划起义，至平以时机未熟，亲赴松桃加以制止；惜为时已晚，被国民党反动派侦悉，乃决定干部撤退。至平自秀山方面返回重庆转贵阳报告工作后，再至德江指示工作，布置黔东北地方使成为坚持贵州斗争的根据地。1949年3月返贵阳，主持贵阳地下党报《真实》的编印工作，日夜勤劳。后因地下党负责同志离开贵阳，至平负责贵阳地方及黔东、黔北地方的工作，不半月即为国特速捕。入狱后备受威胁，始终只字不吐，继而又用"和平"攻势，每天派人"慰问"、送茶、谈话，均遭同样结果。至平同志在狱中，对难友极爱护。徐绍敏被毒打，

他便与国特抗辩；张春涛同志没衣服，他脱下自己的衣服给张穿。经过两个月之久，国特见其始终坚强不屈，遂于旧历八月十三日夜半，将宋至平、张春涛、郭谨诚、蒋士忠四人用汽车载出郊外，秘密枪决，至今尸骨尚未寻获。

——录自 1950 年 1 月 12 日《新黔日报》

摘自何静梧、龙尚学主编《贵阳人物续》，贵州教育出版社，1996 年，第 177~178 页

《黄平文史资料选辑》关于永初中学的记述

1941 年是抗日战争的烽火年代，先生热心兴办教育事业，为培养人才，在其母墓地周围（即今省艺术学校校址）与胡姓创办永初中学一所。该中学到 1950 年移交给人民政府时，已初具规模，建有礼堂一幢，两联教室 8 间，教师宿舍可住 10 户，学生宿舍可住百余人，还有简单的图书、仪器及篮球场、跳高跳远、秋千架等体育设施。校园面积较大，内修花园两座，种有树木花草，是读书的良好环境。该校已发展成为完全中学，在校生三百余人，专任教师 15 人。其办学经费主要由他的恒兴号支付，不收学生学费。当时私立学校的待遇较为优厚，每个教师月薪两石米（每石 10 斗，每斗 25 市斤），校长月薪 4 石米，主任月薪 3 石米。先后在该校毕业的初、高中学生千余人。

摘自杨光亮《热心办实业和教育的赖永初先生》，政协黄平县委员会文史资料委员会编《黄平文史资料选辑》第 5 辑，内部出版，1990 年，第 200 页

黄平乡绅任道安关于旧州中学的回忆

任道安口述，张钟鸣笔录

旧州中学创建于 1933 年，原名为旧州女中；1936 年改名为旧州职业中学；1937 年与思南县中正中学合并，又名为中正中学。解放初则名为旧州人民中学，1950 年 9 月名为黄平中学旧州部；之后，黄平中学新州部改为黄平民族中学，旧州部即为黄平中学，到 1956 年下半年才定名为旧州中学。

这所学校从创建至今已有50年的历史，为国家、为人民培养出了许多优秀人才，特别是解放后的34年，在党和政府的直接领导下，为党和国家输送了大量干部和科技、教育人才，有的还成了党、政、科技、文化、教育的骨干力量，不仅对当时的政治、经济、文化建设作出了应有的贡献，而且对现在的"四化"建设也将起着重要作用。它的经历是不平凡的，是值得记叙的。现将有关创建情况回忆如下：

民国19年（即1930年）初，旧州绅商学界人士深感旧州从古以来人才辈出，如旧州星山书院就有附近各地的人来求学。随着时代的前进，极有创办中学的必要。于是，由孙叔瑶、吴少峰、卢晴川、邹伯屏、常琅山、任道安、彭少［绍］古、杨星［心］南、孙少知、戴质均、石修五、石慰苍、易希亮、韩竹轩、杨荫舟、杨伯川、傅仲光、刘孟华等发起倡议，在旧州创办一所中学。大家齐心并提请旧州分县长肖及锋参加领导，筹备组织建校委员会。委员会推选分县长肖及锋为主任委员，常琅山、吴少峰为副主任委员，邹伯屏、彭少［绍］古、杨星［心］南、石修五、任道安、戴质均、石慰苍、孙少知、易希亮、杨伯川、杨荫舟、韩竹轩、傅仲光、刘孟华、陈信［性］谦为委员，并提出推彭明之（住贵阳）、孙叔瑶两先生为名誉委员。推定文书石慰苍、罗绍融、任道安，会计杨荫舟、杨朝端、陆德钧，事务员傅仲光、杨朝亮，督工员刘孟华，募捐委员卢晴川、韩竹轩、孙少知、易希亮、彭少［绍］古等。会议专题讨论了校址问题，经研究、勘测结果，决定孙家湾至城墙塘坎边骆谦六宅和练小妹等房屋二十多居民户，划出马店街张爷庙、学宫坪一带地基调换，动员搬迁。经会议推定傅仲光、刘孟华，并请区、镇负责，限定一年搬迁完毕。学校则就孙家湾基地举行了奠基典礼，积极派人烧砖瓦。由区长令派乡镇民工五百名平整校基，并派人去上塘乡公所采伐树木。1931年校基平完，第二年材料备齐，包与木、石、泥工开始建两栋两层楼的大教室。第三年（1933年）春季招生，开办了女中预备班两班。石慰苍当主任教一班，杨济榛教二班。随后学校正式取名旧州女中，聘请石仁当校长，并聘邹伯屏、彭少［绍］古、傅崇皋、杨星［心］南当教师。

建校委员会会议推杨荫舟委员担负清理学田、安佃收租等责任以及清理圣庙西门的公地,并推孙少云、易希亮等标卖西门外公地。杨荫舟委员并负责清理石牛乡岑坡被罗士禄侵蚀追回的太平寺庙田,约三百多挑。这样学校有了一定的固定经费来源。

旧州女子中学正筹建中,由于新州一些士绅只主张在县城创办黄平中学,认为一个县不能同时办两所中学。他们的意见得到了县政府的支持,后经过在省的旧州知名人士向教育厅申诉,幸获批准立案创办。但因属私立性质,旧州女中就感到经济困难(当时校田收入不过三百多石谷子)。只得一方面由吴少峰、卢晴川、常琅山、任道安等多方募捐资助,一方面请准肖及峰变卖西门外公地价款支持,建校委员孙少知、易希亮对变卖公地都很尽力,这样才能使学校坚持下来。

吴少峰、常琅山、任道安、石修五、邹伯屏、杨荫舟等见到学校经费太困难了,商量决心为学校巩固和基金长远计,特组织办农场,计划种桐树十万株,推定石修五、任道安、常琅山负责经营垦植,经费完全由卢晴川先生负责。于山帮、安福堂、社坛、大坪、七里冲、尖坡大约栽上桐树八万多株,全系任道安经办。抗战爆发,桐树逐渐成林,收获在望,殊因修建飞机场,时值冬寒奇冷,十县民工不分昼夜抢修,搭棚、烧柴以及御寒,将桐树砍伐烧光;功亏一篑,知者无不为之叹惜。

1936年由卢晴川聘请省建设厅徐健夫任主任,就改名为旧州职业中学,当时经费困难,卢先生还捐了法币一万六千元。1937年又因基金困难,由卢晴川、吴少峰等在省商议,联系在省同乡周达时(金坑人,国民党省党部委员兼社会处处长)、黄国珍[桢]将思南县的中正中学与旧州职业中学合并,定名旧州中正中学,由周达时任名誉校长,李裕芳任主任主持学校工作。当时省成立中正中学校董会,在省的校董有周达时、卢晴川、彭明之等;在旧州的校董有吴少峰、常琅山、孙淑[叔]瑶、彭绍古、陈信[性]谦、任道安等。孙、陈去世后,旧州校董就只有吴少峰、常琅山、任道安三人。

抗日战争后期,由于省校董会筹募基金困难,又由吴少峰、卢晴川、任道安筹备开办福元布厂,由吴少峰任经理,任道安任业务主任。布厂投资以卢晴川、任道安为最多。布厂收入每年拿出一半作为学校教职员工薪资，另一半则归工人和厂股东。该厂一直办到 1945 年抗战胜利为止。

1946 年内战期间学校经费由卢晴川、赖永初、任道安等在贵阳、黄平募捐支持，由省校董会统筹拨付。

历届学校主要负责人是：旧州女中校长石仁，旧州职业中学主任徐健夫。第一任名誉校长周达时，李裕芳任主任（实际主持工作），李辞职后，由阮肖达继任校长，阮去后就聘余介侯任校长。1946 年至 1947 年招伯恩任校长。1948 到 1949 年张毓厚任校长。

摘自任道安口述，张钟鸣笔录《黄平旧州中学创建情况》，政协黄平县委员会文史资料研究委员会编《黄平文史资料选辑》第 1 辑，1986 年，第 134~137 页

旧州中学创校纪念碑碑文

教育乃立国强邦兴业智民之本。察古鉴今，卓见者莫不首重教育，旧州在黔为文物声名之地，旧州人士素著重教倡学嘉风。旧州系黄平文化发祥地，办学始于唐代，明清之际，凡蒙童生员皆有习所。民国改新学制，一九三〇年，县府议创县中，新旧两州人士竞相争办。三一年，省教厅明谕县中址设新州，旧州人士奋然自创私立中学。佳音传播，附议影从。旋组建校会，推分县长肖及锋、教育局长吴少峰并常琅山为正副主任委员；孙淑[叔]瑶、彭明之为名誉委员；邹伯平、彭绍古、杨心南、石修五、任道安、戴质均、石慰苍、孙少知、易希亮、杨伯川、杨荫舟、韩竹轩、傅仲光、刘孟华、陈信[性]谦为委员，设募捐、文书、财会、施工组，卢晴川率士募捐并首捐重金，罗绍融、杨朝端、陆德钧亦与助力，收庙产、绝产、纠纷产作建校经费，划孙家湾至小西门段为校址，址内二十余户迁出妥善安置，民工从各乡镇抽派，木料由上塘乡采伐，砖瓦砂石备齐。三二年底，竣二层西式教学楼两幢，宿舍、运动场、围墙、鱼池等亦建成，女子预备班迁入。四二年，修大礼堂，卢晴川、赖永初曾捐重金。学校成立有校董会，办学经费由该会筹集，经费拮据之秋，地方人士常应召解囊。创办旧中，历尽艰辛，造福桑梓，益厚人民，流芳教泽，乡人口碑。迄今，

丁编　赖永初与民国贵州教育、社会事业

校龄已届六秩，曾易名十次，育人逾万，人才辈出。今在校各族师生达二千七百余人，规模空前，旧貌全新，斐然教绩，誉著州省。适改革东风劲煦，学校欣欣向荣，为弘扬创校先辈重教倡学业绩，迪化后继效学前贤，值此大庆，特竖丰碑，永志垂念。

黄平县旧州中学六十周年校庆筹备委员会
1992 年 9 月 12 日立
摘录自黄平旧州中学校园内

附录一
赖永初《贵州商报》所刊社论选辑

拟创设儿童教养院粗见

赖永初

　　儿童为国家将来主人，亦为社会未来中坚，天真活泼，纯洁诚笃，若善养而善教之，譬如出土幼苗，灌溉施肥，培护得宜，则成乔木，建栋梁，当可预期，但或则以家境清贫，失学堪虑，或则以监护无人，流浪形骸，多少可造天才萌芽即被摧毁，直接为个人生长命运之不幸，间接实国家社会之损失。永初睹此情状，时怀杞忧，每欲对此辈可爱之小朋友，稍尽扶养培护之微责，怀此心愿，已数年矣，只以棉力薄弱，不克实现，默察现势，已难再缓，谨就心力所及，聊以贡献，只冀造成一员可爱之人才，即为社会国家增加一服务分子，此永初教养院创之设动机。亦即永初个人欲达之志愿也。本院拟设于近郊，招收清贫儿童，期以十年，凡关于衣食住行，管教养卫，均由本院任之，务与家庭隔离，养成团体生活，设工厂以资实习，授学科以长识见，有卫生设备以增进健康，有体育训练以锻炼体格，六年以后，授以专科，十年期满，即成一有用之才，区区之意，如此而已。永初本非富有，只以差堪温饱而外，能有一分余力，即当贡献社会，此举不过抛砖引玉，想不乏同情之士，一切贡献，尤有超于永初十百倍者，尚祈邦人君子、海内贤达，有以教之幸甚。

《贵州商报》1941年6月4日，第1版

献给商联会

赖永初

贵州全省商会联合会,经过了相当时间的孕育,今天算正式产生了。商联会的基层,是省区各县市镇的会员代表,是各该基层遴选出来的优秀份子,这样的一个集团,我们不夸大也不颓靡的说:可算是我们新贵州最有力量的一个职业团体。商联会具有这样坚固有为的立场,生产在这抗战建国大时代当中,它的地位,它的使命,是多么的重要啊。

商联会的使命,要如何而后完成,决不是寥寥几编理想式的论文,和刻版式的提案,发表了,通过了,就算了事,我们要脚踏实地的,把理想的变为事实,提议的付诸实行,说了就做,毫不迟疑,那才能够完成任务。我们知道,抗战建国的理论,早经党国名流,各界贤达,宏编巨著,阐述无遗,用不着我们再来拾人牙慧,再版翻译。我们更要知道,国家总动员法案,是早经公布实施的了,根本用不着再空谈理论,虚靡时间,现在唯一需要的是干!苦干!!还要快快的干!!!

究竟干些什么呢?要怎样的去干呢?就我个人的拙见,我们要干一件事,必先要选择干练的人材,选材的标准,最低度要:一、具有远大的眼光,和创造与忍耐的性能;二、具有丰富的经验和信用;三、具有牺牲小我、顾全大我的精神。有了上述条件具备的人材,我们便将这干的使命,全权付托与他,必能够胜任而愉快。复次我们便要选择应干的事业,在我们贵州环境□山的地区中,谈到生产的事业,无一人不首重在矿产的开发,而其实贵州的资源,仅仅埋藏在地下。我记得上次省府扩大纪念周,吴主席曾经这样说过:"贵州的宝贝,是在地上,不在地下。"因为贵州遍地皆山,气候温和,宜于种植,宜于畜牧。可惜过去的企业家,没有注意及此投资倡导,以致童山濯濯,逐目皆是,六畜生产并未增殖,广大的富源尚留待今日的开发,所以我们认为森林畜牧,是今日亟待开发的第一事业。其次纺织、酿造也属于生产事业的重要部分,为人生日用所必需,我们若能够集合相当的资金,组织健全的机构,去创办它,去开发它,我们有全省县市商会为后盾,有上述健全的干部来负责,并在党政主管机关的督导和扶持下,必能收得事半功倍的宏效的。因此本人对于商联会，曾有一个组织商联企业公司的提案，具体的提出，希望会内的同人，加以充分的考虑，如蒙审查通过，更希望积极的组织成立，在最近的期内干！苦干！！快快的干！！！

《贵州商报》1942年11月4日，第2版

振作精神力求创造
——为本报二周年纪念序言
赖永初

贵阳在抗建中，是西南大后方的核心，是民族复兴地的重镇，商旅辐辏，益见繁荣。商会的工作，也随着时代而前进而扩展。当时永初看到工商动员和推行国策的重要，便提请商会创办本报，在财力和物力的艰难声中，积极筹备，始于二十九年十二月二十五日民族复兴节正式创刊问世，到了今日，已达足足的二周年。我人缅怀过去，因在商会执监诸委员的领导下，和同人的苦干下，得赓续按期出版，实有无限的快慰！

我们知道任何事业"不进则退"，是一个铁的原则，而且任何事业若是墨守旧法，或办理不善，必致淘汰，这也是一个天然的道理，所以我们办报和编报，也要秉着这个道理，时时警惕，以振作精神，力求创造，同时希望商界同人和社会贤达也要本着爱护之心，严加督责，予以扶植，使之发荣滋长起来。总之本报是我市商会所办的报纸，是我商界同人们的喉舌，故今后仍当以公正的立场，远大的眼光，为我商界尽最大的努力，抑且发挥负责和创造的精神，俾于我商界同人有良好的贡献。

《贵州商报》1942年12月25日，第3版

附录一 赖永初《贵州商报》所刊社论选辑

赖永初题词

> 贵阳市商会
> 商业补习学校二週年纪念特刊
> 赖永初题

《贵州商报》1943年9月15日，第4版

纪念国父诞辰应发展实业

赖永初

本月十二日为国父诞辰纪念，我人年年欣逢此日，心中实有无限快慰，同时心中亦有无限感恩，国父一生奔走革命，凡四十余年，"其目的在求中国之自由平等"，自总裁继承国父遗志，由领导国民革命，而领导抗战建国，六年多来，赖全国军民，同心戮力，备受百年桎梏的不平等条约，亦于去年一笔勾销，而我抗战最后胜利的曙光，则已映现面前，然我人纪念国父诞辰，今后应如何努力于岗位工作，当觉使命担当。

在这抗建期间，总裁曾昭告国人："不但是军事第一，而且是经济第

259

一。"又在手著《中国之命运》一书中，特别指出，今后经济建设应以国父实业计划为准则，并拟定十年建设计划，照此计划实行十年，国力民生，虽赶不上生产发达的欧美各国，丰衣足食，富国强兵，但决不会再有"工业化日本，农业化中国"的危险。故我人欲谈经济建设，必须奉行国父实业计划和总裁十年建设计划，这次神圣抗战的肇开，暴日肆其毒辣手段，从海上封锁我国，已令我人深深认识充实经济、自力更生的必要。

本省往昔，由于交通阻塞，生产落后，大好蕴藏，坐使货弃于地，殊为可惜，自京滇公路完成，本省已形成西南七省交通的枢纽，将来黔桂铁路通运贵州，本省的地位更见重要，现在本省工商实业，虽已呈蓬勃气象，但以本省人口一千万之众，供产相差，不敷很多，所以我人认为关于日用必需品的社会工业，就是轻工业，尚有继续开拓的余地，其他如与抗建有关的国防工业，即重工业，如煤、铁、锑、铝和水力等等则为本省独具的资源，亦都有尽量利用的价值，加以本省发展工商业所需的条件，如人力、财力、运输、交通及动力等等，样样具备。因之，本省工商实业界今后似应针对当前需要，配合国父实业计划、总裁十年建设计划，及政府既定之经济政策。不但要发展民生日用品的社会工业，以谋大众生活的富足，而且还要开发本省资源，及利用本省特产，以为促进经济建设的重心。值此国父诞辰纪念前夕，瞻望本省实业前途，聊缀数语，借以抛砖引玉。

《贵州商报》1943年11月10日，第2版

本报三周年

赖永初

民国二十九年三月十五日，本人暨诸同事等因见于本省自抗战事兴，地位重要，贵阳又为西南七省交通之枢纽，工商业日继繁荣，乃在贵阳县商会第十一次执监委员各股主任各公会主席联席会议，有提请创办本报之议。然以经费无着，无形搁置，至是年九月，开二十六次执监会议。本人复重申前议，当经前黔商会主席陈职民，前常委蔡森久、张荣熙、张慕良、吴禹丞、冯程南、夏少卿、吴鲁钦诸先生一致赞同，决议需确推行，并呈众主管当局核准发刊。本社缺乏基金，亦无的款，仅仰仗于商会之辅助。

吾人赤手空拳，苦撑局面，所谓"白手起家"者，本报于前两字实可当之。几经周章，始得于是年之民族复兴节（十二月廿五日）呱呱落地。其情况难分娩之难产，要亦有其创业维艰之虞矣。

创刊以后，间为殚精竭力，注意于"守成"。盖吾黔报纸杂志，尝有雨后春笋欣欣向荣情形，然曾几何时，如昙花之一现，即杳无所闻矣。故一般人咸视出版事业为长途，成为本省各商业中之冷门。考其原因，厥为印刷条件之未充分具备，消息较为迟延：为以一般人过去无看报阅书之习惯，故不易长足发展。如主其专者无恒心毅力，持之以久，当然难以长期维持也。本报出版以来，一无长者，惟以时间计，则现已达三年，此在其他各地，本不足道，然在本省，已成为历史悠久之报刊。故在本省，除贵州及中央□日报外，本报即忝为时间较长之报纸矣。

在此过程中，既承开会各方贤达时予扶持匡助，体恤有加，故得于各方爱护之下，呀呀学语，颠扑试步，遂渐滋漫成长。又得我工商界人士不吝珠玉，□□指导，□得有所遵循。尤以市商会执监委员诸公对本报更无微不至，爱护有加，无分瓴甓，无不襄助。以言经费，不惜拾月资补，以言内容，虽仅一字一行之微，亦在关注之中。以故三年以来，尚无若何陨缺，此诚各界之所赐也。

回溯本报于发刊时，曾于创刊词中揭露本报宗旨，约有四端：

一、阐扬三民主义，拥护抗战政策。

二、灵通工商消息，研讨工商问题。

三、共谋工商福利，提倡工商道德。

四、扶植工商实业，促进经济建设。

今检讨过去，本报无日不在兢兢烈烈以图铸成此鹄的，盖因力所不逮，未竟事功，然始终一本初衷，期达于成也。三年来本社规模得由简陋而粗具基础，报纸销路，遍及全国，漫远之西北各地及战区，亦有订阅者。此诚可聊以自慰者。

吾人观察目前形势，国际大局，日渐乐观，盟国胜利，指日可待，在此空前伟大时代，吾人如应何适应潮流，追随历史之进展，实良应所注意者。惟其中虽千头万绪，要而言之，则有准备实施宪政及发展经济建设两大端，今后当于舆论立场，发挥民主政治之真谛，为促进中国工业化而努力，以尽吾人之天职。

夫抗战与建国，必须以经济力量为其后盾，此次对日抗战，实为发展我中国工商业之良好机会，过去我国工商业，集中于沿海沿江之诸大都市，今因遭受敌人的蹂躏，已迫使我工商业之重点，分布于西南与西北。再过去我国工商业，大多各个发展，甚少为国防着想者，今因我□受战争之教训与经验，已迫使我工商业，走向经济建设国防化之路，此皆时势所必然。故吾人欲抗战早胜，必须加强经济力量，而欲加强经济力量，尤须依据国防计划，发展国防民生之轻重工业。本报对此主张，一再为文开篇，望我工商界注意及之。

又本省占有十七万余平方里之土地，拥有一千万余之人民，比起世界上二、三等之工业国家，土地较捷克为大，等于瑞士之四倍半，几及比利时之六倍许。复就工业资源最重要之煤铁而论，本省则为全国之主要产地，占西南各省第一位。此外如锑铝等优良矿质，以及满布全省之水力资源等，到处可以利用。凡此，在在足以说明本省各资源之富。吾人将如何充分发挥人力、财力、物力之运用，使本省成为理想中之工业化重域，俾我工商实业，更为发达，以配合国防经济，而宏现代国家应具之经济效能，借以实现三民主义的经济政策。此亦为吾人□注□及此。

语云"三年有成"。然以本报三年过程观之，初不过髫龄黄齿之稚岁，实无成就可言，今后须待努力之处特多，如刊期之缩短，内容之力求充实，更进而切实做到各方之所期望之工商喉舌，言人之所欲言，言人之所隐言，均为本报之仔肩也。为有进步，此后本报当力谋由周刊而三日刊，由三日刊而日报，庶几以副各方雅望。惟望各方明达，仍本过去爱护本报之心，随时指导匡助，则为本报所馨香祷祝者。

《贵州商报》1943年12月25日，第1版

从回味到反省
——为三十三年元旦献言
赖永初

本报刊三周年纪念日方过，我人于欢忻鼓舞，抱着满腔的热忱和愉快的心情，来迎接中华民国三十三年的抗战胜利年了。

抗战必胜，是凡我国人应具坚定不移的意志，蒋委员长尝以沉着勇毅的态度，一再告诫我们，虽在最后的五分钟，亦必要坚忍奋斗。回溯我们

附录一 赖永初《贵州商报》所刊社论选辑

过去六年中,幸能不负委员长的期望,艰苦支撑,尤其我前线数百万将士,善尽了配合盟友作战的任务,已数度给予敌寇严厉的打击,使其无法与西方的伙伴纳粹德国遥相呼应,这种伟大的胜利,原已注定了我们中国的命运。

自去年十一月开罗会议以后,国际局势,为之一变,主要自然归功于我自力更生,得道多助,故盟国对于远东战略观念,能适时修正,一扫从前所有"重欧轻亚"的谬误心理,而忝为盟友,实行反侵略一员的我国,尤能不负职责,紧紧拖住了敌寇的泥足,使其不能随心所欲,最近常德大捷,便是一显明的例,这些都是我们中国六年来,差堪引以自慰的。

不过我们对于过去六年中辉煌的成就,回味之余,有若干感想,到了今日,万象更新,一元复始的时候,不能不加深切反省的。第一,现代战争既是整个民族间的战争,故交战国的任何国民,都不能自外于战争,而侥幸战争的胜利,亦即任何国民,都不能放弃应负战争的责任,先贤顾亭林所谓"天下兴亡,匹夫有责",亦即此意。值兹捷音频传,胜利到来,各地学生,均有风起云涌,投笔从戎之举,我工商界抗战以来"出钱""出力",足为社会矜式,今后仍当继续努力,宣传兵役,鼓励从军,需要一人之倡,百人而知,人人以当兵为荣,个个为战斗之一员,大家集中于军事第一、胜利第一,争取今年的必胜必成。

次之,各战区以至出国远征军的英勇将士,都以血肉保卫国土,迭予倭寇重创,他们为国争光,因而提高我们的国际地位,当然值得我们钦敬,而我们后方一般民众,战时的幸福安全,亦赖他们而获得,生命财产,又赖他们而保障,他们是尽了抗战的最大责任,他们是发扬了我们固有的民族精神,是充分表现了天地的正气和华夏的国魂,在光明灿烂的元旦,我们将如何广泛的实行节约无谓的消费,普遍地展开春节劳军运动,使我劳苦功高的将士们获得有同情的慰藉,而益增杀敌的勇气,加速胜利的惠临。

复次,抗战至今日,已入第七年代了,我们应当抚躬自问:我们究竟尽了多少力量?有过多少贡献?遵守了国民公约没有,实践了国家总动员法没有?就我工商界来说,经济建设上应负的职责,尽了没有?经济作战所要求的任务,做了没有?这一切的一切,皆值得我们深深的回味和猛烈的反省，总之敌寇一日没有打出国门，我们所负的战争责任，就是一天没有克尽。今日国内闹物价问题，物价的确是个严重问题，他的暴涨，足以威胁资金周转和国民生活，他的暴落，亦足以影响一般经济事业，故物价的暴涨暴落，都非我们所愿，盖物价要如飞机式的上升，社会大众之购买力，必作急行状的下落，两者矛盾，愈来愈显，国民经济生活势必受严重打击，商业假象的繁荣亦必随此而逐渐幻灭。因之，我们今后当必协助政府，安定物价，并就自己的岗位，加强生活力量，加紧运输工作，使各地物资互通有无，调整合理，俾货归于市，利合于法，借以充实国防民生物资的供应，和尽量发挥高度经济作战的效能。

以上所谈，不过荦荦大端，惟望我工商界同人，于此元旦佳日，回味反省，本过去建设之淬厉精神，以超越从前之速率，赶上欧美的物质建设，达成政府社会所企予的重大使命。

《贵州商报》1944年1月1日，第1版

战局与经济

赖永初

目前国内外的战局，为举世所注视。以国际战争来说，盟军近在法国海岸登陆，进攻西欧，开辟了世人日夜渴望、梦寐以求的第二战场。同时又在最近占领罗马，光复法西斯统治下的意大利。这都是第二次世界大战中最珍贵的佳音。相信在盟军雷霆万钧的压力下，将迫使希特拉［勒］就范，达到无条件投降的目的。欧洲战争将在短期内得到分晓，也许今年就会结束亦未可知。

反观国内战局，我与盟军在滇缅路节节进展，攻克仰光和收复滇西失地并非难事，打通滇缅路指日可待。稍可虑者，即月前之中原大战及最近之湘北战事，河南之役现在正方兴未艾，我敌得失尚未能加以断定。以言湘北战事，兹已为第四次大会战，□战区军民，具有极丰富战斗经验，当能应付来犯之敌，且最高统帅部，早已洞察其奸，亦必有适当之部署。并可作如是看法，敌人因见轴心首领之希特勒行将倒台，丧钟已响，乃作最后挣扎，回光返照。故中原及湘北之战，要亦可乐观者。

在如此战局之下，目前后方经济为配合整个世界大势及国内战局，不能不有新的努力。抗战后由于外来投资日渐稀少，后方消费超过生产，物资较为缺乏，此固为交战国不可避免之事。然加检讨，亦有未竟事功之处，以言消费，一般民众物质生活，较战前固然已降低水准，但一般特殊阶级，仍挥霍无度，浪费物资。以言生产，迄未发挥最高效率，其中固有种种困难，但并非不可克服。至盼经营生产事业者，咬紧牙关，排除万难，发挥高度的生产效率，以资充实国力。并盼后方民众节衣缩食，将一切物资节省下来，储为国用，或供给前方将士，增强杀敌力量。

再进一步言，我商界人士，亦应配合战局，或赴战区抢运物资，以免资敌，或准备于收复缅甸时，大量购进物资，充实经济力量，要皆为吾人所应努力者。

贵阳市商会之改组，时逢大局转捩之际，谨略述战局，并行己见，以就正于我商界同人也。

《贵州商报》1944年6月15日，第4版

发展新经济事业

祝商校三周年纪念

赖永初

商业补习学校成立于民国三十年九月十五日，该校今日举行立校三周年纪念，在这纪念日的前夕，本报社因与商校同为市商会事业部门之一，由于谊同手足，当然格外兴高采烈，何况我们看到，商校自商业补习班而改为商业补习学校，自夜班而增至星期日班，学习人数逐年添增，教学设备亦逐渐完备，近复发起学校基金百万运动，前途发展诚未可限量，我人在此欢忻鼓舞的情绪下，深愿为文以祝之。

我人须知，今后全国工作的目标，是实施宪政和经济建设，而其重点则在于经济。诚如蒋主席手著《中国之命运》中所云："建设的计划与实施，须有重心，有基点。我们所说五项建设，'按即心理、伦理、社会、政治及经济等建设'，自当同时并进，不可缺一，而其重点则不能不置于经济，国父曾指示吾人'建设之首要，在民生'，而民生之基础为经济，经济

不仅为一切建设的重点,而且为一切建设之先务。"因此战时经济的动员和战后经济的复员以及改造,必须要有大量的经济干部人才,去推动一切工作,才能完成经济建设的使命。

商业补习学校为我工商界子弟业余进修的一个集团,也是造就经济干部人才的教育场所,际兹抗战建国的时候,本省的经济事业已大非昔比,且有蒸蒸日上之势。到了战后,当因不平等条约的解除,计划经济的实现,我们的工商业,需要以最速的脚步,与最大的努力,以谋迎面赶上欧美先进国家的高度的工商事业。

现在国际局势业已好转,胜利在望,但我们回想过去的损失实在太大了,为什么我们要岛〔把〕敌人引到内地来,才可消灭它,为什么我们不能在沿海一带拒绝它进来,这里的原因,我们实在毫无疑义的。可以说,是国防力量的不够,而国防力量的不够,就是因为经济事业尚没有达到科学化境地的条件。这样,我们便可知道,战时经济事业的发达,就是战时国防设施的开拓,如果是在一个工商科学发达的国家,其工商事业的技术和管理,皆能达到合理化。在平时,必可培养税源,改进技术,促使经济建设,一到战时,则有许多工商机构,马上就可转变为适合于作战时期的生产机构。所以,□□抗战中我们因为经济事业的不发达,以致物资方面、技术方面和管理方面皆感□重的恐慌,这就是由于我们缺少近代□经济事业的结果。

不过我们抗战到了今日,已有七年多了,暴日灭亡不了我们,反而我们愈战愈强,这是什么道理。一句话的回答,就是近年来,各方面进步的结果,尤其是工商各业,逐渐转向科学化的结果,可知工商业和科学化是分不开的,我们要认清科学的新工商事业,定要在工商经济方面发挥科学的精神,换言之,为增进生计,改善民生,更要在民生主义的计划经济之下,发展科学化的新经济事业。

商校,不仅是造就经济干部人才的教育场所,也是本省发展科学化的新经济事业的发祥地。过去在市商会陈、蔡两主席,和现任的张理事长,以及前任的陈、张的二位校长,和现任的吴校长,先后领导和主持之下,已有很好的成绩,蜚声商会,我们希望将来,一天一天的发达,成为革命工商经济的一个重要机构,以为我工商界争光,则幸之矣。

永初于商校创办之初，忝列创办人之一，并曾兼主学校行政，爰乘此立校三周年纪念之时，谨提出"发展经济事业"一个口号，与学校同仁、全体学生及历届毕业生共勉之。

《贵州商报》1944年9月15日，第2版

今年国庆日的认识

赖永初

当此同盟国最后胜利行将到来，世界永久和平正谋奠定之际，我中华民国卅三年国庆日正当其时，我们回溯过去，体认过去，从大处远处反观国内大局，可以说一句吉祥的话，我们的最后胜利已经注定了，所以今年的国庆日我们由于同盟国间互助合作，造成了今天的反侵略战争光明的局势，实在是令人十分兴奋和安慰的。

我们的最后胜利，既已注定，战争结束之期，当在不远，我们愿乘此国庆纪念佳日，一谈战后的复员准备，以瞻前途并供工商界同人的研究。

前几天本省商联会理事长陈职民先生自陪都参加全国商联会筹备工作。公举归来，在市商会国民月会讲演，对于战后复员的准备甚为重视，战后的工商业，不欲发展则已，否则必须要跟随我国际地位的提高，根据今日本身的条件和战后环境的估计，及早详细推究，订立战后复员和发展计划，然后我国的工商业，才得循序依次发展，方不致与时代脱节，以致距离太远，而仍为时代的落伍者。

在这战时那些大规模工商业，大都是近几年来新兴的，前曾繁荣一时，但好景不常，若干工商业已发生种种困难问题，可知一切建设都要有计划，不只是战时，就是战后，也要如此。至于战后复员计划，虽不易拟定，无论如何，有计划的总比无计划的要胜一筹，过去一切建设，尤其是工商经济方面的建设，检讨起来，可谓只有个别的计划，没有全盘的计划，有一部门的计划，没有全部门的计划，有一单位的计划，没有整个的计划，有一地方的计划，没有全国性的计划，更没有世界性的眼光。今抗战已至最后阶段，临到最艰苦的时期，一面要顾到战时经济的处境，一面须作充分的复员准备，因为到了战后，我们已跻于四大强国之林，不平等的条约早

已废除，一切经济建设容易推进，工商业的发展自在意中，不过我们为了避免临时抱佛脚起见，到了今年的国庆日，就应该打定注［主］意，开始作复员计划的准备工作了。

再有，在今年的国庆日，我们看到国际局势好转，胜利在望，除了应注意战后复员工作以外，对于这种复员计划的工作，就该趁此良机。从今日起，凡我工商经济事业务必以战后的复员计划为理想规模，立定新基础，作为实施计划的准备，换句话说，就是我目前工商经济事业，要求战后的生存与发展，必须在今日先下功夫，不能等战后再动手，以免人家捷足先登，而我们只有望洋兴叹。

总之，我工商经济事业，要想在战后有建立的根基，并能以强国的资格而角逐于国际市场，在今年的国庆日，对于胜利前途，就得有深切的认识和宏达的计划了。

《贵州商报》1944年10月10日，第2版

本报复刊辞

赖永初

本报创刊于民国二十九年二月二十五日，迄今已有四年多了，当去冬黔南事变之际，本报因印刷发生问题，暂告停刊，现因环境的需要，并承读者诸君的敦促，乃于今日起继续刊行，借答读者诸君的雅望。

我国对日抗战，已进入第八年代，现在国际局势，日益好转，德日等轴心国家，已趋没落，在此最后阶段，胜利固必属于我，但仍须我们力图争取，就我工商界来说，应如何效命国家，协助政府，增加生产，调剂物资，供应需要，借以稳定当前严重的物价，实我工商界今后的一大使命。

但要达成这个重大的使命，无疑地，首先我们必须认清当前经济的环境和其重要性。盖我们要想战胜敌人，只有作战的力量而没有物质作为后盾，是不够应付的，物质的力量是支持作战力量有力的武器，我们看看当前的经济环境，似乎早已发生了病态，且愈来愈凶，例如重庆钢业铁的问题，销路不畅，出品困难，以及重庆、贵阳等各地的纺织业原料亦成问题，工厂几将关门，诸如此类，间接直接都可影响到物价问题，甚至相互刺激，而成生产

疲态，商业萧条，金融枯竭，与夫一般购买力的薄弱，这是显示着当前经济情形已到了危急万分的地步，因为此种经济情形的趋于恶化，人民生活水准的降低，而工商业亦连带不景气，财政筹措更感不易，故我们对于此种经济情形的严重性，不能不密切注视，加以研究，尽量贡献意见，以谋救治之道。

本省地下资源素称丰富，但数年以来所谓开发，成效几何，其成功与失败之处，尤值得我们检讨，需要适当方策，以促进经济建设。最近省府杨主席推行新生活运动，提倡朝气，确也是我工商界所应努力实践的。此外，我们希望本省工商界集中大量游资，投向生产事业的途径，解决物价上一部份的困难，同时希望政府，上至中央，下至地方，关于一切经济、财政的实施，须为人民生活，乃至我工商界的困苦方面着想，其应兴应革者，如统购统销，以及管制政策、苛捐杂税等等的废除，和通货紧缩、贴补政策以及便利交通运输等等的措施，都需要大刀阔斧的整顿一下。

本报此次复刊，仍本过去创刊意旨，为我工商界报道服务，虽以目前财力所限，仍旧为周刊性质，预定二个月后决定改出日刊，我们计划以崭新的姿态，不论印刷、纸张、编排和内容，都想作一个全盘的改进，用资贯澈本报创办的初衷，尚祈读者诸君时赐指教，则幸甚矣。

《贵州商报》1945 年 3 月 21 日，第 2 版

如何奉行新兵役法

赖永初

目前政府召集地方人士区保人员举行一次兵役座谈，聚讼盈庭，人言言殊，孰是孰非，莫衷一是。谨就管见所及，略抒一二，以就正地方人士。

建国先建军，建军必须有良好的兵役制度，这是千古不移的道理。我国在古代时候，寓兵于农，唐以前便是施行征兵制度的，宋以后才易征兵制为募兵制，历代相沿，民族精神和体质每况愈下，颓废萎缩，达于极点。农隙讲武的风气，已不复存在。以故外侮不能击，内忧不能除，大好河山，沦入异类！迨国府定都南京后，本国民党政纲政策，始将募兵制度渐改为征兵制度，训政时期的约法，亦规定"人民依法律有服兵役及工役的义务"。不过，因募兵制度由来已久，骤予改革，施行上困难极多。是以有

"常备兵在地方自治未完成之区域,得就年龄合格志愿服兵役之男子募充之"。(原兵役法第五条)此项规定,虽不是征兵制度的精义所在,事实上确是过度〔渡〕期间的一种良好办法。

政府改募为征的目的,在确定良好的兵役制度,以期建设强大而精锐的国军,达成实现富强康乐新中国的目的。过去兵役法,在原则上和实行上均有许多缺憾,不能与现行政制度相吻合。是以三十二年有新兵役法的公布。新兵役的特点:

一、在平时只征集一个年次的男子。

二、新兵役法规定现役二年(较原兵役法缩短一年)。

三、新兵役法规定为完全征兵制。

四、新兵役法规定学生、公务员均须服兵役。

此外,如动员重要业务规定本身与家属及退伍后的权利义务和征兵移〔秩〕序等的明确划分,均较原兵役法进步得多。今后果能照新兵役法的规定,按时实施,我们相信可能增进军队的素质,加强作战的力量。不过,一件事情的施行,不完全在法的本身上周密不周密,而在事实上的困难能不能合理的解决。在过去兵役法施行和实现的情形如何?记得国防部曾说:"其办理兵役者,或造册不确,或放纵隐匿,或虚伪证明,或估价贿放,或借故勒索,或利用职权,包庇壮丁。至于接兵部队及补充团队,或虐待壮丁,滥施体法,或克扣薪饷,忽视保育,甚至拉放相继,兵役骚然!"假如这些弊端不能根本铲除,新旧兵役法的施行实在是并无二致!

当兵服役是国民应尽的义务,不尽国民义务不能为一个现代国家的公民。欧美国家实行征兵制度,人人乐从,或远涉重洋来华,一遇国家征集令下,无不束装遣返,这是我们近十年间习见的事情。何以外国人能奉命惟谨,我国人则困难重重。其原因固由于办理兵役并不如我们会有弊端发生,而且符合"三平"的原则,使负担一致,苦乐平均。新兵役法征兵的重要程序:一为身家调查,二为身体检查,三为抽签,四为征集。但我们的户口登记,一向并不完密,譬如胜利以前本市人口三十二万,复员以后,并未经过调查,究有若干,谁也不知。况在抗战期间,因兵役的关系,所有户籍,什九皆不可靠。国防部又曾说:"其应服兵役者,或伪造免缓证书，或殴毁身体，或雇买顶替，或遍报户籍，或遇征逃避，以图避免征集。"所以，在这户籍紊乱不全的今天，办理兵役，欲求调查详实，抽签平允，殆不可能；此种事实上的困难，断不容一味抹煞！抹煞事实的结果，不是不能行，便是弊病丛生，贻误国家推行征兵制度的前途。

我们为求兵役制度的推行成功，考虑困难，解决困难，这是当前的第一课。我认为应迅速举办国民身份证，调查户口，慎选办理人员，严明赏罚，务使过去拉兵、卖兵、虐待、克扣、冒名、吃缺种种积弊，澈底澄清。但这些问题，有关国民教育，有关民族意识，或有关技术问题，时间上，均非仓卒可办的。这些问题不能解决，如求兵役制度的推行尽利、负担平均，实无异缘木而求鱼了！

所以，在这种事实上的困难尚未解决期间，征募益［并］行未尝不是一种过渡的临时救济办法，况且在兵役法附则章内亦提及有"人民志愿服役以命令定之"的规定，虽不如过去"常备兵在地方自治未完成之区域，得就年龄合格志愿服兵役之男子募充之"的硬性规定，但就地方自治未完成的程度言，在今天的贵州或贵阳市情形，似乎仍应按照过去贵阳办理情形斟酌损益，初期办理虽则与新法精神不尽相符，而因时因地，通变制宜，于公有济，于民无扰，未始非立法的初意，俟户口调查充密，身家调查清楚，人民知识水准稍高，兵役积弊剔除，人民应征兵役的心理必将"翕然风滋"，新兵役法的施行，固可事半过倍，较诸今天"削足适履"的作法，自信有百利而无一弊，我国建军的使命，庶不致徒托空言。

《贵州商报》1946年12月8日，第1版

庆祝首届商人节

赖永初

今日为中华民国首届商人节日，吾人居于商界之立场，欣逢此盛大之节日，深感无限荣幸，节日之意义，固不仅庆祝而已也，尤在于检讨过去与勉励将来，商人节给予我商界同人带来了无限高兴，吾人想到今日全国商界以及海外侨胞，庆祝中华民国首届商人节，其欢欣鼓舞，情绪之热烈，至为空前。吾人回忆八年艰苦抗战中，商界同人，抢救物资，调剂盈亏，

271

与敌人作经济战斗，与夫出钱出力，效忠国家，这一血肉搏斗的场面，吾人为国家为民族已负尽自己的责任。另一方面，八年间在敌人的炮火下，毁灭了许多商界同胞苦心经营的事业，许多不甘为顺民的商界同胞，流离失所，乃至于牺牲生命。在财产民族争取生存的战争中，此种牺牲固不可免，吾人对此无数因战争而流离死亡的商界同胞，复对无限同情与敬意。

今天，国家胜利，甫及两年，由于□□的暴泪［戾］残性，丧心病狂，割据国土，重整国家于战火弥漫中，政府为维护国家主权与人民幸福，不得以，乃颁布动员戡乱令，我商界同人如何抢救□区物资，如何调剂后方货源资金及如何在政府领导下完成经济动员的使命，这些都是我们今天的责任，盖以□乱不平，国家建设无由进行，战乱不绝，社会秩序无法恢复，举国不宁，我商界又何从安居乐业？

国父于实业计划中曾指示吾人："欲维持世界和平，应由防止商业战争，进而根绝武力战争。"更又说："吾愿以国际共助中国之发展，以勉［免］将来之贸易战争。"我们看看大战之后各国纷纷复苏自己的商业，发展国外贸易。即以战败国之日本而论，亦急欲恢复其对外贸易，以复兴自己的国家。我国产业素称落后，加以百年来所受的经济侵略，国父的宝训实发人深省，振兴商业，充实国力，进而有力防止国际间商业战争，根绝武力战争，以维护世界和平，重大责任，端在吾人之努力。

去年今日，全国商联会在京举行成立大会时蒋主席颁赐训示："抗战胜利，云［方］及一载，由于物力困难，致工商业不能蔚呈复兴之泉源，今后应如何以策进，当必在诸君精思熟虑之中，即为物价之如何稳定，使其不致影响社会生活，游资之为何运用，使其须助于生产事业，尤其国产之如何提倡，使其达于足之境，至于外货销售之如何节制，使其以有无害之物收调剂物资之功，而不到妨碍我工商业之发展……际此嘉会，旺能尽情研讨，发挥卓识远见，俾工商业即时复兴，以助建国之有成，至所敬望。"欢迎各首届商人节日恭录之，愿与我商界同人遵奉实践，期能无责人蒋之殷殷训勉！俾国家有利，日会有益，我同仁有福，广不虚度此富有历史意义的纪念节日——商人节。

《贵州商报》1947年11月1日，第4版

纪念记者节志感（节选）

赖永初

今天记者节，是我们新闻界欢欣鼓舞的纪念日子，本报同人当然觉得非常高兴，我们想起这纪念节日的来源，和今后新闻记者所负的责任，愿趁此纪念日的机会，向读者作一报道并志感想。

当民国二十二年九月一日，国民政府鉴于社会人士对于新闻记者所处的地位以及所负的责任尚未深切认识，乃应江苏省党部的呈请，于是颁布保护新闻从业员、维护舆论机构的命令，通饬各地政府于新闻记者执行职务的时候，必须予以安全及自由的保障，因为新闻记者负有传递消息和代表民意、宣扬国策、推行建设的责任。然而，为了主持公论，维护正义，不免动辄得咎发生误会。浙江省杭州市新闻记者公会，认为政府这一道命令给广大新闻记者职务上的安全和自由的保障关系重大，就把这意义通函全国新闻界，主张定于九月一日为记者节，征求一般意见，各地即纷纷响应，表示同情，自二十三年九月一日起，全国新闻界便逢此佳节，自行集会纪念，以示庆祝。

到了抗战以后，新闻记者在敌前后方，更发挥卓越的任务，此佳节各地仍循例举行纪念。至三十二年九月一日，中国新闻学会在渝举行扩大纪念仪式，并请社会部派员出席指示，继又分呈内政部及社会部，转呈行政院，请求明令规定九月一日为记者节，行政院以记者节的日子极为需要，即指令照准，内政部和社会部也就根据行政院此项命令，会同正式公布，所以这记者节日是含有国定纪念节的意义，迄三十三年九月一日始，全国各地更普遍热烈庆祝，我们看了这一段记者节来源和经过，就知道记者节的日子确是重要至极。

际兹行宪戡乱建国的时候，新闻记者代表老百姓说话，为实施宪政建言，其所负的使命原很艰巨，何况目前豪门资本压迫了正当的工商业，使民族工商业一时无法抬头，贪污腐败的现象犹在侵蚀、阻滞民主宪政的工作，在现在需要我们呼吁扫除此种贼。……我们新闻记者应如何发挥舆论力量，唤起全国人民共同努力，这是我们应该自己需要勉励的。

最后，记者节的来源既系由政府明令保障新闻从业员和舆论机构所致，则今后我们如何善尽职责，不负政府所冀和记者节相用意，亦是我们自己需要努力的。

《贵州商报》1948年9月1日，第2版

怎样纪念商人节

赖永初

在国际风云密怖〔布〕，戡乱军事紧张，生产凋敝，市场萧条，捐税严重，商界人士为本身的业务前途焦虑，而精神上又遭受严重的打击，心情极为伤悲苦闷的今天，来庆祝纪念"商人节"无异"苦中作乐"，情绪之不易振奋热烈，是当然的。

不过，悲观失望是不对的。商业是国家经济建设的主要支柱，其本身的任务是异常艰巨。伟大的时代，要求□每一个中国人坚苦奋斗，完成戡乱建国工作，负有特殊使命的商界同胞，是应该坚定站起来，以自己的力量开辟自己的前途，创造自己的事业，而不应该稍受挫折，就灰颓志气，丧失自信。

"商人节"是商界人士团结的象征，是兼理自己的队伍，检查自己的力量，检讨过去、策动将来的最好机会，爱护己自的节日，就是熟悉自己的工作和事业的具体表现，因此本人谨以万分热忱，略陈怎样纪念商人节的意见，就正于各业先进之前，自知遗漏谬误之处必多，不过欲借此抛砖引玉，促请各位之注意，以资互相策动而已。

廿世纪为人民世纪，民主之真精神即在以严密之组织，表现集体力量，以保障集体之利益（但决不是保障个人违法之私利），所以，民主国家，必将人民集会结社之自由，与人民身体、财产之自由权益，同样载诸宪法，予以切实的保障。……但贤明之政府当局亦系采用积极的扶植领导办法，而非出诸压迫破坏手段，因为没有民众有组织之合作，不仅实施宪政乃属空谈，戡乱军事之胜利也是无法获致的。

因此，商人要保障自身的权益需要团结，要发展自己的业务需要团结，要完成新贵州的建设，促进中华民国的独立自由，更需要团结。

怎样才能使我们的组织加强，千万人结成一个有机整体发□伟大的力量哩！

第一，在建立"共信"。大家应以团体的利益为利益，团体的荣辱为荣辱，团体的事业为事业，团体的前途为前途，在必需牺牲"小我"、顾全"大我"的时候，决不能踌躇徘徊，畏首畏尾，因为，团体工作需要个人去完成，没有人爱护的团体，只是一个徒具血形式，没有肉灵魂的身躯，是不能发挥充沛力量的，古今来许多英雄豪杰创造出可歌可泣的历史，无论是忠臣、孝子、义夫节妇，以至于革命先烈战士，都是为一股"正义"的革命精神，不顾"小我"的利益，为"大我"而获胜的。"皮之不存，毛将焉附"，不重视团体利益的人，其私人利益也是不能长久保□的。

第二，在建立"互信"。猜忌自私，互相排挤，争权夺利，是破坏团体利益、破坏组织的最大敌人，而结果是同归于尽。大之，一个国家民族之覆亡，沦入被征服的殖民地，小之，一个家底之崩溃，由于兄弟阋墙，一个事业之失败，由于分裂相争。具体的例证太多，也太惨痛了，智识是经验的累积，难道我们竟不能觉悟么？

第三，在建立制裁纪律。一个国家，靠道德、法律、军队警察，外御侵略，内除叛逆，以维持社会秩序之安定。一个民众组织，除了一切规章外，也应该有制裁的力量，以对付少数害群之马，凡是自私自利、侵害大众利益、名誉者，应该在事业上拒绝与之合作，发动大家一致鄙视其人品。

除了上述三点之外，应如何使组织严密，领导有方，分工合作，以共谋团体工作之展开，更以教育培养商人道德，增进商人学问，以提高商人地位，进而协助政府，推行政令，完成戡乱行宪建国工作，自荣地方，造福桑梓，也是极其重要的。

由于贵州经济之贫瘠，一般文化水准之低下，自私心之克服与爱国信念之建立，自然非一朝一夕所能生效，但吾人确应朝这一方向努力，以身来则，发动示范教育，以影响大众，共同合力以缔造事业，培育人材，交换经验，俾贵州的工商事业，能有日新月异的进步。

《贵州商报》1948年11月1日，第5版

附录二
赖永初后人追忆纪念文章

回忆父亲赖永初

赖世强

这张泛黄的老照片上,一个穿着小西装、小皮鞋的3岁左右小男孩,乖巧地紧靠在衣着时尚的长辈们身旁,一双明亮的大眼睛望着镜头。这是70年前的我。

不可否认,每每凝视这张几经辗转才珍藏下来的照片,我都会感慨万千,曾备受宠爱的幼年生活过往,竟没有给我留下些许特别的记忆。

附录二 赖永初后人追忆纪念文章

风景如画的贵阳西湖路观风台赖永初公馆，是我的出生地，在牙牙学语时，我随母亲到昆明生活，这张照片，应该是家人将我从昆明接回贵阳前后的留影。时代变迁，观风台公馆被征用后，父亲把在贵阳的家人们聚集起来，到位于南门桥头阳明街的房子住下。传统黄泥筑就的围墙，把一栋颇有明清风格的二层木房和一个大院落围在其中，被围进院落的还有墙边一棵梧桐树。秋天，金黄色的梧桐树叶裹挟着梧桐籽飘落在院子里，景色好看，梧桐籽又可解馋。这栋房子是当年父亲给我生母杨秀芬置办的。

儿时的趣事片段，多年后努力回想，也不清楚当时的自己究竟是身处昆明还是贵阳，之后有了一些较清晰的记忆，是从一大家人搬进阳明街开始。

1953年我4岁，父亲原本在贵阳的阿哈水库劳动，后被安排返家。那年，父亲已51岁，家庭的贫穷、父亲的慈爱、母亲的贤惠及母亲对父亲生活上无微不至的照顾、与哥哥姐姐们的手足情，都是我难忘的记忆。因交不起学费，我快8岁了还未能入学。父亲回家后，借钱让我进了贵阳市城南小学读书。家里没有经济来源，父亲便带上我们几个孩子，利用假期到城外的砂石厂干活，在我们上学期间，他和母亲经常去打零工维持家里的生活。我是家里年龄较小的孩子，无论寒暑假，我都跟哥哥姐姐们一道去砂石厂，开山、放炮、敲石子、挖砂等体力活，一样都没落下过。我们几个孩子穿梭在工地上的稚嫩身影让父亲很内疚，在休息的间隙，父亲会边抽他那管长长的叶子烟杆，边看着面前一张张脏兮兮的小脸说："我们多挣点钱交学费，你们一定要好好读书，学一门手艺，天干饿不死手艺人。"又叮嘱道："以后长大了，千万不要去做生意。"这些话，我是在成年之后，常年的辛劳中，才理解和深有感悟的。父亲是多么语重心长。

父亲对儿女疼爱有加，对我尤甚，在我的印象里，他在外面受到委屈不会把情绪带到家里发泄，在遭遇挫折的时候，他回家后也顶多是坐在一张木躺椅上，默默地抽着他那管叶子烟杆，只是时间更长一些，咂烟的声音更响一些。

我的小名叫毛辣椒，贵阳话就是西红柿，上学后，男孩子普遍玩泥巴、打弹弓、打玻璃珠、折纸飞机等。我家二楼楼顶鸽子笼旁堆放的杂物里，散落着"赖茅"酒商标瓶贴，及父亲在民国时期当贵州省银行总经理时发行的钱币。由于父亲独资创办的茅台镇恒兴酒厂于1953年由政府接管，与另两家私营酒厂合并组建为地方国营茅台酒厂，这些昔日精美的商标瓶贴及钱币就都留存在了我家，我把这些好看的瓶贴及钱币带到学校去和同学们玩，并送给喜欢的同学。之后，随着家里的"赖茅"瓶贴越来越少，我的外号"赖茅"也在同学和小伙伴的圈子里叫开了，除家人外，毛辣椒的小名被"赖茅"的外号替代了。我的同学和街坊小伙伴遇到我父亲会说，那是"赖茅"的爸爸，很要好的朋友还会主动向父亲打招呼，叫一声"赖伯伯"。

家人们无尽的付出，还有物资奇缺的点滴，是我年少时生活的主旋律，并永远地烙印在我的脑海里，一家人一直都在努力地生活，努力地摆脱困境，我们几个孩子也都特别懂事。

那时，我们几个孩子放学后都会带一些兔子爱吃的奶浆草回家，这样，家里养的十多只兔子就不用母亲操心了。母亲半夜就要起来煮一锅豆子，天亮后趁热卖出去。在父亲的精心布置下，家里还兼卖一点牛肉干，我们几个孩子只要有空，就会拿着蝇拍驱赶蚊蝇。父亲回到家里后，母亲和我们有了精神上的依靠，物质生活也有了些微的丰盈，那时虽然生活艰难，但能够依偎在父母身边，是我人生中最幸福的时光，给我留下了弥足珍贵的回忆。那时，我是父母双全、享尽宠爱、手足和睦的幸福孩子。

1966年，我在贵阳市第十六中学念初中三年级，在即将中考时学校停课。在两年多停课的日子里，我和阳明街上的伙伴走街串巷给人理发、买卖鸽子等，和我的哥哥姐姐们，找得到什么活就干什么活，努力改善家里缺钱缺食物的境况。两年后，我和哥哥姐姐这批学生去了贵州最边远的山区农村插队。1970年，父亲被安排在石阡县的一个生产队，当时我在天柱县插队的知青点，听到这个消息，赶紧向生产队请假，带上外出证明，从天柱县高酿区石洞公社水洞大队，打着村民帮我扎的松明火把，连夜穿越森林，再到能通公路的地段拦拉木料的卡车，经过艰难跋涉，三天三夜后才到贵阳。同时，母亲为了照顾父亲，也选择了和父亲同往石阡县的小山村，而不是在近郊投亲靠友。父母离开贵阳那天，我和赶回贵阳的哥哥姐姐帮他们提行李。在贵阳油榨街边,我和姐姐泪眼模糊地看着已两鬓斑白的父母吃力地爬上敞篷车。一车人在泥土飞扬的老式公路上,经过两天两夜的风吹日晒和泥泞坑洼的颠簸到达石阡县城,然后弃车步行,到生产大队落户。父母白天在贵州连绵的山间小路行走,天黑了就在沿途的农舍借宿。生产队派人到县城来接这些被疏散人员,因为彼此身份悬殊,每个人都是自己扛着、挑着行李翻山越岭,跋山涉水,没谁会伸出援手帮一把,这样又走了两天两夜才走到落户的生产队。父母亲在石阡偏远的平山公社高坡大队落户后,没回过贵阳,我和姐姐及哥哥去石阡看望父母,最主要的就是帮父母买米、砍柴,我挑上谷子从生产队出发到公社驻地粮店,要走五个多小时的崎岖山路去换米,我和我姐二十岁左右的年纪,还是体力最好的时候,都要走五个多小时才能到公社粮店,可见我父母落户的地方有多边远。每次去,我都尽可能帮父母多打一些柴,把柴火堆得高高的,可以烧上一两个月,心里才稍觉踏实。父母在的村落方圆百里没有医院,下乡一年后的一天,我母亲因感冒了几天没有退烧,当地村民煎草药给母亲喝,当天晚上母亲便七窍流血,没挨到天亮就去世了。大队支书及生产队长当时想方设法通知我们兄弟姐妹,我收到消息后立刻赶到天柱县,趴车到石阡县城后徒步赶往父母所在的生产队。我赶到父母亲的住所时,才知母亲早已下葬好几天了。我和陆续赶到的哥哥姐姐跪倒在草草垒起的母亲坟前,撕心裂肺的痛让眼泪肆意流淌,母亲才到这里一年,就离开了人世,这是我内心深处永远的痛。母亲生前对这个大家庭任劳任怨,对我们的爱和她吃过的种种苦,在我眼前如放电影般挥之不去。我留下陪伴父亲的时候,每天都去山上砍柴、挖土、种菜,我把自己能做的事尽量多做点,把柴火堆满屋檐下,才又回天柱的知青点。此后,我父亲一直孤单地在这里生活,他说他在这里陪着母亲,以后有机会回贵阳了,也会把母亲带回贵阳,否则,母亲一个人在这里太孤单了。此后的日子,我只要有外出的机会,就去石阡父亲那里,照旧帮他做一点买米、打柴的事。在广州的大哥哥和在昆明的大姐姐,也会偶尔寄几元钱给父亲,解决父亲买盐等问题,那时,我们都穷得厉害,父亲是个宠辱不惊的人,丧妻的悲痛没有将他击垮,后来他和那里的村民熟悉了,自己也养了几只鸡,种了一些菜等,勉强维持一个人在乡下的生活。在经济方面，我没有给过父亲特别的资助，这也是我今生的遗憾，直到今天都不能释怀。

在插队的日子里，我虚心向当地村民学习，我吃得苦、舍得下力，犁田、栽秧、打谷、磨粮等农活，我都能与农村同龄青年相差无几，在整整四年的插队生活中，我和他们建立了一定的感情。1972年末，贵阳轴承厂到天柱县招工，除了我哥哥朋友的帮助，村里也很快出具了推荐信，公社书记亲自给我盖了公社的公章，那些在我困难时曾向我伸出援手的人，我此生难忘，至今对他们心存感恩。

1972年12月30日，我结束了知青生活，正式成为贵阳轴承厂短圆柱磨工车间的钳工学徒，在这里，有帅气的工作服，有食堂，有宿舍，有迁入城市的轴承厂集体户口，还有每月的学徒工资29.5元，我非常珍惜这个工作，下决心要像父亲说的那样，好好学一门技术。回城后，贵阳市有关部门安排了两间老式瓦房给我，1976年，我在这里组建了我的家庭，我的一双儿女也是在这两间瓦房里出生的。

国内形势逐渐变好，给了我拼命工作的动力，如厂里上夜班每晚有两毛钱的补贴，我就在没人愿干的时候替补上去，有工友在外接到零星杂活需要人手叫我，我也欣然而至。那时候自行车到货都是散件，需要组装，组装一辆自行车几元钱，干一个通宵也装不了几辆，但我仍然熬夜干到第二天，早上照常到厂里上班。

1978年春暖花开的5月，父亲正式迁回贵阳居住，并担任第四届贵州省政协委员，在任省政协委员期间，父亲积极建言献策，切实起到了参政议政的作用，积极提出了很多提案，比如恢复"赖茅"酒的生产和恢复投资公司等，《贵州日报》还刊登了当时父亲参加政协会议的照片。在突发脑出血的几天前，父亲都还在受邀写文史资料准备投稿，他写的政协提案也才递交上去。我们兄弟姐妹在医院日夜陪护父亲的二十多天里，父亲一直没有彻底清醒过，昏迷了三个多星期后，父亲在我的怀里慢慢失去体温直至溘然长逝。我心痛父亲，他实在是太累了，尤其是晚年的凄苦生活让他疲惫不堪，是时候让他休息了。1981年5月13日，是父亲的子女们聚得最齐，也是最令人悲伤的日子。后来，我去石阡平山公社高坡大队将我母亲的遗骨捡回，迁到贵阳与父亲葬在一起，完成了我父亲的心愿，父亲在九泉之下也就安心了。

随着改革开放的不断深入，沿海发达地区商场及家庭装修的风潮也慢慢进入贵阳，开始在贵阳流行，我预感这个行业将来必有市场，在单位办理了停薪留职手续，租门面成立装修公司，加入了装修这个在贵阳刚刚兴起的行业。

当时我有一辆本田摩托车，无论刮风下雨，我都骑着摩托车到省内各地接装修业务，很辛苦，但我只怀着一个希望，就是尽快积累资金完成父亲恢复恒兴酒厂生产"赖茅"酒的遗愿。接到业务后我既当老板又当工人，和工人同吃同住。

20世纪80年代初期，我经济上略有起色后，立刻联络我的兄长们，征求他们的意见，希望大家都能参与恢复重建恒兴酒厂，共同完成父亲的遗愿，但因各方面的原因，况且当时茅台酒都不好卖，开辟市场是一件不容易的事，更别说恢复重建酒厂了。最终我的兄长们没人选择参与投资恢复重建恒兴酒厂。

那时候，市面上已经有零星的"赖茅"酒出现在一些烟酒店的柜台上，"赖茅"的种种不实传说也在坊间流传。为了正本清源，为了父亲创办的恒兴酒厂及白酒名牌"赖茅"不被盗名，为了早日完成父亲的遗愿，怀揣着开装修公司赚的积蓄及向友人借来的钱凑齐整20万元人民币，我的两个哥哥开车送我到茅台镇。我只身一人留在茅台镇选厂址、租厂，并用我带去的20万元登记注册了我独资创办的企业"贵州省仁怀市茅台镇恒兴酒厂"。

在茅台镇建厂和学习酿酒期间，我很少回贵阳的家，白天和工人们挥汗如雨地生产酿造、入库存放，晚上又去拜访当年在父亲酒厂工作过的老酒师及前辈，虚心向他们请教学习，踏踏实实地干好酿酒、当好学徒。家里两个小孩由从单位办理停薪留职的妻子照顾，经营的装修公司也由妻子管理，当时酒厂投资急需资金，生产的酒又需存放几年，无任何资金来源，装修公司赚的钱除了维持家里的日常生活开支外，其余全部投入酒厂生产。

经过我和妻子的不懈努力，老字号"恒兴酒厂"恢复了往日荣光，再次与消费者见面，"贵州赖永初酒业有限公司"也成功入选"中华老字号"。

为了纪念家父赖永初先生以自己的智慧创办的"赖茅"酒之驰名品牌，我的企业以家父的肖像和名字在国家知识产权商标局成功注册了赖永初牌白酒商标，完成了从"赖茅"酒到赖永初酒的传承过程。

经过四十余载，其中的艰辛困苦和无尽的付出只有自己知道，欣慰的是我的两个孩子赖亚飞和赖丹丹已接班，愿我们来之不易的中华老字号企业、贵州老字号企业一直传承下去。

我们该如何纪念

赖丹丹

在我三岁的时候，爷爷就离开我们了。我对爷爷的印象，就是父亲会陪着爷爷一起坐着聊天，爷爷也会抱着哥哥和我，在屋子里走来走去。这样的场景，至今仍觉得温馨。小时候，家里经济条件十分困难，我对"饿肚子"的画面记忆犹新，小时候家里通常不会有多余的零食，打开碗柜，也找不到剩菜的踪影，只有酱油、醋、盐等调料。母亲偶尔会给我们炒一点红豆沙，炒好的红豆沙就放在碗柜里面。但母亲会叮嘱我们，这个不能随便吃，特定时候才能吃。

爷爷前半生的商业传奇，在那个年代戛然而止。儿时家庭困难，也和爷爷后半生的人生际遇分不开。1978年，爷爷回到贵阳，父亲此时也结束了知青生活，帮助一家人申请到了住房，进入工厂做钳工。为了补贴家用，父亲每天下班以后还要帮别人修自行车，计件收费，非常辛苦。

1981年，爷爷溘然长逝，他生前最重要的遗愿就是希望恢复恒兴酒厂和"赖茅"酒。20世纪80年代，正值改革开放初期，父亲离开工厂下海经商，最开始从事装修行业，攒了一些辛苦钱。在爷爷去世之后，父亲就埋下一个想法——完成爷爷的遗愿，于是便有了今天的恒兴酒厂和赖永初酒业公司。当时，大家的生活条件刚刚有所改善，酒类消费需求并不高，况且隔行如隔山。在我印象中，父亲筹划办酒厂之初，都是自己开着一辆双排座汽车前往茅台镇,从选址到施工,再到和工人一起干活,事事亲力亲为,因此陪伴家人的时间就比较少。当时我们做子女的就不太理解,为什么父亲一定要恢复酒厂,而与其说是"恢复",不如说是"重建"——一切都要从头开始。

高中毕业后,我去北京念书。父亲并没有要求我们一定要从事酒业。他常讲,他也没有机会子承父业,先是下乡做知青,后来又从一名小小的学徒工走到现在,家里也没有条件提供任何帮助。工作之后,父亲又教育我们不应畏难,干任何事都可以从头学起。翻阅这部史料集,让我觉得父亲和爷爷有着相似的坚韧品格,无论开拓事业还是面对生活,遇到困难都不轻言放弃。

1996年,我大学毕业回到贵阳,在外面工作了几年后,和哥哥一样开始帮助父亲打理酒厂。父亲要求我从基层做起,所以我的第一个岗位就是库管(仓库管理)。当时公司正处于初创期,人手不多,我在管理仓库的同时,还兼任驾驶员。当时有一位驾驶员,负责开大货车送货到外地,而一些本地或者附近的客户,就由我开着一辆小货车去送。一两年之后,我开始轮岗,采购、销售、出纳等基础性工作都做过,这样才逐渐熟悉和了解酿酒行业的运作。后来随着公司的成长,很多流程也走向标准化,但制度都是人通过实践探索出来的,所以和父亲的心血密不可分。

酒厂走上正轨后,销售工作成为重要环节。销售的工作,前期都是父亲亲力亲为,20世纪八九十年代还是糖酒公司的系统,糖酒公司在哪里办展会,父亲和哥哥就带着酒去哪里推销。父亲每次尽力推介我们的酒时,就会介绍赖永初是谁,恒兴酒厂在历史上的地位。在我们的酒一瓶一瓶卖出去的过程中,我们慢慢意识到,这些历史事实的意义和价值。

史料集披露了爷爷生前商业和公共活动的诸多重要面相,包括创制"赖茅"酒,参与贵阳市商会活动,任职省、市银行,筹划教育、慈善事业等。作为后辈,我在这部史料集中既了解到爷爷前半生的商业轨迹,又真切感受到他为人处世的品质。比如,家里的长辈一直叮嘱我们好好读书。从史料集中可以看到,爷爷在商业有所成就后,做的大部分公益活动都和教育有关,包括创办永初教养院、永初中学、旧州中学等,可见重视教育的家风从此传承。尽管爷爷在商业上十分有进取心，但商业利益并不总是他考虑的第一目标，所以他都会投入一些有公共价值的事情，比如爷爷生前担保垫资支持省银行筹办、置办土地创办中学和教养院，直到去世前他还曾向相关部门建言献策，呼吁成立业余大学培养专业人才等。

  为了夯实有关赖永初和"赖茅"酒的史料基础，我们前期也做了一些工作，包括搜集相对权威的厂志、地方志和文史资料。与此同时，2000年以后，整个白酒行业迅速发展，但也出现了不少乱象，盗用商标、混淆历史的情况频发，这也让我们花了大量时间和精力来处理商标和知识产权的纠纷。从史料集中我们可以看到，20世纪40年代，爷爷在创办"赖茅"酒的时候也遇到过相似的情况，仿佛一切都是历史的轮回。

  因此，无论是从个人对先辈纪念的角度，还是从正本清源、补益地方历史文化的角度，我们都希望系统整理出有关赖永初的历史资料。同时在史料的深度和广度方面，不应局限于公开出版的资料，还应该在图书馆、档案馆，通过查阅历史档案、报刊发掘更多的一手资料。从2020年起，我们和冯筱才教授、郭子健博士开展合作，委托历史学者秉持专业、中立态度，开展有关赖永初的历史资料的搜集、整理和编纂工作。三年来，我和冯老师、郭博士的脚步遍布大江南北。每次在故纸堆中发现与爷爷有关的只言片语，我都会觉得大家的辛苦没有白费。在史料的搜集、编撰和出版过程中，也经历了种种困难和无奈，包括新冠疫情造成的工作停摆。无论如何，该史料集能够顺利与读者见面，本身就是一项具有公共价值的成果，它能让更多人了解赖永初和近代贵州的历史。爷爷离开我们已经四十余年了，但"赖永初"的名字却正在被更多的人了解和熟知。我们作为后辈，有幸推动史料集出版，也感到十分激动。

图书在版编目(CIP)数据

赖永初史料集/冯筱才,郭子健编.--北京:社会科学文献出版社,2024.2
ISBN 978-7-5228-1872-6

Ⅰ.①赖… Ⅱ.①冯… ②郭… Ⅲ.①赖永初(1902-1981)-生平事迹 ②酱香型白酒-酿酒工业-工业史-史料-贵州 Ⅳ.①K825.38 ②F426.82

中国国家版本馆CIP数据核字(2023)第095020号

赖永初史料集

编　　者 / 冯筱才　郭子健
出 版 人 / 冀祥德
责任编辑 / 赵　晨
文稿编辑 / 徐　花
责任印制 / 王京美

出　　版 / 社会科学文献出版社·历史学分社(010)59367256
　　　　　　地址:北京市北三环中路甲29号院华龙大厦　邮编:100029
　　　　　　网址:www.ssap.com.cn
发　　行 / 社会科学文献出版社(010)59367028
印　　装 / 北京联兴盛业印刷股份有限公司
规　　格 / 开　本:787mm×1092mm 1/16
　　　　　　印　张:19.75　字　数:303千字
版　　次 / 2024年2月第1版　2024年2月第1次印刷
书　　号 / ISBN 978-7-5228-1872-6
定　　价 / 128.00元

读者服务电话:4008918866

▲ 版权所有 翻印必究